地理国情丛书
甘肃省专题性地理国情监测

城市空间发展监测与变化研究

CHENGSHI KONGJIAN FAZHAN JIANCE YU BIANHUA YANJIU

甘肃省第一次全国地理国情普查领导小组办公室　编

测绘出版社
·北京·

内容简介

为充分发挥地理国情普查成果作用，满足经济社会发展和生态文明建设的需要，甘肃省第一次全国地理国情普查领导小组办公室按照“边普查、边监测、边应用”的总体要求，利用地理国情普查成果和技术标准体系，围绕甘肃省主要城镇化和重点城镇化地区，开展了地级以上城市、兰州城市历史变迁及兰州新区空间格局变化的监测工作，对甘肃省主要城市边界扩展规模和强度、城市空间形态、城市扩展方向、土利集约节约利用等方面进行了动态化、定量化的监测。

本书可以为政府公共决策、城市空间规划、科研等相关人员提供有益的借鉴。

图书在版编目（CIP）数据

城市空间发展监测与变化研究/甘肃省第一次全国地理国情普查领导小组办公室编. —北京：测绘出版社，2018. 10
（地理国情丛书）
ISBN 978-7-5030-4151-8

Ⅰ. ①城…　Ⅱ. ①甘…　Ⅲ. ①地理—国情—监测—研究—甘肃②城市建设—研究—甘肃　Ⅳ. ①K924. 2 ②F299. 274. 2

中国版本图书馆 CIP 数据核字（2018）第 170905 号

责任编辑	赵福生	封面设计 李 伟	责任校对 石书贤
出版发行	测绘出版社	电　　话	010－83543965（发行部）
地　　址	北京市西城区三里河路 50 号		010－68531609（门市部）
邮政编码	100045		010－68531363（编辑部）
电子信箱	smp@ sinomaps. com	网　　址	www. chinasmp. com
印　　刷	北京建筑工业印刷厂	经　　销	新华书店
成品规格	184mm×260mm		
印　　张	12. 5	字　　数	268 千字
版　　次	2018 年 10 月第 1 版	印　　次	2018 年 10 月第 1 次印刷
印　　数	0001－1200	定　　价	69. 00 元

书　　号　ISBN 978-7-5030-4151-8
审 图 号　甘 S（2018）031 号

本书编委会

前　言

十八大以来，按照“五位一体”和“四个全面”的战略布局，党中央将生态文明建设提升到绿色发展的高度。十九大报告中，习近平同志指出，“人与自然是生命共同体，人类必须尊重自然、顺应自然、保护自然”，“我们要建设的现代化是人与自然和谐共生的现代化，既要创造更多物质财富和精神财富以满足人民日益增长的美好生活需要，也要提供更多优质生态产品以满足人民日益增长的优美生态环境需要”。地理国情是地表自然和人文地理要素的空间分布、特征及其相互关系，是人类物质财富和精神财富的客观反映，是基本国情国力的重要组成部分。地理国情信息和分类成果在推进生态文明建设、经济社会发展以及创建美好生活中发挥着越来越重要的作用。

在国务院第一次全国地理国情普查领导小组办公室的组织指导下，全国各省同步开展了第一次全国地理国情普查工作。甘肃省第一次全国地理国情普查领导小组办公室历经3年时间完成了全省第一次全国地理国情普查工作。此次普查采用航空航天遥感、全球卫星导航系统、地理信息系统等测绘地理信息先进技术，利用基础测绘成果和行业专题数据等资料，通过内业数据处理、外业现场调查、信息数据建库、分类统计分析等，首次获取了覆盖全省省域范围内的全覆盖、无缝隙、高精度、多要素的地理国情数据成果，建立了包括全省地表覆盖与地理国情要素、高分辨率遥感影像、多尺度精细化数字高程模型、统计分析等成果的完整数据库，搭建了先进的数据库云平台和数据库管理系统。通过普查，查清了甘肃省自然地理要素和人文地理要素的现状和空间分布，掌握了权威、客观、准确的地理国情信息数据，为制定和实施甘肃省经济社会发展战略、优化国土空间开发格局和各类资源配置提供了科学依据，为开展常态化地理国情监测及自然资源调查和生态环境保护奠定了基础。

甘肃省在实施地理国情普查工作的同时，积极响应国家“边普查、边监测、边应用”的总体要求，向省内科研院所和高等院校广泛征集地理国情监测与应用项目，共征集到涉及资源合理利用、生态环境保护、城市发展建设等基于地理国情监测为主题和内容的项目书40余份，通过省普查办研究与专家评议，从中遴选出“典型样区冰川与积雪变化监测”“张掖黑河湿地国家级自然保护区湿地资源调查与动态监测”“兰州市城市历史变迁与扩展动态监测”“河西走廊绿洲沙漠化动态监测”等项目作为甘肃省首批地理国情监测项目。其中，“典型样区冰川与积雪变化监测”由甘肃省基础地理信息中心（以下简称“信息中心”）与中国科学院寒区旱区环境与工程研究所共同承担完成，“张掖黑河湿地国家级自然保护区湿地资源调查与动态监测”由西北师范大学承担完成，“兰州市城市历史变迁与扩展动态监测” 与 “河西走廊绿洲沙漠化动态监测” 由兰州大学与甘肃省地图院共同承担完成。同时，在中国测绘科学研究院的牵头组织下，甘肃省测绘地理信息局组织开展了 “兰州新区空间格局变化监测”“全国地级以上城市及典型城市群空间格局变化监测（甘肃）” 等持续性监测项目。通过监测成果综合分析和深入挖掘，形成了具有甘肃区域特点的地理国情监测成果，将为掌握省情、加快生态文明建设以及政府宏观决策提供科学依据和政策参考。

为进一步做好地理国情监测，推动普查与监测成果应用，更好服务经济社会建设，甘肃省第一次全国地理国情普查领导小组办公室基于已完成的各个专题性地理国情监测成果，汇编形成 “甘肃省专题性地理国情监测” 系列丛书。目前，结合监测内容的侧重点，推出《河西地区生态环境及其变化研究》 和《城市空间发展监测与变化研究》 两册，后期将陆续推出持续性地理国情监测项目成果。

本书主要基于 “全省地级以上城市发展动态监测”“兰州市城市历史变迁与扩展动态监测”“兰州新区空间格局变化监测” 等项目成果编制而成，全书共分 5 章。第 1 章概述了甘肃省地理国情普查与监测工作的开展情况、取得的成果等，由信息中心颉继珍、胡晓娟、鲍立尚负责编写。第 2 章介绍了甘肃省城市发展的概况、城市扩展监测的必要性，以及地理国情监测在服务全省城市变化监测中的重要作用，由信息中心李克恭、颉继珍、张斌才负责编写。第 3 章从城市空间扩展情况、形态特征、土地开发情况等方面对全省地级以上城市城区的空间变化进行动态监测，并综合分析城市空间变化的影响因素，由信息中心颉继珍、景红霞、刘晓欣负责编写。第 4 章从兰州市的历史演变出发，对兰州城市的扩展及变化特征进行监测，并对城市扩展的效应进行综合分析，由兰州大学颉耀文、师满江负责编写。第 5 章对兰州新区的建设现状、变化特征及建设效果进行综合分析评价，为新区的规划建设提供重要参考依据，由信息中心颉继珍、胡晓娟、徐丹负责编写。

本书还得到中国测绘研究院董春研究员、刘正军研究员、宁晓刚研究员，中国科学院寒区旱区环境与工程研究所王健研究员，兰州大学冯虎元教授，西北师范大学赵军教授、张松林教授，兰州交通大学闫浩文教授，甘肃农业大学刘学录教授、李纯斌副教授，兰州新区国土资源局许立军副处长的大力帮助，在此表示衷心的感谢。由于编写时间仓促，书中难免有不足之处，敬请读者批评指正。

目　　录

第1章

绪　论

1.1　地理国情普查

地理国情主要是指地表自然和人文地理要素的空间分布、特征及其相互关系，是基本国情的重要组成部分。地理国情普查是一项重大的国情国力调查，是全面获取地理国情信息的重要手段，是掌握地表自然、生态以及人类活动基本情况的基础性工作。

我国经过30多年的高速发展，地理环境特征已经发生了显著的变化。为了摸清我国自然和人文地理要素的现状和空间分布情况，满足经济社会发展和生态文明建设，提高地理国情对政府、企业和公众的服务能力，2013年初，国务院印发了《国务院关于开展第一次全国地理国情普查的通知》（国发〔2013〕9号），决定于2013年至2015年在全国开展第一次全国地理国情普查工作。2013年7月29日，甘肃省人民政府印发了《甘肃省人民政府关于在全省开展第一次全国地理国情普查的通知》（甘政发〔2013〕69号），安排部署甘肃省第一次全国地理国情普查（以下简称普查）工作，成立了甘肃省第一次全国地理国情普查领导小组，办公室设在甘肃省测绘地理信息局，具体工作由甘肃省第一次全国地理国情普查领导小组办公室组织实施。同年8月，省政府组织召开全省电视电话会议，全面部署甘肃省第一次全国地理国情普查工作，要求按照“全省统一领导、部门分工协作、各方共同参与”的原则，各负其责，通力合作，密切配合，做好甘肃省地理国情普查工作。

2013年10月至2017年6月，在甘肃省委、省政府的高度重视和领导下，在省、市各级行业部门的大力支持下，甘肃省第一次全国地理国情普查领导小组办公室统一协调、组织，普查队伍攻坚克难、团结协作、勇于创新，按时、保质、保量地完成了甘肃省第一次地理国情普查各项任务，取得了丰富的普查成果，为“十三五”时期地理国情常态化监测工作的开展奠定了基础。甘肃省在第一次地理国情普查中所取得的主要成果有：普查公报、普查成果数据汇编、普查成果数据库、统计分析成果、图件成果、信息系统成果等。

1. 普查公报

《甘肃省第一次全国地理国情普查公报》于2017年11月3日公开发布。公报全面反映了甘肃省地理国情的基本情况，采用图表、文字相结合的表达方式，围绕不同地区、不同海拔分级、不同坡度分级、不同地貌类型等水平、垂直维度，描述和分析地形地貌、种植土地、林草覆盖、水域、荒漠与裸露地等自然地理要素以及铁路与道路、居民地与设施、地理单元等人文地理要素的数量、构成和空间分布，向社会公布了甘肃省地理国（省）情“家底”。

2. 普查成果数据汇编

《甘肃省第一次全国地理国情普查统计数据汇编》以甘肃省第一次全国地理国情普查基本统计成果为基础，通过建立反映行政区划、地形地貌、植被覆盖、水域、荒漠与裸露地、铁路与道路、居民地与设施等要素的数量、位置、分布、范围所组成的统计指标体系，从地理省情角度详细反映了甘肃省自然地理和人文地理要素的基本状况。采用以表格为主，辅以少量文字的形式，从地理空间角度综合反映地理省情要素的分布状况和特征。统计数据汇编现面向各级政府及相关部门，作为备查资料，是反映甘肃省第一次全国地理国情普查要素基本现状的详细报告。

3. 普查成果数据库

普查成果数据库包括地形地貌数据库、正射影像数据库、地表覆盖与地理国情要素数据库、遥感影像解译样本数据库等，数据覆盖甘肃省范围，具体内容如下：

1）地形地貌数据库

地形地貌数据库包括覆盖甘肃省范围的1∶5万精细化数字高程模型（DEM，格网间距为10米）和覆盖重点发展区域的1∶1万精细化DEM（格网间距为2米），以及由DEM派生的坡度、坡向及高程分级等数据。地形地貌数据是开展地形分析、基本统计的基础数据。

2）正射影像数据库

正射影像数据库包括普查所用的数字正射影像底图、补充影像及影像控制点，其中数字正射影像底图包括1∶2.5万分幅存储和整景存储两种方式，分辨率优于1米，影像源有WorldView-1、WorldView-2、QuickBird等多种类型。补充影像主要为资源三号影像，RGB色彩模式，分辨率为2米，普查时用于数据采集过程中参考使用及标准时点核准。

3）地表覆盖与地理国情要素数据库

按照第一次全国地理国情普查相关技术规范生产完成的甘肃省地表覆盖地理国情

普查数据成果，包括地表覆盖分类数据和道路、水域、构筑物、地理单元等重要地理国情要素数据，具体分类与指标详见《地理国情普查内容与指标》（GDPJ 01—2013），数据时点为2015年6月。地表覆盖和地理国情要素数据是开展地理国情监测的基底数据，具有数据内容丰富、精度高、现势性强等特点，可为甘肃省经济建设和社会发展提供科学的空间依据。

4）遥感影像解译样本数据库

遥感影像解译样本数据指用于辅助遥感影像解译收集获取的地面实景照片和对照遥感影像等样本数据。具体包括地面实景照片、遥感影像实例，以及拍摄点和样本点的点位数据等，是内业影像解译、自动分类、质量控制的重要参考数据。

5）专题数据

专题数据主要包括地理国情普查开展过程中从各行业部门收集的人口、经济、资源、生态、环境、教育、卫生等方面的专题数据资料。

4. 统计分析成果

地理国情信息统计分析包括基本统计和综合统计分析。

基本统计是根据地理国情普查采集的点、线、面等几何特征类型和地理实体对象，以规则地理格网单元、行政区划与管理单元、地形单元为统计单元，进行地形地貌、植被覆盖、荒漠与裸露地、水域、交通网络、居民地与设施、地理单元的数量、密度、位置、高程、范围等内容的统计，成果为统计结果的汇总表。

综合统计分析是基于地理国情普查成果、基本统计分析成果以及现有基础测绘成果，集成并深度融合社会经济统计数据，实现对资源分布与利用、生态协调性、基本公共服务均等化、区域经济发展、城市发展5个主题的统合统计与分析评价，揭示地理国情信息空间分布、空间结构、空间关系、地域差异等特征，客观反映国土空间格局、生态协调程度、区域经济发展状况和社会事业发展水平。

5. 图件成果

利用地理国情普查基础数据及统计分析成果，编制形成了丰富的地理国情图件成果，包括挂图、图集、成果节选等。

地理国情系列挂图分省、市（州）二级表示，其中省基本图1幅，以地理国情要素数据叠加地表覆盖和地貌晕渲形式，反映甘肃省的地表覆盖情况、居民地、道路、水系、境界等要素的分布及相互关系；省专题图10幅，以基础地理要素为背景，表现一种或几种专题的地理国情普查成果数据的分布及相互关系；市（州）基本图14幅，以市（州）为单位，地理国情要素数据叠加地表覆盖和地貌晕渲的形式，反映甘肃省各市（州）的地表覆盖情况、居民地、道路、水系、境界等要素的分布及相互关系。

《甘肃省第一次全国地理国情普查成果地图集》（以下简称《图集》）侧重对既有数据和信息的发掘、整理，用直观、形象和易懂的地图语言，定位、定量、全面、客观地反映甘肃省自然地理单元和社会经济单元的地理国情普查成果。《图集》是对甘肃省地理省情的高度概括和浓缩，是甘肃省第一次全国地理国情普查成果的科学表达和直观展示，可作为各级政府及部门进行宏观管理、科学决策的依据，也可为地理学和地图学研究提供重要参考。

6. 信息系统成果

1）甘肃省地理国情普查数据库管理系统

开发完成的地理国情普查数据库管理系统，实现了地理国情普查成果数据、专题数据、统计分析成果数据的检查处理、入库管理、运行维护和成果分发等功能。

2）地理国情成果发布信息系统

通过分类与整理地理国情普查数据成果，形成地理国情普查成果发布数据集，并结合地理国情普查数据成果发布、展示和检索等需求，设计与研发甘肃省地理国情普查成果发布系统，实现地形地貌数据、地表覆盖分类数据、地理国情普查要素数据、统计分析成果数据、遥感解译样本数据和元数据的发布、展示与检索。面向社会公众提供甘肃省地理国情普查成果基本数据信息，使社会公众及时掌握与了解甘肃省地理国情普查数据成果状况，进而推广与应用甘肃省地理国情普查成果。

1.2 地理国情监测

根据国家测绘地理信息局印发的《专题性地理国情监测技术指南（2017—2020 年）》，“十三五”期间，地理国情监测将以基础性和专题性地理国情监测为重点，对我国陆地国土范围内的地理国情信息的变化情况开展监测，进行地理国情综合评价，提供普遍适用的公共产品和个性化定制产品，全面提升测绘地理信息保障能力，在服务国家重大战略和重大工程、生态文明建设、国土空间开发、社会治理、民生保障、国家安全等方面取得显著成效。

基础性地理国情监测是指以第一次全国地理国情普查成果作为本底数据，以年度监测为手段，结合各种自然和人文地理要素的自然变化规律和周期、社会经济发展需求，制定监测内容和指标，达到及时、准确反映全国各种自然和人文地理要素动态变化及其特点、规律的目的。

专题性地理国情监测是指充分利用地理国情普查与基础性地理国情监测成果，结合存档基础地理信息成果和航空航天遥感影像数据，开展精细化、抽样化、快速化的专题性监测。专题性监测内容突出地域特点、有所侧重，监测成果可以直接为本地区经济社会发展、生态文明建设提供最贴切的地理国情信息服务。

甘肃省已将地理国情监测纳入《甘肃省“十三五”基础测绘规划》，主要任务为：结合第一次全国地理国情普查，开展重点领域、重点区域地理国情监测，综合应用测绘地理信息成果资料，对地表形态、地表覆盖等要素进行定量化、动态化监测，准确掌握省域林地、湿地、冰川、荒漠及主体功能区等地理国情变化情况；深度融合基础测绘地理信息数据，整合政府部门、企事业单位和社会组织与地理空间位置相关的信息，全面支撑智慧城市建设，建立有效服务于经济社会发展和人民群众生活的各类公共服务平台及应用。

1.2.1 基础性地理国情监测

1. 监测内容

基础性地理国情监测是利用高分辨率航空航天遥感影像，整合最新的基础地理信息数据及相关部门专题数据，监测区域变化情况，对第一次全国地理国情普查及年度监测成果进行更新，形成现势性强、高精度、全覆盖的地理国情信息数据库。

监测对象基本与普查对象一致，即监测甘肃省范围内地表自然和人文地理要素，包括地形地貌、植被覆盖、水域、荒漠与裸露地、交通网络、居民地与设施和地理单元等。按照地表覆盖分类方式采集的内容包括其中的10个一级类、58个二级类和135个三级类（《地理国情普查内容与指标（GDPJ 01—2013）》）。

表1.1 基础性地理国情监测内容

指标类别	空间要素
种植土地	水田、旱地、果园（乔灌、藤本、草本）、茶园、桑园、苗圃、花圃、其他园地
林草覆盖	乔木林（阔叶、针叶、针阔混交林）、灌木林（阔叶灌木、针叶灌木、针阔混交灌木）、乔灌混合木、竹林、疏林、绿化林地、人工幼林、稀疏灌丛、天然草地（高覆盖度、中覆盖度、低覆盖度）、人工草地（牧草地、绿化草地、护坡灌草）、其他草地
房屋建筑（区）	多层及以上房屋建筑区（高密度、低密度）、低矮房屋建筑区（高密度、低密度）、废弃房屋建筑区、多层及以上独立房屋建筑（多层、中高层、高层、超高层）、低矮独立房屋建筑
铁路与道路	铁路、公路、城市道路、乡村道路
构筑物	硬化地表（广场、露天体育场、停车场、停机坪与跑道、护坡、场院、露天堆放物、碾压踩踏地表、其他硬化地表）、水工设施（堤坝、闸、排灌泵站、其他水工设施）、交通设施（隧道、桥梁、码头、车渡、高速公路出入口、加油（气）站、充电站）、城墙、温室、大棚、固化池（游泳池、污水处理池、其他）、工业设施、其他构筑物
人工堆掘地	露天采掘场、堆放物（尾矿、垃圾、其他）、建筑工地（拆迁待建筑工地、房屋建筑工地、道路建筑工地）、其他人工堆掘地
荒漠与裸露地	盐碱地表、泥质地表、沙质地表、砾石地表、岩石地表
水域	河渠（河流、水渠）、湖泊、库塘（水库、坑塘）
地理单元	行政区划与管理单元：省级行政区、地市州级行政区、县级行政区、乡镇行政区、行政村
	社会经济区域单元：主体功能区，开发区，保税区，国有农、林、牧场，自然、文化遗产，风景名胜、旅游区，森林公园，地质公园，行、蓄、滞洪区
	自然地理单元：流域、地形分区、地貌类型单元、湿地保护区、沼泽区
	城镇综合功能单元：居住小区、工矿企业、单位院落（行政办公、文化设施、教育科研、医疗卫生、社会福利、商业设施、商务设施、娱乐康体、公用设施营业网点、其他院落）、休闲娱乐、体育活动场所、名胜古迹、宗教场所
地形地貌	高程、坡度、坡向

2. 数据基础

基础性地理国情监测基于地理国情普查与年度基础性地理国情监测数据、基础地理信息数据、影像数据、行业专题数据资料等开展。

1）地理国情普查与年度基础性地理国情监测数据

地理国情普查与年度基础性地理国情监测数据包括地表覆盖分类数据、地理国情要素数据，以及用于影像纠正处理的控制点数据、遥感影像解译样本数据、反映生产过程的生产元数据、经过精细化处理形成的 DEM 数据等。

2）基础地理信息数据

基础地理信息数据主要包括 1∶5 万和 1∶1 万基础地理信息数据。部分地区现势性较好的 1∶2000 或更大比例尺的基础地理信息数据，可以作为地理国情要素数据中相关要素的位置和属性数据更新的参考资源。

3）影像数据

影像数据包括甘肃省第一次全国地理国情普查形成的高分辨率遥感影像资料、标准时点核准正射影像和为了满足专题性监测的需要而生产的高分辨率正射影像数据，以及通过收集、生产所形成的外业像控点、内业加密点成果等基础性资料。

4）行业专题数据资料

行业专题数据资料包括从各行业部门收集的开发区、交通、民政、住建、国土、环保、林业、文物、旅游、教育、宗教、卫生、电力等专题资料，经分析与整理后可用于基础性地理国情监测中地理国情要素相关内容的更新。

3. 监测方法与步骤

基础性地理国情监测的技术流程如图 1.1 所示，包括新影像处理、变化区域识别、变化区域内业信息采集、外业调查、内业编辑整理、成果汇交、数据建库及统计分析等技术环节。

1）资料获取与收集

收集民政、国土、环保、建设、交通、水利、农业、统计、林业等最新版专题数据资料，并进行资料整理、分析和整合。收集满足地理国情监测要求的资源三号、高分系统、天绘系列、资源一号 02C、北京二号等国产卫星遥感影像，补充采购国内外商业卫星遥感影像，确保优于 2.5 米分辨率遥感影像全覆盖以及重点区域优于 1 米分辨率遥感影像覆盖。

2）数据生产

按任务区域完成监测区域的数据生产，包括影像正射纠正、变化信息发现与提取、外业调查与核查、内业编辑整理、质量控制、入库前检查和预处理等，形成符合设计要求、质量合格的监测数据成果。

3）数据库建设

主要任务为遥感影像数据（分景单波段纠正数据、分景多波段融合数据及相关元数据）质量检查和入库，包括地表覆盖分类数据、地理国情要素数据、遥感解译样本数据及相关数据生产元数据等。主要流程包括：成果数据集的汇总、预处理，数据入库和建库处理，构建交通、水域网络等。

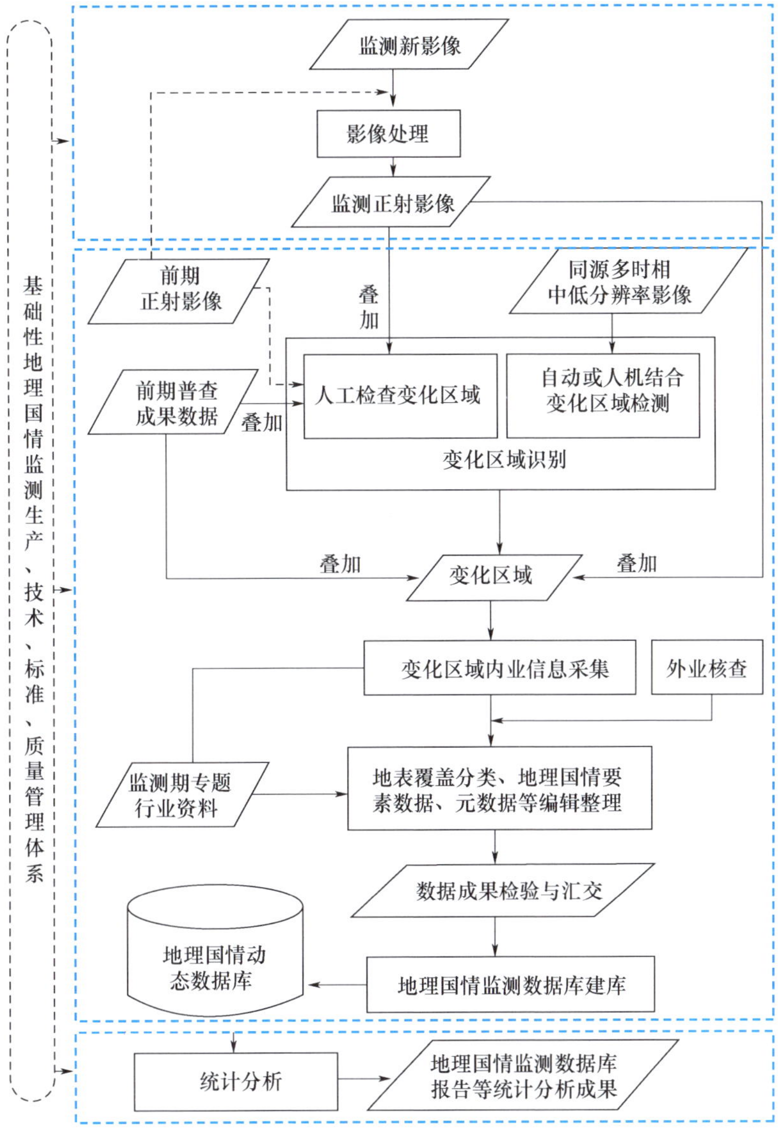

图 1.1 基础性地理国情监测技术流程

4）统计分析

对监测数据进行基本统计和对算工作，形成基本统计报告、报表、数据集、图件成果及监测公报、统计数据汇编等。

基于前一期监测数据库及基本统计成果，结合普查成果、基础地理信息数据和各类经济社会专题数据，开展综合统计分析，形成综合统计报告、报表、数据集及图件成果，形成蓝皮书、专报等。

5）质量控制

分区域开展数据生产过程中的质量控制，包括“两级检查、一级验收”。开展过程质量监督抽查，对生产成果进行验后复核，对数据库、统计分析等成果进行质量验收。

6）支撑体系建设

建设适应动态监测需求的地理信息时空大数据平台，基于“天地图·甘肃”的地理国情信息在线服务系统，完善地理国情监测业务协作、信息发布、共享应用等工作机制。

1.2.2 专题性地理国情监测

在开展地理国情普查的同时，为充分发挥地理国情普查成果作用，满足经济社会发展和生态文明建设的需要，甘肃省第一次全国地理国情普查领导小组办公室按照国务院“边普查、边监测、边应用”的总体要求，围绕甘肃省国土空间开发、资源节约利用、生态环境保护、城镇化发展、区域总体发展规划实施等重点方向，紧扣政府关心、社会关注的热点难点问题，确定监测重点内容，按需开展动态监测，为社会经济发展和生态文明建设提供针对性的服务。

1. 河西走廊绿洲沙漠化动态监测

河西走廊地处西北干旱区，石羊河、黑河、疏勒河流域则分布着较大的冲积平原，土壤肥沃，水草丰美，宜农宜牧，是国家实施西部大开发的 9 个重点地区之一。区域内西北部紧连库姆塔格沙漠和戈壁，北部和东北部被巴丹吉林沙漠和腾格里沙漠所包围。半荒漠植被使区域生态环境十分脆弱，成了制约全区经济和社会发展的首要问题。利用遥感影像序列数据对河西走廊区域 1986—2014 年的绿洲分布特征进行动态描述和记录；基于流域和地级市对河西地区的沙漠化情况进行分析，并对绿洲沙漠化的驱动因素进行分析，提出绿洲保护和沙漠化防控的一些建议。

2. 黑河流域甘肃段湿地资源动态监测

黑河流域是我国西北地区第二大内陆流域，位于河西走廊中部。由于远离海洋，周围高山环绕，流域气候主要受中高纬度的西风带环流控制和极地冷气团影响，气候干燥，降水稀少而集中，多大风，日照充足，太阳辐射强烈。项目通过整合并利用地理国情普查数据，以 2000 年、2008 年和 2013 年不同传感器、不同分辨率遥感影像为主要数据源，通过对 3 个年份、不同季节的黑河流域甘肃段湿地资源进行监测，摸清黑河流域湿地资源分布、数量、类型等基本情况。在调查的基础上，结合地理国情监测技术要求，对湿地资源分布的位置、地理界线、范围、面积、周长、构成类型、构成比例、变化动态度、景观格局等信息进行基本统计分析和综合统计分析。最后，对 3 期不同年份不同季节的湿地资源变化进行深入分析，掌握湿地时空变化特点和规律。结合社会经济数据，分析有关监测变化与流域植被状况、经济发展、人口增长等相互关系。

3. 河西地区冰川变化监测

冰川积雪融水、季节冻土融水产生的地表径流是下游处于荒漠半荒漠地带的河西地区主要用水来源，同时也是下游各水力发电站的用水来源。随着人口增加和工农业活动加剧，河西水资源短缺和生态建设问题日益突出。自20世纪80年代以来，以气温升高为主要标志的全球气候变化已导致我国绝大多数冰川处于退缩状态，冰川消融加剧，雪线上升，冰川融水导致的冰湖溃决等冰川自然灾害有加剧趋势。项目在第一次、第二次冰川编目的基础上，充分利用甘肃省第一次全国地理国情普查成果，完成祁连山西段大雪山区域共4期地表覆盖和重要地理国情要素（不含地理单元）数据采集和完善，以冰川与积雪为重点开展监测，形成适用于祁连山冰川监测的要素分类和监测技术规定及监测报告，为河西走廊冰雪水资源利用与管理提供数据与理论支持。同时，为开展祁连山冰川的长期监测做技术储备和人才培养，为开展基础性地理国情监测的技术规定编写提供冰川监测数据成果、技术路线和方法，以及冰川分类标准体系等技术依据和基础。

4. 甘肃省地级以上城市发展动态监测

甘肃省有12个地级市和2个自治州政府所在地的城区范围属地级城市，利用2000年、2005年、2010年、2015年、2016年5期城区边界提取数据，对14个地级城市的城区扩展进行统计分析。分析城区的面积及其占比、扩展面积及其占比等指标，对城市的空间形态演化进行描述，并对城市空间扩展类型进行划分；根据城市规模，将兰州作为典型城镇区域，对包括土地利用、经济发展质量、公共服务质量、人居环境状况、基础设施等进行综合发展潜力评价。

5. 兰州市城市历史变迁与扩展动态监测

兰州历史悠久，是古丝绸之路上的重镇。早在5000年前，人类就在这里繁衍生息。西汉设立县治，称金城。隋初改置兰州总管府。自汉至唐、宋时期，随着丝绸之路的开通，兰州逐渐成为丝绸之路重要的交通要道和商埠重镇，联系西域少数民族的重要都会和纽带。项目根据兰州市文物考古资料，确定古代人类活动和城市变迁的位置，从而研究兰州城市演化；开展改革开放以来兰州市城市快速扩展分析，主要从兰州城市扩展景观特征、城市扩张的资源环境承载力、城市人口和社会经济增长、城市扩展驱动因素等方面进行分析。

6. 兰州新区空间格局变化监测

兰州新区自2012年8月被国务院确立为国家级新区以来，经过5年的开发建设，城市框架已基本形成，基础设施日益完善，生态环境逐步改善。持续开展兰州新区地理国情监测，一方面可以记录兰州新区的发展，另一方面可以为兰州新区的规划建设提供重要参考依据。监测中基于2015年地理国情普查数据成果、已有的基础地理信息成果资料和优于1米的高分辨率航空航天遥感影像数据，对新区2010年至今，在建成区面积、地表覆盖、建设用地、重要基础设施建设、重要生态功能用地等方面的现状及变化情况进行监测，掌握新区建设现状及发展特征。结合兰州新区规划等相关的专题数据和社会经济资料，开展新区建设进程和建设效果分析评价，并形成年度兰州新区空间格局变化监测报告，为政府决策提供依据和服务。

1.3 本章小结

通过第一次全国地理国情普查，全面掌握了甘肃省的地形地貌、植被覆盖、水域、荒漠与裸露地、铁路与道路、居民地与设施等要素的数量、位置、分布、范围，查清了自然地理和人文地理要素的基本状况。通过开展河西走廊绿洲、黑河流域甘肃段湿地资源、河西地区冰川变化、甘肃省地级以上城市发展、兰州市城市历史变迁与扩展、兰州新区空间格局变化监测，对地表形态、地表覆盖等要素进行基础性和专题性监测，动态化、定量化地反映地理国情变化和特征，有利于甘肃省在主体功能区规划、城镇化发展、生态环境保护等方面科学决策和科学管理。

第2章

甘肃省城市扩展监测概述

2.1 甘肃省城市概况

2.1.1 兰州城市发展

兰州市位于中国西北部、甘肃省中部，市中心位于北纬36°03′、东经103°40′，辖城关、七里河、西固、安宁、红古5区和永登、皋兰、榆中3县，北与武威市、白银市接壤，东与定西市接壤，南与临夏回族自治州接壤，总面积约1.3万平方千米，中心城区面积约136平方千米。兰州是甘肃省省会，中国西北地区重要的工业基地，西部地区重要的中心城市之一，西陇海兰新经济带重要支点，西北重要的交通枢纽和物流中心，同时是我国华东、华中地区联系西部地区的桥梁和纽带，西北的交通通信枢纽和科研教育中心，“丝绸之路经济带”的重要节点城市。2017年10月，被授予国家园林城市。

1. 建制沿革

兰州是古丝绸之路上的重镇。早在5000年前，人类就在这里繁衍生息。西汉设立县治，取“金城汤池”之意而称金城。隋初改置兰州总管府，始称兰州。自汉至唐、宋时期，随着丝绸之路的开通，出现了丝绸西去、天马东来的盛况，兰州逐渐成为丝绸之路重要的交通要道和商埠重镇，联系西域少数民族的重要都会和纽带，在沟通和促进中西经济文化交流中发挥了重要作用。

据《兰州市志·建制区划志》，清朝康熙五年（1666年）陕甘分治，甘肃建省，以兰州为适中之地，甘肃巡抚自凉州

（今武威市）移驻兰州，兰州成为甘肃省会。清朝乾隆三年（1738年）临洮府治由狄道移至兰州，改称兰州府，又改州为皋兰县。当时兰州府辖管狄道、河州二州及皋兰、金县、渭源、靖远四县。清朝乾隆二十九年（1764年）陕甘总督衙门自西安移驻兰州，裁撤甘肃巡抚。自此兰州成为西北政治、军事重镇，用于“节制三秦”“怀柔西域”。民国二年（1913年）废府州设道，并兰山、巩昌二府为兰山道，辖管皋兰、红水、榆中、狄道、导河、宁定、洮沙、靖远、渭源、定西、临潭、陇西、岷县、会宁、漳县15县。道尹驻省会皋兰县。民国十六年（1927年）改道为区，变兰山道为兰山区。民国二十五年（1936年），划甘肃省为七个行政督察专员公署，皋兰、榆中属第一行政督察区，专署驻岷县。民国三十年（1941年），将皋兰县城郊划出，新设置兰州市，与皋兰县同治今兰州城关区。民国三十三年（1944年），市区扩大，东至阳洼山，西至土门墩（不含马滩），南到石咀子、八里窑、皋兰山顶，北至盐场堡、十里店，面积达146平方千米。1949年8月26日，兰州解放。

2. 地形地貌

兰州市地貌复杂多样，有山地、高原、平川、河谷、沙漠、戈壁，类型齐全，交错分布，地势自西南向东北倾斜。兰州市东西长178千米，南北宽158千米，地势西部和南部高，东北低，黄河自西南流向东北，横穿全境，切穿山岭，形成峡谷与盆地相间的串珠形河谷。峡谷有八盘峡、柴家峡、桑园峡、大峡、乌金峡等；盆地有新城盆地、兰州盆地、泥湾—什川盆地、青城—水川盆地等。还有湟水谷地、庄浪河谷地、苑川河谷地、大通河谷地等。

兰州主城区位于兰州盆地。兰州盆地在黄河上游，西起岸门村，东至桑园峡，北接凤凰山、九州台，南邻关山、大尖山、兴隆山和马衔山，属黄河河谷盆地。盆地中段金城关最窄处，黄河河面宽仅200余米，将盆地分为东西两部分，呈葫芦形。西部由白垩系河口群组成，东部由前寒武系皋兰群及古生界花岗岩组成，黄河自西向东穿过盆地。在新构造运动作用下，形成高出黄河230余米的九州台高阶地及两岸六级阶地。兰州属中温带半干旱气候区，年降水量328毫米，年蒸发量1438毫米，年均气温9℃。

3. 社会经济

据《甘肃发展年鉴》，截至2016年年末，兰州市常住人口370.55万人。其中，城镇人口300.18万人，占81.01%；乡村人口70.37万人，占18.99%。人口自然增长率为5.37‰。2016年完成生产总值2264.23亿元。其中，第一产业增加值60.36亿元；第二产业增加值790.09亿元；第三产业增加值1413.78亿元。三次产业结构比为2.67∶34.89∶62.44。按常住人口计算，人均生产总值近1万美元。

兰州是西陇海兰新经济带支点，是新亚欧大陆桥中国段五大中心城市之一，是中国东中部地区联系西部地区的桥梁和纽带。兰州具有“座中四连”的独特位置，辐射甘、宁、青等省区。截至2016年，兰州至西宁、银川等周边城市的五条高速公路已建成通车。北京—拉萨（G6）、连云港—霍尔果斯（G30）、兰州—海口（G75）、青岛—兰州（G22）等多条国家级高速公路和过道干线使兰州成为国家高速公路网中的重要节点。兰州也是中国重要的路网型铁路枢纽之一，陇海线、包兰线、兰新线、兰青线汇集于此，青藏铁路、兰新高铁、徐兰客运专线宝鸡至兰州段、兰渝铁路已建成通车。兰州铁路枢纽旅客发送量每年近千万人次。兰州中川国际机场是中国西北地区省会城市飞行区干线机场。兰州中川国际机场有两条4500 米跑道。根据规划，兰州轨道交通网络体系由5 条线路组成，总长约207 千米。线网中，1、2、3 号线为中心城区线，总长约90 千米。地铁1 号线和地铁2 号线正在建设中，地铁1 号线预计于2018 年开通运营，地铁2 号线预计于2020 年开通运营。

4. 文化旅游

兰州是甘肃省文化教育中心，有兰州大学、西北师范大学、兰州理工大学、兰州交通大学等13 所省部属高校院所。2016 年，兰州全市研究生教育招生1.06 万人，在校研究生3.1 万人；普通高等教育招生8.78 万人，在校学生31.89 万人；中等职业教育招生1.58 万人。普通高中招生2.29 万人，初中招生3.29 万人，普通小学招生3.76 万人，特殊教育招生33 人，幼儿园在园幼儿11.28 万人。

兰州是古丝绸之路重镇，有许多名胜古迹，并曾入选中国十佳避暑旅游城市。截至2016 年，兰州有省级文物保护单位6 处，文物点50 多处，古遗址、古城、古建筑多处。国家级森林公园有徐家山、吐鲁沟、石佛沟，市区有五泉山、白塔山等名胜古迹，还有体育公园、西湖公园、金城公园等风格各异的景点。

2.1.2　地级城市发展

除兰州市外，甘肃省辖13 个地级行政区，分别为酒泉市、嘉峪关市、张掖市、金昌市、武威市、白银市、定西市、庆阳市、平凉市、天水市、陇南市、临夏回族自治州、甘南藏族自治州。根据《全国资源型城市可持续发展规划（2013—2020 年）》，武威、庆阳、陇南为资源型成长型城市，金昌、平凉为资源型成熟型城市，白银为资源型衰退型城市，张掖为资源型再生型城市。

1. 酒泉市

酒泉市地处河西走廊西端，南接青海，西邻新疆，北接内蒙古并与蒙古国接壤，境内聚居着汉、回、蒙、哈萨克、裕固等40 个民族。酒泉为汉代河西四郡之一，自古是中原通往西域的交通要塞，丝绸之路的重镇。1959 年酒泉、金塔两县合并建立酒泉市；1961 年撤销地级市改为县级市，恢复金塔县；1964 年撤市改县；1985 年撤县建市；2002 年9 月撤销县级市，设立肃州区。现辖肃州区和金塔县、瓜州县、肃北蒙古族自治县、阿克塞哈萨克族自治县，代管玉门、敦煌2 县级市，共“1 区2 市4 县”，总面积168031 平方千米。市政府驻地肃州区。截至2015 年末，全市常住人口111.54 万人，其中城镇人口63.43 万人。境内和周边分布着玉门石油管理局、酒泉钢铁公司、四〇四核工业城等一批国有重点大中型企业。酒泉市是敦煌艺术的故乡、中国航天事业的摇篮、全国首座千万千瓦级风电基地、我国石油工业和核工业的发祥地。

2. 嘉峪关市

嘉峪关市位于甘肃省西北部，河西走廊中部偏西，是古丝绸之路的交通要道，是明代万里长城的西端起点，也是丝路文化和长城文化的交汇点。因举世闻名的万里长城天下第一雄关而得名，自古以来就被人们称为“河西重镇，边陲锁钥”。嘉峪关市是随着西北最大的钢铁联合企业——酒泉钢铁（集团）公司的建设而发展起来的一座新兴工业旅游城市，1965 年设市，是亚欧大陆桥重要组成部分。嘉峪关是全国仅有的几个不设市辖区的地级市之一，现有峪泉、文殊、新城 3 个镇和 30 个社区，总面积 1224 平方千米。截至 2015 年末，全市常住人口 24.39 万人，其中城镇人口 22.79 万人。

3. 张掖市

张掖市古称甘州，西汉以“张国臂掖，以通西域”而得名，位于青藏高原和蒙古高原交汇的河西走廊中段，地贯东西、交通南北，历代为华夏咽喉之地，战略地位极为重要。1985 年设立县级张掖市，2002 年改立地级张掖市。现辖甘州区 1 区，临泽、高台、山丹、民乐、肃南裕固族自治县 5 县，总面积 36553 平方千米。有汉、裕固、藏、蒙、回等 38 个民族，其中分布于祁连山区的裕固族是全国独有的少数民族。截至 2015 年末，全市常住人口 121.98 万人，其中城镇人口 51.46 万人。

4. 金昌市

金昌市地处甘肃省河西走廊东段，祁连山北麓，阿拉善台地南缘。北、东与民勤县相连，东南与武威市相靠，南与肃南裕固族自治县相接，西与张掖市民乐、山丹县接壤，西北与内蒙古自治区阿拉善右旗毗邻。下辖永昌县、金川区，全市共有 12 个乡（镇）、6 个街道办事处，市政府驻地金川区。总面积 7551 平方千米。金昌市缘矿兴企、因企设市，因盛产镍被誉为祖国的“镍都”。金昌是全国资源型缺水城市之一，也是中国西部地区自然生态环境比较脆弱的地区。2014 年 1 月，金昌被国家城乡建设部命名为国家园林城市。2015 年，金昌被中央文明委评选为全国文明城市。截至 2015 年末，全市常住人口 47.05 万人，其中城镇人口 31.98 万人。

5. 武威市

武威市位于甘肃省中部，河西走廊的东端，是中国旅游标志——“马踏飞燕”的出土地。南靠青海、北临内蒙古，处于亚欧大陆桥的咽喉地位和西陇海兰新线经济带的中心地段，兰新、干武铁路和 G30、G312 国道贯穿全境，是河西重要的物流中心和商贸集散地。武威古时素有“通一线于广漠，控五郡之咽喉”重地之称，曾经的中国第三大城市，一度是西北的军政中心、经济文化中心。1986 年被国务院命名为全国历史文化名城和对外开放城市，2001 年 5 月经国务院批准撤地设市，2005 年被命名为中国优秀旅游城市，2012 年 10 月被命名为中国葡萄酒城。武威市现辖凉州区、民勤县、古浪县和天祝藏族自治县，市政府驻地凉州区。总面积 32346 平方千米。截至 2015 年末，全市常住人口 181.64 万人，其中城镇人口 65.25 万人。

6. 白银市

白银市是全国唯一以贵金属命名的城市。1956 年设市时定名为白银市。因白银是全国著名的铜工业基地，又被誉为“铜城”。现辖白银、平川 2 区，会宁、靖远、景泰 3 县，全市共有 48 个乡、21 个镇、9 个街道办事处，市政府驻地白银区。总面积 20099 平方千米。截至 2015 年末，全市常住人口 170.99 万人，其中城镇人口 79.56 万人。

7. 定西市

定西市位于甘肃省中部，取“安定西边”之意而得名，通称“陇中”，东接天水、西靠兰州、北邻白银、南连陇南，并与甘南、临夏接壤，具有承东启西、南连北展的区位优势。1949 年 9 月成立定西行政署督察专员分署，1979 年更名为定西地区行政公署。新中国成立后政区曾多次变更，2003 年 4 月经国务院批准成立定西市。现辖安定区和通渭、陇西、临洮、渭源、漳县、岷县 1 区 6 县，119 个乡镇、2 个街道办，市政府驻地安定区。总面积 19611 平方千米。截至 2015 年末，全市常住人口 277.83 万人，其中城镇人口 84.46 万人。

8. 庆阳市

庆阳市位于甘肃省东部，习称“陇东”。东接陕西省的黄陵、富县、甘泉、志丹等县；北邻陕西省吴起县、定边县及宁夏回族自治区的盐池县；西与宁夏的同心县、固原市接壤；南与本省的泾川县及陕西的长武县、彬县、旬邑县相连。南北长 207 千米，东西跨 208 千米，总面积 27117 平方千米。1949 年成立庆阳专员公署，1955 年并入平凉专员公署，1962 年复为庆阳专员公署，1978 年改为庆阳地区行政公署，2002 年 8 月更名为庆阳市。现辖庆城、环县、华池、合水、正宁、宁县、镇原 7 县和西峰区，市政府驻地西峰区。截至 2015 年末，全市常住人口 223.05 万人，其中城镇人口 74.63 万人。

9. 平凉市

平凉市位于甘肃省东部，地处陕、甘、宁 3 省（区）交汇处，横跨陇山（关山），东邻陕西咸阳，西连甘肃定西、白银，南接陕西宝鸡和甘肃天水，北倚宁夏固原、甘肃庆阳，是古丝绸之路必经重镇，素有陇上“旱码头”之称。1949 年成立平凉专员公署。1955 年平凉、庆阳两专区合并。1962 年分设，恢复原建制。2003 年更名为平凉市。全市辖泾川、灵台、崇信、华亭、庄浪、静宁 6 县和崆峒区，市政府驻地崆峒区。总面积 11117 平方千米。区域内有汉、回、蒙、满、朝鲜等 20 多个民族，民俗风情浓郁。截至 2015 年末，全市常住人口 209.8 万人，其中城镇人口 76.09 万人。

10. 天水市

天水市位于甘肃省东南部。东接陕西省宝鸡市，南临陇南市，西靠定西市，北倚平凉市，是甘肃省的东大门、陇东南商贸中心。天水因“天河注水”的传说而得名，是“羲皇故里”，中国历史文化名城。西汉元鼎三年（公元前 114 年）由陇西郡析置天水郡，天水始而得名。1935 年设行政督察区，1949 年设天水分区，1950 年改天水专区，1980 年改天水地区行政公署，1985 年改设天水市。现辖秦州、麦积 2 区和清水、秦安、甘谷、武山、张家川回族自治县 5 县，有汉、回、满、蒙、藏等 28 个民族。市政府驻地秦州区。总面积 14277 平方千米。截至 2015 年末，全市常住人口

331.17 万人，其中城镇人口 116.9 万人。

11. 陇南市

陇南市位于甘肃省南部，川、陕、甘 3 省交界地带。东连陕西省宝鸡市、汉中市，南接四川省广元市、绵阳市和阿坝藏族羌族自治州，北靠天水市，西连甘南藏族自治州。1949 年 8 月成立甘肃省武都分区，1951 年改为武都专区，1958 年并入天水专区，1962 年恢复武都专区，1969 年改为武都地区，1985 年更名为陇南地区，2004 年改为陇南市。现辖武都区和成县、文县、宕昌、康县、西和、礼县、徽县、两当 1 区8 县。总面积 27839 平方千米。截至 2015 年末，全市常住人口 259.09 万人，其中城镇人口 72.96 万人。

12. 临夏回族自治州

临夏回族自治州位于黄河上游，甘肃省中部西南。东临洮河与定西市相望，西倚积石山与青海省海东市、黄南藏族自治州毗邻，南靠太子山与甘南藏族自治州搭界，北濒湟水与兰州市接壤。属多民族、多宗教、多教派地区。为陇西南商品集散地和贸易枢纽，西北皮张、羊毛、民族用品集散地。临夏历史悠久，古称枹罕。1949 年设临夏分区行政督察专员公署。1950 年更名为临夏分区专员公署。1956 年撤销临夏专员公署，设临夏回族自治州至今。现辖临夏市（县级）和临夏、永靖、和政、广河、康乐、东乡族自治县、积石山保安族东乡族撒拉族自治县 1 市 7 县（2 自治县）。总面积 7332 平方千米。州政府驻地临夏市，是全国人口高密度县市之一。州内聚居回、汉、东乡、保安、撒拉等民族，其中东乡族、保安族是临夏独有民族。截至 2015 年末，全州常住人口 201.21 万人，其中城镇人口 62.8 万人。

13. 甘南藏族自治州

甘南藏族自治州是全国 10 个藏族自治州之一，地处青藏高原东北边缘，甘肃省西南部，甘、青、川交界处。东接定西市、陇南市，南与四川省阿坝藏族羌族自治州接壤，西邻青海省果洛、黄南藏族自治州，北连临夏回族自治州。总面积 36593 平方千米。甘南藏族自治州成立于 1953 年 10 月，时名甘南藏族自治区，1955 年 7 月改为甘南藏族自治州。现辖合作市（县级）和临潭、卓尼、舟曲、迭部、玛曲、碌曲、夏河 1 市 7 县，州政府驻地合作市。截至 2015 年末，全州常住人口 70.5 万人，其中城镇人口 21.5 万人。

2.1.3 兰州新区发展

为了实施新一轮西部大开发、国家“一带一路”倡议，充分发挥新兴城市的作用，2012 年 8 月，国务院发布《国务院关于同意设立兰州新区的批复》（国函〔2012〕104 号），同意设立兰州新区。根据批复，兰州新区将坚持科学规划、合理布局、有序发展，突出经济结构战略调整，突出特色产业、循环经济和节能环保，突出对内对外开放，突出改革创新，推动兰州市建设成为西北地区重要经济增长极、国家重要的产业基地、向西开放的重要战略平台和承接产业转移示范区，进而带动甘肃及周边地区发展、深入推进西部大开发、促进我国向西开放。建设兰州新区，对探索西北老工业城市转型发展和承接东中部地区产业转移的新模式，增加兰州作为西北地区重要中心城市的辐射带动作用，扩大向西开放，推动西部大开发，促进区域协调发展，具有重要意义。

1. 华夏文明传承创新平台

2013 年，甘肃省获批华夏文明传承创新区。在华夏文明传承创新区中，兰州新区将在高新技术产业、现代服务业、影视制作、演艺业、出版业、发行业、广告业等文化产业发展及推进以黄河文化为核心的兰州都市圈文化产业区建设等过程中，发挥重要的作用。

2. “丝绸之路经济带”重要节点

习近平总书记 2013 年 9 月出访哈萨克斯坦期间，首次提出了“丝绸之路经济带”的战略构想，这一区域经济合作的新模式将对沿线各国的政治、经济、安全乃至文化利益的均衡发展起到重要的影响。“丝绸之路经济带”重点畅通中国经中亚、俄罗斯至欧洲，中国经中亚、西亚至波斯湾、地中海，中国至东南亚、南亚、印度洋。中巴、孟中印缅、新欧亚大陆桥以及中蒙俄等经济走廊基本构成“丝绸之路经济带”的陆地骨架。“丝绸之路经济带”还是一个“经济带”概念，体现的是在经济带上各城市集中协调发展的思路。兰州新区作为“丝绸之路经济带”的重要节点，肩负着建设“丝绸之路经济带”的龙头地位和作用。

3. 西部经济合作和扩大开放试验区

兰州新区是西北第一个国家级新区。设立兰州新区是深入推进西部大开发战略，深化区域经济合作，形成兰州—西宁地区与关中—天水经济区、呼（和浩特）包（头）银（川）榆（林）经济区协调发展新格局的优化选择。兰州新区以其显著的交通枢纽地位将促进我国与中西亚及中东国家经贸合作、科技文化交流。

4. 西北地区重要经济增长极

兰州新区的成立是中国深入实施西部大开发战略的又一重大举措，担负着扩大向西开放的使命。兰州新区位于兰州市北部的秦王川盆地，地处兰州、西宁、银川 3 个省会城市共生带的中间位置，是国家规划建设的综合交通枢纽，也是中原进入河西走廊、通往新疆和中亚以及西北地区的咽喉之地，区位优势明显。兰州新区的建设发展尤其对西北地区甘肃、青海、新疆、西藏、宁夏 5 省区以及内蒙古产生辐射和带动作用。人流、物流、信息流的加速流动，将从整体上对这一地区经济产生拉动作用。

5. 国家重要产业基地

兰州具有国家级能源产业发展基础。石化产业是兰州的传统优势产业，从发展趋势来看，石化产业在兰州还有大发展的趋势。《兰州市城市总体规划（2011—2020）》（住建部纲要评审稿）中明确，兰州新区是兰州石化产业发展的重点地区，西固区的石化产业将在 2020 年创造条件整体搬迁至新区。结合 300 万吨石油储备库的建设，新区的石化产业发展优势明显。

2.2 甘肃省城市扩展监测的必要性

2.2.1 城市是省域经济社会发展的主导

城市对于现代社会的重要作用和重大意义是不言而喻的。城市无论规模大小，总在区域经济社会发展中起主导作用。可以说，没有城市的发展和城市的现代化，就不会有国家的发展和现代化。联合国人居署《2016 世界城市状况报告》指出，目前排名前600 位的主要城市中居住着五分之一的世界人口，对全球国内生产总值的贡献高达60%。世界人口在过去20 年间，随着社会经济发展大规模向城镇迁移；截至2015 年年底，居住人口超过1000 万的“超级城市”数量已从之前的14 个增加到28 个，其中22 个都集中在拉美、亚洲和非洲地区。同时，目前发展速度最快的区域是人口在100 万以下的中小城市，其住户人数占到世界城市人口的59%。城市是文化进步的载体。城市本身具有积累文化的功能，也正是这样一种功能才使城市成为人类社会发展的经济、文化及财富的中心。对任何城市来说，城市的历史与记忆都是城市发展的有效资源和资本。不同的城市在自己的范围内，演绎着不同的文化，创造自身发展的文化机制和动力因素，形成独特的城市个性和城市人文精神，并通过它的纪念性建筑、文字记载等方式，把不同民族和不同时代的音乐、舞蹈、礼仪、传说以及各种行业的技艺等移植和保存下来，为后世留下优秀的文化历史遗产和文化精品。城市还是经济增长的发动机。城市是社会地域生产力最集中的表现形式。古代城市主要是军事和政治中心，但随着社会大分工促进城乡分离，城市开始成为经济中心。工业革命则使城市发生了根本变化，工厂的大量出现与集中，使城市成为先进生产力的代表。市政、金融、商业和交通等领域的发展，进一步提高了城市的经济地位，而农村日益处于从属地位。城市是生产要素的集聚中心，是生产、交换和消费中心，是拉动经济增长的强大“引擎”。城市通过发挥集散功能，在一定空间范围内聚集和扩散各种经济要素。城市通过发挥生产中心功能，为城市的极化和供给能力的提高提供坚实的基础。城市是农村建设的引导者。一部世界经济发展史，就是一部经济重心从农村向城市转移的历史。从长远看，农民增收、农业发展、农村稳定问题的根本解决，只有靠城市化，靠大量人口向非农产业转移。加快农村发展，主战场在农村，突破口在城市，推动力在城市。统筹城乡发展是一个历史性命题，依靠新型城镇化和新时代新农村建设来引领“三农”问题的解决。

过去30 多年，我国的城市建设，随着人口、住房、基础设施的发展和就业规模的扩大，呈现出突飞猛进的局面。2009 年《城市蓝皮书》中指出，截至2008 年年底，中国的城镇化率为45.7%，中国共拥有城镇人口达6.07 亿，目前已形成建制城市达655 座，其中特大型城市（人口数在百万以上）已达118 座。2009 年，《中国城市化进程及资源环境保障报告》中指出，中国的城市化速度比世界城市化平均速度快2.14%，中国目前处于快速发展的城市化中期阶段，但中国的城市化水平与世界平均水平相比，还有8.40%的差距。中国将在约25年后，逐渐发展到后期的城市化成熟阶段。2016年，全国城市市政公用设施固定资产投资16204.4亿元。在当前扩大内需、保持经济平稳增长的大背景下，不断加强城市基础设施建设，既可以有效拉动内需，又可以切实增强我国的基本国力，为经济的健康可持续发展提供有力保障。随着城市化的提高，甘肃省城市化以平均每年约1%的速度增长。2016年，甘肃省城镇人口1166.39万人，城镇化率为44.69%。

2.2.2　城市发展问题不断增多

城市发展受影响的因素有很多，如城市人口规模、经济发展水平、资金投入情况、产业结构调整以及地理、环境、国家政策等。伴随着城市人口的增多和城市建设用地的扩大，产生了一系列的问题，这些问题的出现在一定程度上制约城市的发展，导致城市生态环境的破坏。①交通拥堵问题。城市是经济发展的中心，物资、人口都在城市集合，而伴随着城市人口的增加和人们工资水平的提高，越来越多的城市人能够有能力购买私家车，不断增加的私家车数量使得城市的交通变得更加拥堵。②环境污染问题。城市的各项经济活动比较集中和发达，相应的其大气污染、噪声污染、水体污染等问题突出，这些问题的存在影响人们的生活和身心发展，在一定程度上也会限制城市的发展。③增加就业困难，失业人数增多问题。随着城市化水平的提高，城市中较高的工资水平和更多的就业机会，使得越来越多的毕业生和农村务农人员选择去城市工作，但是，伴随着人口的不断集中，城市的工作岗位达到饱和的状态，使得许多来城市找工作的毕业生和农民工找不到满意的工作，就业更加困难。同时，城市经济技术水平的提高和经济结构的改善、管理水平的提高，使得本来需要较多工作人员的岗位局面改变，部分工作人员会面临失业的窘况。④城乡差异不断扩大问题。城市化是城市人口不断增加、农村人口和用地不断减少的过程。长期以来城乡二元社会结构的存在，使得城市发展水平不断提高，经济社会发达，而农村经济发展水平降低，经济社会发展缓慢。城乡居民之间在就业选择、社会福利、社会保障、基本公共服务等方面，存在着显著的差别。

在城市化的过程中比较突出的问题是人口和城市发展规模不适应。城市用地大幅度增加，农业用地逐渐转换为城市用地。这种扩张不仅影响城市自身的发展，而且对城区的生活、生态环境也有很大的影响。城市在规划时缺乏规范化、系统化的管理与监控，导致城市在发展过程中失去控制。城市内有时会出现大量未充分利用的土地，土地资源的严重浪费，使城市建设的成本大大增加。

2.2.3 甘肃城市发展特点的需要

1. 城市建设速度加快，用地规模不断扩大

新中国成立后，随着国家生产力布局的调整和矿产资源的开发，甘肃省嘉峪关、金昌、玉门、白银等一批新兴工业城市迅速崛起，20 世纪 80 年代以来，城镇发展速度明显加快，城镇数量增多，城市规划进一步扩大。甘肃目前有 12 个地级市、2 个自治州；17 个市辖区、4 个县级市、58 个县、7 个自治县，分布于河谷地带及交通沿线，是甘肃省和地方经济发展的中心。截至 2017 年年底（表 2.1），甘肃省仅地级城市占地面积达到532.49 平方千米，是2000 年284.71 平方千米的1.87 倍。其中，酒泉城区面积年均增速最大，近 20%。其次庆阳和陇南两城区面积增速也较大，约 15%。由于自然条件限制，兰州（除兰州新区）、白银、天水、甘南、临夏 5 市未达到 10%。随着甘肃省城镇化率的进一步提高，县级城镇建设用地、建制镇建设用地规模都将不断扩大。

表 2.1　甘肃省地级城市区面积及增速

城市	2000 年(平方千米)	2017 年(平方千米)	年均增速(%)
兰州	101.49	147.11	5.45
酒泉	14.81	52.58	19.84
嘉峪关	30.33	61.70	10.68
张掖	13.84	31.64	12.54
金昌	19.99	39.44	10.19
武威	16.71	33.74	10.56
白银	26.99	48.51	8.74
定西	6.06	14.27	13.01
庆阳	6.48	18.30	15.99
平凉	9.61	19.45	10.60
天水	22.74	38.43	7.78
陇南	2.37	6.24	14.83
临夏	7.74	13.60	8.39
合作	5.55	7.48	4.36

2. 城镇分布不平衡，沿河流及交通干线的布局

甘肃省城市分布不平衡性体现在主要沿河流及交通干线布局。城市所在地大多依山傍水，处在地形平坦、交通便利的河谷及道路沿线。甘肃省城镇中傍水者高达 90%以上。分布在黄河沿岸的城镇等有兰州、靖远县、永靖县、玛曲县；大夏河沿岸有临夏市、夏河县；白龙江沿岸有迭部县、舟曲县、武都区；湟水沿岸有红古区；古浪河沿岸有天祝藏族自治县、永登县；洮河沿岸有碌曲县、岷县、临挑县；白水江沿岸有文县；渭河沿岸有渭源、武山、甘谷、北道、陇西等县；泾河沿岸有平凉、泾川县；

石羊河沿岸有武威、民勤县；黑河沿岸有张掖、临泽县、高台县；疏勒河沿岸有玉门镇、瓜州县；党河沿岸有肃北县、敦煌市等。

这些城市又多数在交通干线沿线，如位于陇海、兰新铁路沿线的城镇有天水、陇西县、武山县、定西、兰州、永登县、武威、张掖、酒泉、玉门市、山丹县、古浪县、临泽县、嘉峪关等。接近水源、交通便利、地形平坦是甘肃省城镇布局的主要特点。

3. 城市与农业用地矛盾日益尖锐，协调矛盾大

总体来看，由于受地貌条件的制约，城镇后备土地资源的区域差异很大。

河西地区城市发展的后备土地资源较为丰富。河西走廊地区，除玉门市、嘉峪关、金昌等少数城市位于荒漠戈壁上之外，城市多位于三大内陆河流域的绿洲内，受水资源条件制约，城市占用耕地，城乡用地矛盾突出。

中部、陇东和天水黄土高原丘陵区，受塬、梁、峁与纵横深切沟壑地形影响，城市主要分布在河谷盆地和黄土源区。这些河谷地或黄土源区水土光热组配条件较好，历来都是主要的农业耕作区，也是目前重点农田保护区，因此城市建设与农业生产用地矛盾更为突出，城市用地资源比河西走廊更为紧张。

甘肃唯一的特大城市——兰州，局限于黄河上游兰州盆地，夹持于南北两山之间，呈东西狭长分布，十分有限的河谷盆地低阶地既是城市建设的主要场所，又是城郊农业发展的主要用地，二者在数量上彼此消长，城乡争地矛盾十分突出。市区城镇建设用地已占据了相对高差 50 米以下的低阶地，城郊农业用地被挤到了坪台上和中、高级阶地上。今后城镇用地面积趋势有增无减，城镇建设与农业生产用地的矛盾会长期存在，并且协调的难度越来越大。

陇南地区受山区地形条件的影响，城镇也多分布于河谷盆地之中，可供城镇开发的后备土地资源很少。武都区、文县等小城镇建设用地已较紧张，并且潜伏着很大的自然灾害风险。

甘南高原区城镇建设后备土地资源较为丰富。尽管该区地处高海拔地带，但高原面地形起伏不大，大部分地区地面坡度小于 3°，对城镇布局限制性较小，城镇建设用地与农牧业发展用地矛盾并不十分突出。局部地区城镇后备土地资源不足，如夏河拉卜楞镇等。

2.3　地理国情监测服务城市变化监测

地理国情信息可以分为基础地理信息、地理统计信息和地理演化信息。其中，基础地理信息是能够直观地反映在地图、遥感影像等载体上的地理要素分布信息，主要包括地形地貌、道路交通、土地利用和土地覆盖等地理要素的分布信息，属于能够直接观测的对象型信息；地理统计信息是在基础地理信息的基础上，利用地理信息系统、数理统计等技术方法进行统计分析所获得的数据和信息，如城市面积、道路长度以及

各种地理实体的统计数据或数量信息；地理演化信息是在动态测绘基础上，获取时间序列的地理信息，通过统计和对比分析揭示监测对象的变化演进规律，并对监测对象未来的发展演化方向进行分析预测所形成的趋势信息，如城市边界扩展、城市环境治理及其他重要地理要素变化趋势等信息。

地理国情信息涵盖面广、综合性强，不仅能够客观、准确地反映地表特征和地理现象，而且还能够反映地表变化情况及其相互关系，成为制定城市发展战略与发展规划、调整经济结构布局、转变经济发展方式、应对城市突发公共事件等管理决策工作的重要基础。地理国情信息可以将人口、城市水体、污染情况等自然环境要素信息集成整合，运用三维化虚拟场景技术，为城市生态文明建设和森林城市建设提供科学数据支持。以地理国情数据为基础，实现各类经济社会信息与地理信息的融合处理，深入揭示城市发展的空间演变和内在关系，准确判断发展趋势，这对于提升管理决策的科学化水平具有十分重要的意义。

2.4　本章小结

根据城市的发展现状，本书将甘肃省城市分为省会城市（兰州）、地级城市、开发区（兰州新区）3级，本章对兰州、13个地级州市及兰州新区的发展概况进行了描述。基于不同城市的特点，重点分析了开展城市地理国情监测的必要性。城市是现代经济社会发展的枢纽，重要性显而易见，但由于城市发展不平衡、不充分，使得城市问题日益突出。开展地理国情监测、深入揭示甘肃省地级城市发展的空间演变和内在关系、准确判断发展趋势，对于提升管理决策的科学化水平具有十分重要的意义。

第3章

甘肃省地级以上城市发展动态监测

3.1 监测概况

3.1.1 背景及意义

城镇化建设是我国经济社会发展的主要战略之一，伴随我国快速城市化进程，城市成为地表变化最剧烈、最快速的区域。利用对地观测技术对城市进行持续监测，获取城市外部空间的扩张及内部结构的演化，可以帮助我们更好地了解城市发展情况，发现城市空间变化规律，为城市规划与建设提供相关空间信息服务。

原国家测绘地理信息局将城市空间扩展监测列为地理国情监测的重要内容，2014 年启动全国省会城市空间扩展监测项目，2016 年启动全国地级以上城市及典型城市群空间格局监测项目，2017 年继续进行全国地级以上城市空间格局变化监测。甘肃省测绘地理信息局是全国地级以上城市及典型城市群空间格局监测项目的 31 家承担单位之一，承担甘肃省 14 个地级城市空间格局变化监测任务。在 2016 年甘肃省地级城市空间扩展监测项目实施过程中，以甘肃省 14 个地级城市为监测对象，利用 2000 年、2005 年、2010 年、2015 年、2016 年 5 个监测时点的高分辨率遥感影像及相关专业资料，对甘肃省 14 个地级城市空间扩展的面积、速度、强度、形态特征进行变化监测，并对城市空间扩张的影响因素进行了分析，取得甘肃省 14 个地级城市空间扩展变化监测首期成果，2017 年在首期成果的基础上继续进行常态化监测。

城市化是社会经济发展的必然趋势，是衡量社会经济发展水平的重要指标。以城市化推进经济发展的战略，已成为各级政府奋力推进的着力点，大力发展各种形式的开发区、工业园区、新城区和飞地等。城市规模在不断扩大的同时，也获得了一些显著的成效，但却忽略了城市之间经济水平和客观条件限制的非均质性，以及经济发展与城市化进程相协调性，使得城市化进程中各种城市问题接踵而至。优化城市化空间布局，是推动城市健康发展的重要举措。从目前研究成果来看，研究的时间较短，并以大量个案为主，局限于单一城市的空间扩展研究，缺乏区域的宏观角度。同时，我国东部经济发达城市相关研究较多，而西部地区城市相对较少。甘肃作为祖国西部地区，地处黄河中上游，地域辽阔，在西部大开发政策带动下，随着城乡一体化建设的全面推进，近年来甘肃省地级城市用地扩张迅速。

通过城区扩展速度和强度、扩展方向、城市空间形态、扩展协调性、扩展驱动因素等方面，对甘肃省 14 个地级城市的空间结构和布局演变过程进行研究。这些研究为科学管理及决策提供可靠依据，为制定和实施区域发展战略与规划、优化城市空间开发格局和各类资源配置、推进生态环境保护、建设资源节约型和环境友好型社会、加快推进老工业区搬迁改造，提供重要的参考信息，同时为开展城市发展变化的常态化监测做好技术储备和人才培养。

3.1.2 监测目的

开展本监测项目，通过提取本省 14 个地级城市 2000 年至 2017 年城区边界数据，结合收集到的社会经济专题资料，对各地级城市空间格局变化进行分析，逐步掌握甘肃省地级城市发展历程、空间结构和布局演变过程，为新型城镇化建设、国土资源节约集约利用等提供服务。

3.1.3 监测主要内容

对遥感影像及专题数据等相关资料进行收集和整合，基于优于 1 米分辨率遥感影像完成地级城市 2000 年至 2017 年城区边界的提取。在此基础上，结合社会经济、人口等专题资料，开展基本统计分析和综合统计分析。分析城区范围与面积变化、扩展速度与强度、扩展方向、城市空间扩展占地分析；对城市空间形态特征、空间扩展协调性、土地开发特征、城市空间变化影响因素等进行统计分析；对地级城市城区空间扩展时空变化过程进行监测。

3.2 监测技术方法

3.2.1 监测数据来源

1. 遥感影像资料

监测区 2000 年、2005 年、2010 年历史遥感影像资料是进行对应年份城区边界提取的基本资料。第一次全国地理国情普查标准时点核准影像是进行 2015 年城区边界提取的基本资料。2016 年基础性地理国情监测成果影像是进行 2016 年城区边界提取的基本资料。2017 年边界则是在 2016 年监测成果的基础上，对照新影像提取的。

2. 第一次全国地理国情普查成果数据

第一次全国地理国情普查的地表覆盖和地理国情要素（含地理单元）数据成果由甘肃省第一次全国地理国情普查领导小组办公室提供。该数据坐标系统为 CGCS2000，采用地理坐标，坐标值以“度”为单位；高程采用 1985 国家高程基准，高程系统为正常高，高程坐标单位为“米”；存储格式为 ArcGIS FileGeodatabase（FGDB）。

该数据以县（区）为单元进行组织，每个县（区）为一个完整的 FGDB 数据库。第一次全国地理国情普查成果中的行政区划界线用于城区边界提取时行政境界线的限定，原则上城区边界不能超出行政区划界线。其他地表覆盖和地理国情要素数据成果可以辅助城区边界的提取。

3. 基础性地理国情监测矢量成果数据

2016 年和 2017 年基础性地理国情监测矢量成果数据包括地表覆盖数据和地理国情要素数据。地表覆盖数据包含种植土地、林草覆盖、房屋建筑、铁路与道路、构筑物、人工堆掘地、水域等土地类型；地理国情要素数据包含道路、单位院落、工矿企业、城镇综合功能单元等重要地理国情要素。该数据是作为城区边界提取的参考资料。

4. “天地图 · 甘肃”2017 版地名地址数据

甘肃省 2017 版地名地址数据由甘肃省基础地理信息中心提供，是为“天地图 · 甘肃”而建，数据的现势性为 2017 年 4 月。该数据详细地记录了甘肃省的地名地址信息，尤其是城市地区数据信息量非常丰富，可用作城区边界提取的辅助资料。

5. 中国城市统计年鉴和甘肃省统计年鉴资料

中国城市统计年鉴资料由中国测绘科学研究院下发，包含部分地级城市辖区的年末总人口和生产总值数据，是进行统计分析必需的数据资料。

甘肃省统计年鉴资料包括 2000 年、2005 年、2010 年、2015 年、2016 年和 2017 年的统计年鉴，由甘肃省统计局提供，该资料是对中国城市统计年鉴的补充。

6. 国民经济和社会发展规划、城市总体规划、土地利用规划资料

收集了各地级市“十三五”国民经济和社会发展规划、城市总体规划、土地利用规划等规划资料。这些规划资料可作为城区边界提取的参考资料，也可作为统计分析报告编写时的参考资料。

3.2.2　监测技术方法

1. 数据资料整理与整合

对收集到的基础测绘资料、专题资料的权威性、准确性，以及数据内容、数据精度、数据时相进行甄选分析，符合要求的直接采用，其他的进行数字化、空间化等预

处理。按照地理国情信息普查、监测的内容和指标，制定空间统一要素编码，实现要素一致性管理。对统计年鉴等文本或纸质资料按照有关统计指标进行甄选分析、统计成表，便于查询、统计、管理以及后期与空间数据的挂接。

2. 正射影像整理

对收集到的遥感影像数据的时相、分辨率、覆盖范围、影像质量等进行分析，对满足要求的影像进行不同坐标系统的转换、3°分带方式向6°分带方式的转换、影像纠正、投影文件定义，以及按行政区划界限进行影像的裁切、影像重命名、影像元数据制作等，从而完成正射影像成果的整理。

首先将监测城市的2015年第一次全国地理国情普查标准时点核准影像成果与2010年、2005年、2000年多期数字正射影像空间叠加，从历史变迁的视角综合分析所监测城市的整体布局和扩展情况，完成2015年的城区边界提取；再按时间倒序采用提取减量变化的方式依次完成2010年、2005年和2000年各期城区边界提取；然后将2015年影像与2016年数字正射影像套合，按照增量变化的方式提取2016年、2017年的城区边界。

3. 城市扩展变化统计分析

利用14个地级城市2000年、2005年、2010年、2015年、2016年和2017年6个时相的城区边界提取成果，提取地级城市城区范围和面积等方面的变化情况，对地级城市城区范围、空间分布进行统计，统计分析城区的面积、面积占比、扩展面积、扩展面积占比、各方向扩展情况、扩展速度、扩展强度、扩展弹性、城市的空间形态演变、城市空间扩展类型等。2017年地级城市空间格局变化监测的基础资料是以2016年监测成果为基础，2017年的城区边界和内部结构数据提取都是基于2016年的监测数据进行变化的更新。

利用收集到的人口、经济、社会等专题资料，统计城市扩张影响因素的关联度，分析影响城区扩张的主导因素。

3.2.3 监测指标

基于6期城区边界数据，结合人口、经济、社会等专题数据，监测地级城市城区空间扩展时空变化过程和规律。开展基本统计分析和综合统计分析，分析城区的范围、面积、面积占比、扩展面积、扩展速度、扩展强度、各方向扩展情况、扩展弹性、城市的空间形态演变、城市空间扩展类型等。具体指标详见表3.1。

表3.1 城市空间格局监测指标

序号	指标	公式	意义
1	城区面积（平方千米）	A	城区面积
2	城区面积占比（%）	$A_p = A/A_a \times 100\%$ A 为城区面积； A_a 为行政辖区面积	城区面积占行政辖区面积的占比

续表

序号	指标	公式	意义
3	城区扩展面积（平方千米）	$da = A_i - A_j$ A_i 为 i 时点城区面积； A_j 为 j 时点城区面积	经过某一时间段后的城区面积变化值
4	城区扩展面积占比（%）	$dAp = da/dA \times 100\%$ da 为城区扩展面积； dA 为城区扩展面积总和	城区扩展面积占城区扩展面积总和的占比
5	城区扩展速度（平方千米/年）	$V_i = \Delta U_{ij}/(\Delta t_j)$ V_i 为城市扩展速度； ΔU_{ij} 为 j 时段第 i 个研究单元城区扩展面积； Δt_j 为 j 时段的时间跨度	某一时间段内各城市城区面积的年增长量，表示单位时间内不同城区扩展快慢的绝对（面积）差异
6	城区扩展强度	$N_i = \Delta U_{ij}/(\Delta t_j \times M_j) \times 100\%$ N_i 为城市扩展强度； ΔU_{ij} 为 j 时段第 i 个研究单元城区扩展面积； Δt_j 为 j 时段的时间跨度； M_j 为 j 时段初期第 i 个单元城区总面积	某一时间段内各城市城区面积相对于基期城区的年扩展比例，表示单位时间内不同城区扩展快慢的相对（比例）差异
7	城区紧凑度	BCI = 城区中心斑块群面积/城区中心斑块群最小外接圆的面积 BCI 为城市用地的紧凑度	是反映城市空间形态的指标。紧凑度值越大，形状越具有紧凑性。圆是一种形状最紧凑的图形，其紧凑度为1，如果是狭长形状，其值远远小于1。一般来说，城市处于迅速扩展的发展阶段，紧凑度下降；当城市转为内部填充、改造发展阶段时，紧凑度上升。紧凑度的提高，有利于缩短城市内各部分之间的联系距离，提高城市基础设施和已开发土地的利用效率，提高资源的利用效率和降低城市的管理成本
8	城市用地增长弹性系数	$K = GR/PR \times 100\%$ $GR = (\sqrt[\Delta t]{A_t/A_0} - 1) \times 100\%$ K 为城市用地增长弹性系数； PR 为城市人口年均增长率； GR 为城市用地年均增长率； A_t 表示某个时间段末城区的面积； A_0 表示某个时间段初城区面积； Δt 表示时间段的跨度，以年为单位	城市用地增长弹性系数是一定时期内城市用地增长率与城市人口增长率之比，是测定城市用地扩展程度的指标。 中国城市规划设计院研究结果表明，该系数的最优值为1.12。当城市用地增长弹性系数高于1.12，城市土地效率就会降低；低于1.12时，诸如交通拥堵、城市基础设施不足、舒适度差等诸多城市问题就会凸显

续表

序号	指标	公式	意义
9	灰色关联系数	$\zeta_i(k)=\frac{\min_i\min_k\lvert y(k)-x_i(k)\rvert+\rho\max_i\max_k\lvert y(k)-x_i(k)\rvert}{\lvert y(k)-x_i(k)\rvert+\rho\max_i\max_k\lvert y(k)-x_i(k)\rvert}$ $r_i=\frac{1}{n}\sum_{k=1}^{n}\zeta_i(k),k=1,2,\cdots,n$ $\zeta_i(k)$为关联系数； $y(k)$为参考数列； $x_i(k)$为比较数列； ρ为无量纲公式分辨系数，通常取0.5； r_i为关联度	对于两个系统之间的因素，其随时间或不同对象而变化的关联性大小的量度，称为关联度。在系统过程中，若两个因素变化的趋势具有一致性，即同步变化程度较高，为两者关联程度较高；反之，则较低。 用于分析城市扩展的主要驱动因素

3.3 城市空间扩展分析

3.3.1 城市扩展面积

1. 城区面积

基于2000年、2005年、2010年、2015年、2016年、2017年的城区边界数据，通过计算得到甘肃省地级城市在各个监测时点的城区面积和城区面积占市辖区面积的占比（表3.2）。

表3.2 甘肃省地级城市城区面积统计

城市	2000年		2005年		2010年		2015年		2016年		2017年	
	城区面积(平方千米)	城区面积占比(%)	城区面积(平方千米)	城区面积占比(%)	城区面积(平方千米)	城区面积占比(%)	城区面积(平方千米)	城区面积占比(%)	城区面积(平方千米)	城区面积占比(%)	城区面积(平方千米)	城区面积占比(%)
兰州	101.49	6.45	111.07	7.06	123.17	7.83	145.85	9.27	146.45	9.31	147.11	9.35
酒泉	14.81	0.44	20.89	0.62	34.81	1.04	50.64	1.51	51.46	1.53	52.58	1.57
嘉峪关	30.33	2.48	35.33	2.89	51.64	4.22	61.51	5.02	61.63	5.03	61.70	5.04
张掖	13.84	0.38	15.43	0.42	18.93	0.52	26.76	0.73	29.39	0.80	31.64	0.86
金昌	19.99	0.65	20.81	0.68	30.59	1.00	38.59	1.26	38.80	1.27	39.44	1.29
武威	16.71	0.34	18.77	0.38	22.17	0.45	30.52	0.62	30.81	0.63	33.74	0.69
白银	26.99	0.81	35.07	1.05	40.01	1.20	47.73	1.43	48.40	1.45	48.51	1.45
定西	6.06	0.17	6.74	0.19	9.76	0.27	13.83	0.38	14.08	0.39	14.27	0.39
庆阳	6.48	0.65	9.94	0.99	11.37	1.14	17.38	1.74	17.47	1.75	18.30	1.83
平凉	9.61	0.50	11.43	0.59	13.29	0.69	18.42	0.95	19.25	1.00	19.45	1.01
天水	22.74	0.39	23.99	0.41	31.11	0.53	36.87	0.63	37.91	0.65	38.43	0.66

续表

城市	2000 年		2005 年		2010 年		2015 年		2016 年		2017 年	
	城区面积(平方千米)	城区面积占比(%)	城区面积(平方千米)	城区面积占比(%)	城区面积(平方千米)	城区面积占比(%)	城区面积(平方千米)	城区面积占比(%)	城区面积(平方千米)	城区面积占比(%)	城区面积(平方千米)	城区面积占比(%)
陇南	2.37	0.05	2.48	0.05	2.90	0.06	6.12	0.13	6.22	0.13	6.24	0.13
临夏	7.74	8.52	8.25	9.09	8.96	9.87	13.12	14.45	13.57	14.95	13.60	14.98
合作	5.55	0.27	5.75	0.28	6.02	0.29	7.18	0.34	7.26	0.35	7.48	0.36

从图 3.1 可以看出：2000 年甘肃省地级城市城区面积在 0～20 平方千米区间的占 71.4%；在 20～40 平方千米区间的城市占 21.4%；在 100 平方千米以上的只有兰州 1 个城市。城区面积最大的 3 个城市为兰州 > 嘉峪关 > 白银，城区面积最小的 3 个城市为陇南 < 合作 < 定西。

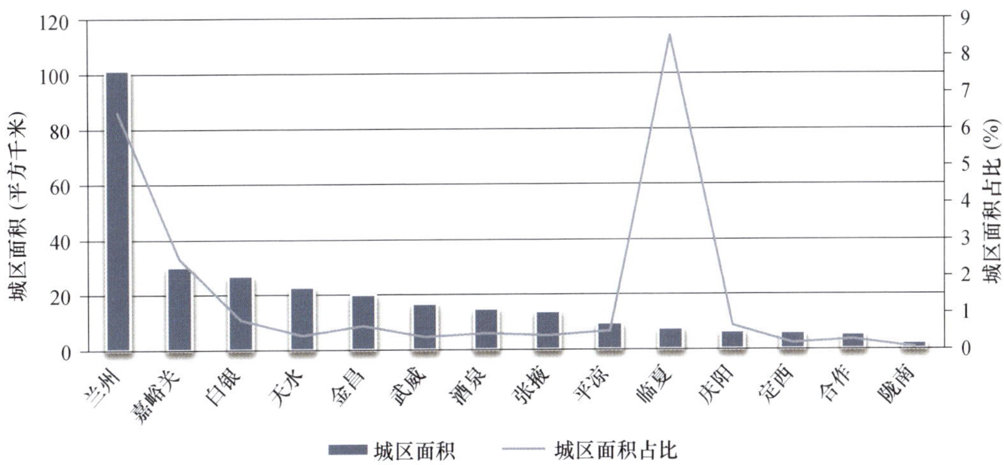

图 3.1　地级城市 2000 年城区面积

从图 3.2 可以看出：2017 年甘肃省地级城市城区面积在 0～20 平方千米区间的城市占 42.86%；在 20～40 平方千米区间的城市占 28.57%；在 40～60 平方千米区间的城市占 14.29%；在 60～100 平方千米区间的城市占 7.14%；100 平方千米以上还是只有兰州。城区面积最大的 3 个城市为兰州 > 嘉峪关 > 酒泉，城区面积最小的 3 个城市为陇南 < 合作 < 临夏。

2000—2017 年，各地级城市城区面积和城区面积占行政辖区面积的比重在持续增加，城市扩展十分显著。2017 年临夏回族自治州临夏城区面积占行政辖区的面积占比为 14.98%，兰州城区面积占行政辖区的面积占比为 9.35%，嘉峪关城区面积占行政辖区的面积占比为 5.04%。除这 3 个城市外其他城市的城区面积占行政辖区的面积占比仅在 1% 左右，都比较小，甚至陇南城区只占了 0.13%，城市还有很大的开发空间。

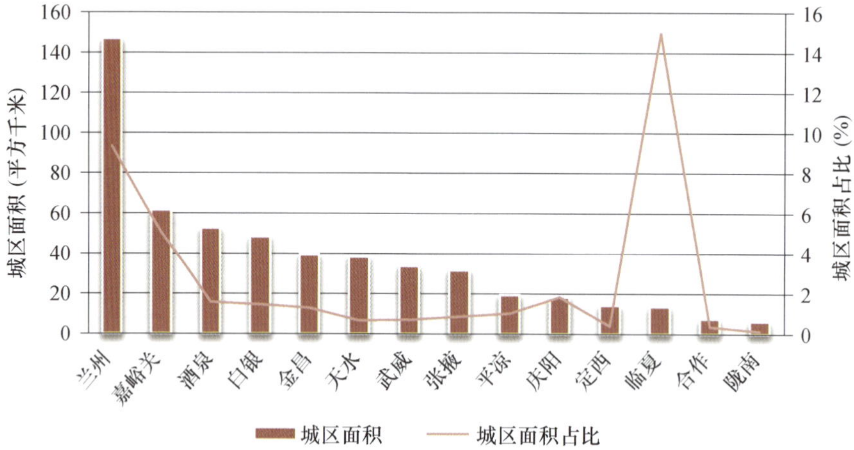

图 3.2　地级城市 2017 年城区面积

2. 城区面积变化

随着经济的快速发展和城市化进程的不断加快，甘肃省地级城市城区范围不断扩大，城区面积逐年增加。通过计算 14 个地级城市不同监测时段的扩展面积以及同一监测时段各个城市城区扩展面积占甘肃省地级城市扩展面积的比例，来分析甘肃省的城市空间扩展变化。

从图 3.3 可以看出，2000 年以来，不同城市的城区范围都在扩展，甘肃省地级城市年平均扩展面积为 17.70 平方千米。兰州、酒泉、嘉峪关扩展面积在甘肃省占前三位，远远大于其他城市，3 个城市的扩展面积占甘肃省地级城市扩展面积总量的 46%。其中兰州发展最快，扩展面积最大，扩展了 45.62 平方千米；其次是酒泉，扩展了 37.77 平方千米；再次是嘉峪关，扩展面积为 31.37 平方千米。这 3 个城市平均扩展面积为 38.25 平方千米，高于甘肃省平均扩展面积。白银、金昌、张掖、武威、天水城区扩展面积稍高于平均值；庆阳、平凉、定西扩展水平稍低，平均扩展面积为 9.96 平方千米；扩展面积后三位的是合作 < 陇南 < 临夏，平均扩展面

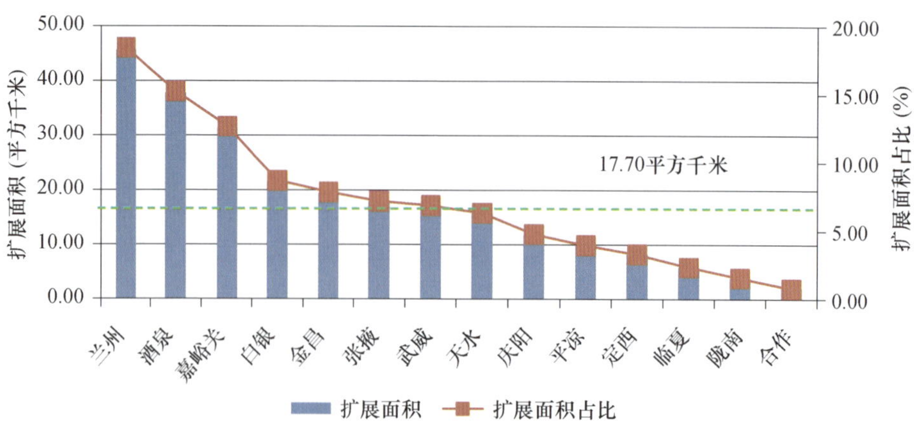

图 3.3　甘肃省地级城市 2000—2017 年城区扩展面积

积为 3.88 平方千米，远低于甘肃省平均水平，总的扩展面积占甘肃省扩展面积总量的近 4.7%。

图 3.4、图 3.5、图 3.6、图 3.7、图 3.8 反映了不同城市在各监测时段的扩展面积情况。从不同城市在同一时间段的城区扩展来看，2000—2005 年期间，甘肃省地级城市城区扩展面积的平均值为 2.95 平方千米。兰州、白银、酒泉、嘉峪关、庆阳城区扩展面积远高于甘肃省地级城市城区扩展面积的平均值。其中兰州城区扩展面积最大，是 14 个城市 2000 年至 2005 年平均扩展面积的 3 倍多；白银城区扩展面积低于兰州，位居第二；酒泉城区扩展面积稍大于嘉峪关；庆阳城区扩展面积略高于平均扩展面积。其他城市的扩展面积均低于平均扩展面积，其中陇南最低，变化不明显。

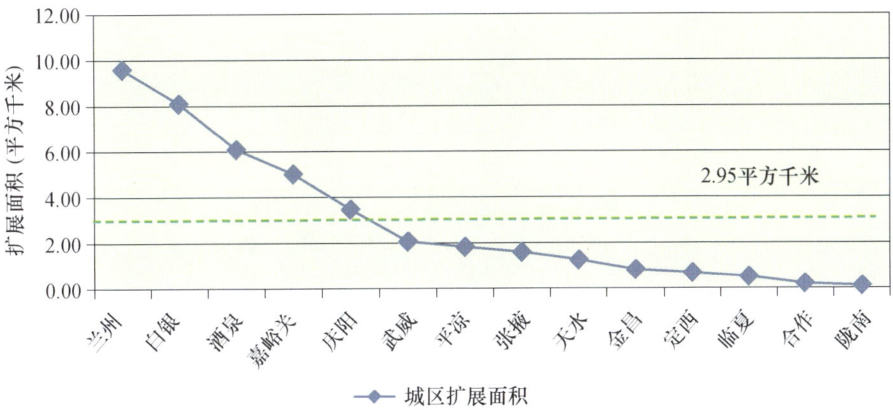

图 3.4　2000—2005 年城区扩展面积

2005—2010 年期间，甘肃省地级城市城区扩展面积的平均值为 5.63 平方千米。嘉峪关、酒泉、兰州、金昌城区扩展面积远远高于该时间段的甘肃省城区扩展面积平均值，排在前两位的分别为嘉峪关和酒泉，兰州的城区扩展面积高于金昌，这 4 个城市的扩展面积平均值为 13.03 平方千米，是甘肃省扩展面积平均值的 2.3 倍。天水的城区扩展面

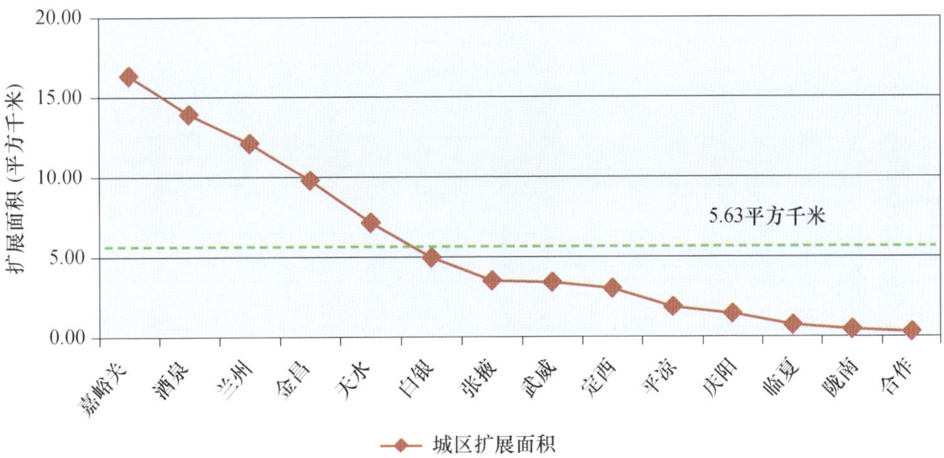

图 3.5　2005—2010 年城区扩展面积

积略高于甘肃省扩展面积平均值。白银、张掖、武威、定西的城区扩展面积略低于甘肃省扩展面积平均值。其他城市的城区扩展面积都远低于平均值，排在后面三位的是临夏 > 陇南 > 合作，后三位城市扩展面积的平均值为 0.47 平方千米，其中合作扩展面积最小，只有 0.27 平方千米。

2010—2015 年期间，甘肃省地级城市城区扩展面积的平均值为 7.84 平方千米，排在前三位的是兰州、酒泉和嘉峪关，这 3 个城市的城区扩展面积远高于平均值，其中兰州扩展面积最大，达到了 22.68 平方千米，酒泉位居其二。武威和金昌城区扩展面积相差不大，都略高于甘肃省平均扩展面积。其他城市的城区扩展面积均低于平均值，排在后三位的是定西、陇南和合作。

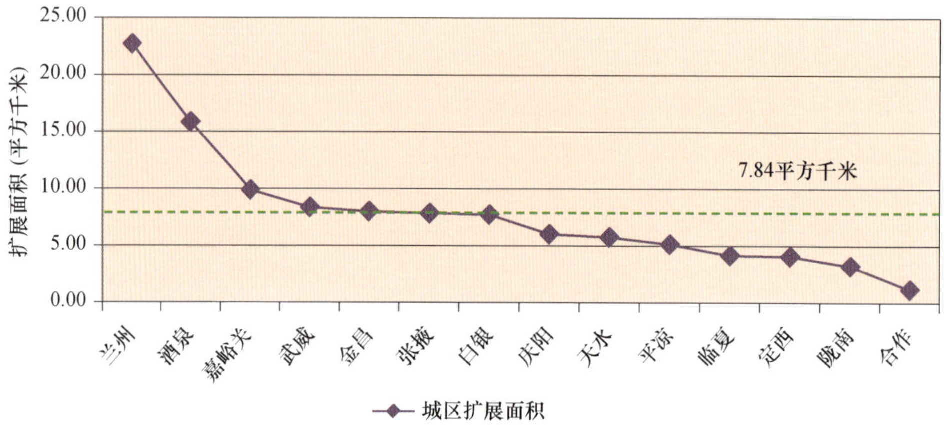

图 3.6　2010—2015 年城区扩展面积

2015—2016 年期间，甘肃省地级城市城区范围变化不明显。甘肃省地级城市城区扩展面积的平均值为 0.58 平方千米，张掖城区扩展面积远高于其他城市，位居第一，其城区扩展面积达到了 2.63 平方千米，是平均值的 4.5 倍。天水、平凉、酒泉、白银和兰州城区扩展面积均高于平均值；其他城市城区扩展面积均小于平均值，其中合作

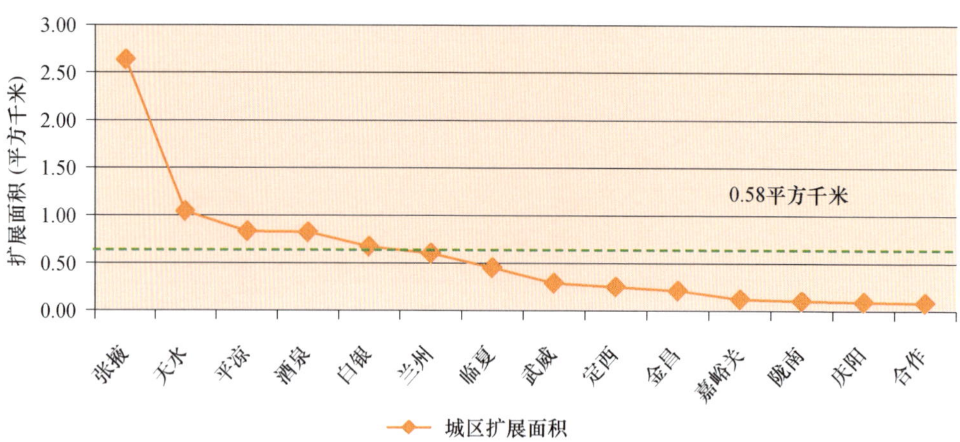

图 3.7　2015—2016 年城区扩展面积

扩展面积最少。

2016—2017 年期间，甘肃省各城市面积增长幅度不大。武威、张掖、酒泉和庆阳面积增长均超过平均值，其中面积增长最快的城市为武威、张掖和酒泉，分别增长了 2.93 平方千米、2.25 平方千米和 1.12 平方千米，约占甘肃省扩展面积的 65%。其余城市扩展面积均在甘肃省平均值以下，其中嘉峪关、临夏和陇南 3 个城市共扩展面积 0.12 平方千米，约占甘肃省扩展面积的 1.3%。

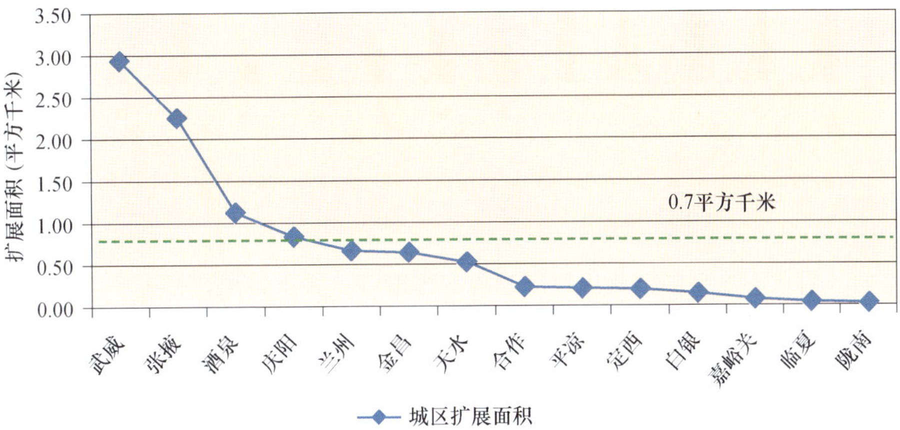

图 3.8　2016—2017 年城区扩展面积

图 3.9 为 14 个地级城市在各个时间段的城区面积扩展情况统计。从同一城市在不同时间段的扩展情况来看，兰州在 2010 年至 2015 年期间扩展的城区面积最大，其次是 2005 年至 2010 年时间段，2015 年至 2016 年扩展面积最少。酒泉在 2010 年至 2015 年期间扩展的城区面积最大，其次是 2005 年至 2010 年时间段，2015 年至 2016 年和 2016 年至 2017 年城区基本没有扩展。嘉峪关在 2005 年至 2010 年期间扩展的城区面积最大，其次是 2010 年至 2015 年这段时间。张掖在 2010 年至 2015 年期间扩展的城区面积最大，其次是 2005 年至 2010 年时间段。金昌在 2005 年至 2010 年扩展的城区面积最大，其次是 2010 年至 2015 年时间段，2015 年至 2016 年城区范围基本没有变化，2016 年至 2017 年城区扩展面积略大于 2015 年至 2016 年。武威在 2010 年至 2015 年扩展的城区面积最大，其次是 2005 年至 2010 年时间段，最后是 2015 年至2016 年城区扩展面积。白银在 2000 年至 2005 年期间扩展的城区面积最大，其次是 2010 年至 2015 年时间段。定西在 2010 年至 2015 年扩展的城区面积最大，其次是 2005 年至 2010 年时间段。庆阳在 2010 年至 2015 年期间扩展的城区面积最大，其次是 2005 年至 2010 年时间段。平凉在 2010 年至 2015 年期间扩展的城区面积最大，其次是 2005 年至 2010 年时间段。天水在 2005 年至 2010 年的城区扩展面积稍高于 2010 年至 2015 年的城区扩展面积。陇南在 2010 年至 2015 年扩展的城区面积远远大于其他时间段的扩展面积。临夏在 2000 年至 2005 年期间城区范围基本没有变化，在 2010 年至 2015 年城区范围变化最大，扩展面积最大，2016 年至 2017 年城区面积基本没有变化。甘南藏族自治州合作在 2010 年至 2015 年城区扩展最快，扩展面积最大，其他时间

段城区基本没有变化。

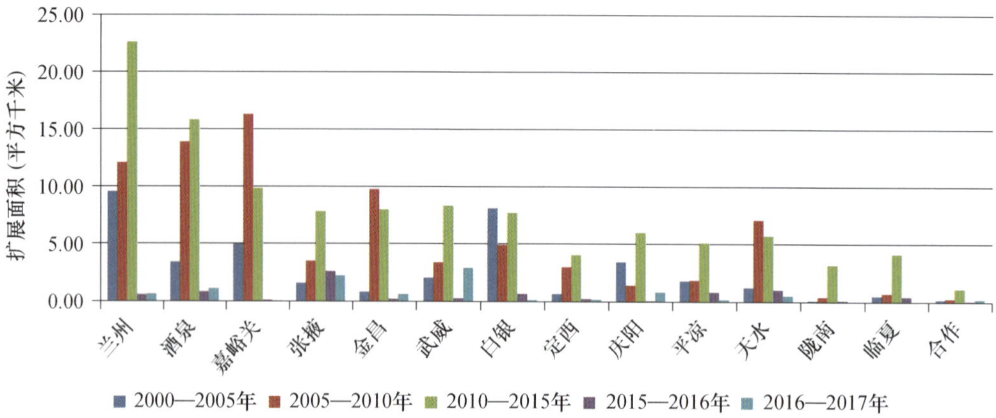

图 3.9 各监测时段城区扩展面积总量

按照《甘肃省新型城镇化规划（2014—2020）》，甘肃将加快推进形成以“丝绸之路经济带”甘肃段为轴线、以区域性中心城市和城市组团发展为支撑的“一群两带多组团”城镇化布局。中部地区将以强化辐射带动能力为突破口，加快建设环兰州的中部城市群，形成西陇海兰新经济带的重要支点、西北交通枢纽和物流中心；东部地区将以资源为纽带，大力发展陇东陇南城市带，建设传统能源综合利用示范基地，加快融入关天经济区；西部地区以战略通道为依托，发展河西走廊城市带，建设以新能源开发利用为重点的绿色经济带。中部城市群地区主要有兰州、白银、定西、临夏，河西走廊城市带主要有酒泉、嘉峪关、金昌、武威、张掖，陇东陇南城市带主要有庆阳、平凉、天水、陇南。

图 3.10 反映了甘肃省中部城市群、河西走廊城市带、陇东陇南城市带的城区面积分布和扩展情况，可以得出城区面积总体规律：中部城市群 > 河西走廊城市带 > 陇东

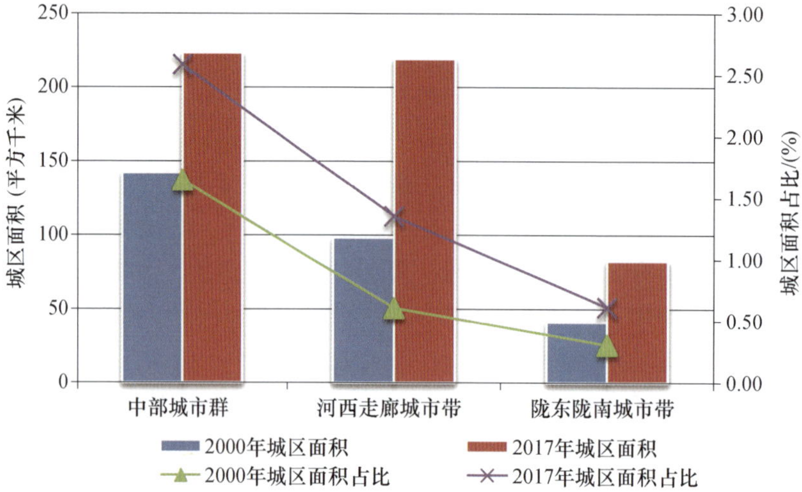

图 3.10 一群两带城区面积及面积占比

陇南城市带，同时3个城市群的面积都在逐年增长，2000年至2017年河西走廊城市带的城区面积增长最快，增加了123.42平方千米；中部城市群城区面积增长少于河西走廊城市带，增加了81.23平方千米；陇东陇南城市带城区面积增长最少，只增加了43.13平方千米。

按照区域经济发展战略，将实现兰白、金武、酒嘉、平庆的经济发展一体化建设。通过对这几个城市联合体进行城区面积统计分析发现，这4个区域的城区面积按照从大到小的顺序依次为兰白 > 酒嘉 > 金武 > 平庆，兰白的城区面积大约是平庆的5倍，酒嘉的城区面积大约是平庆的3倍，金武的城区面积大约是平庆的2倍。2000年至2017年，兰白经济区和酒嘉经济区的城区面积扩展量基本相同，金武的城区扩展面积大于平庆的城区扩展面积，如图3.11所示。

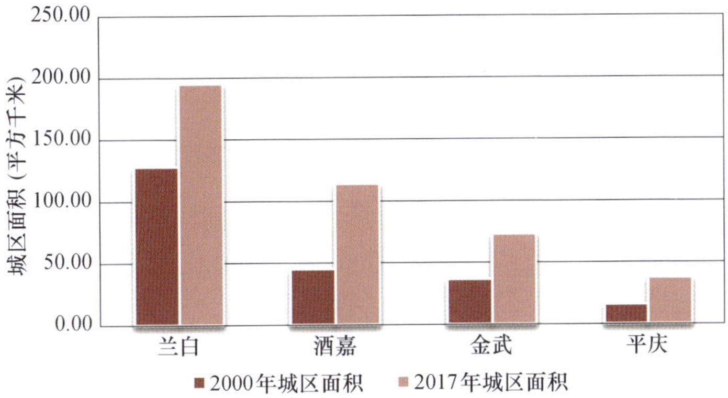

图3.11 经济圈城区面积统计

3.3.2 城市扩展速度和强度

城区的扩展速度是指某一时间段内各城市城区面积的年增长量，表示单位时间内不同城区扩展快慢的绝对（面积）差异。城区扩展强度是指某一时间段内各城市城区面积相对于基期城区的年扩展比例，反映单位时间内不同城区扩展快慢的相对（比例）差异。可以看出，城市的扩展速度指标是衡量城市发展的绝对指标，扩展强度指标是衡量城市发展的相对速度。通过计算，可以得出不同城市在不同监测时段的城市整体发展速度、发展强度。

1. 地级城市差异性分析

图3.12为甘肃省不同地级城市2000年至2017年城区年均扩展速度对比。通过对比可以发现，14个城市的扩展速度有很大的差别，甘肃省地级城市17年间的平均扩展速度为1.04平方千米/年。按照扩展速度的不同，将14个城市分为4种类型，分别为高速扩展城市、中速扩展城市、低速扩展城市和缓慢扩展城市。高速扩展城市主要是城区扩展速度前三位的城市，有兰州、酒泉和嘉峪关，这3个城市的平均扩展速度是甘肃省平均扩展速度的近2.2倍，其中兰州的扩展速度约是甘肃省平均速度的2.6倍。中速扩展城市有白银、金昌和张掖，这3个城市基本上是以甘肃省平均速度在进

行扩展。低速扩展城市包括武威、天水、庆阳、平凉和定西，这5个城市的扩展速度明显低于甘肃省平均速度。缓慢扩展城市主要是城区扩展速度后三位的城市，有临夏、陇南、合作，这3个城市虽然17年间城区范围也在不断地扩张，但是城区扩展速度明显比较缓慢，远远低于甘肃省平均值。

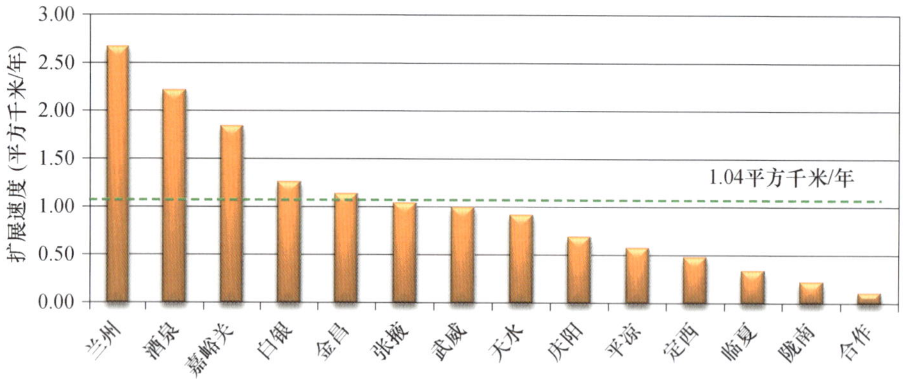

图3.12　2000—2017年不同城市城区扩展速度

2000年以来，甘肃省不同地级城市的扩展速度不同，同时14个城市的扩展强度也有很大的差别。通过甘肃省地级城市2000年以来的城区年均扩展强度对比可以看出，甘肃省地级城市17年间的平均扩展强度为6.61%，如图3.13所示。扩展强度排前三位的城市是酒泉、庆阳和陇南，这3个城市的平均扩展强度为11.76%，是甘肃省平均值的1.8倍。虽然陇南的扩展速度位居甘肃省倒数第二，但是扩展强度却排在甘肃省第三位，这说明因为陇南的城区面积比较小，它的扩展强度反而比较大。扩展强度排在后四位的城市是临夏、天水、兰州和合作，这4个城市的平均扩展强度是甘肃省平均值的1/2，其中合作的扩展强度仅为2.05%。兰州虽然扩展速度位居甘肃省前两位，但是它的城区面积远远大于其他城市，导致它的扩展强度比较低。

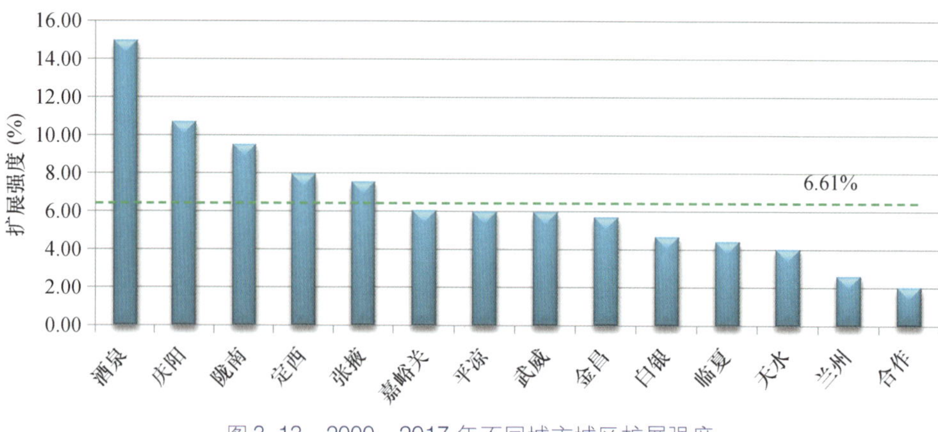

图3.13　2000—2017年不同城市城区扩展强度

2. 各地级城市分析

图3.14反映了兰州不同监测时段城区的扩展速度和扩展强度。从整个时段上看，兰州的城市扩展是一个持续扩张的状态。2010年以前为稳定增长期；2010年至2015年为快速扩展期，年均扩展速度为每年4.54平方千米，是前10年年均扩展速度的2倍之多，这期间安宁区沙井驿地区新建了兰州北站货场，同时刘家堡、甘肃农大、马滩、彭家坪、九州、兰州文理学院周围都发生了很大的变化；2015年至2016年的扩展速度和强度明显低于其他监测时段；2016年至2017年与上一监测时间段保持一致，没有明显变化。

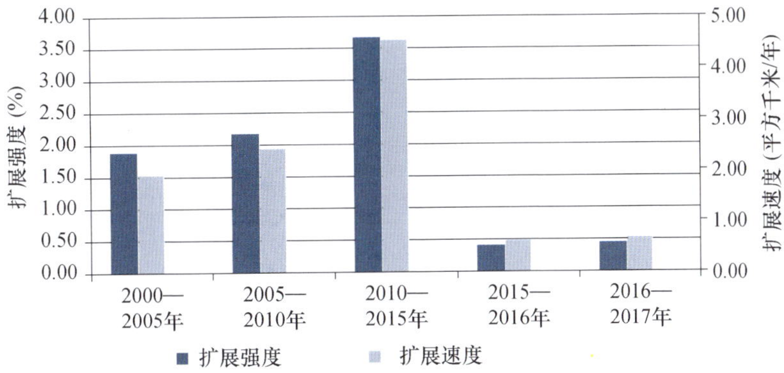

图3.14　兰州城区扩展速度和扩展强度

图3.15为酒泉城区扩展速度和扩展强度统计。图中显示，酒泉2010年至2015年扩展速度最快，年均扩展速度为每年3.17平方千米，扩展强度达到了9.1%；2005年至2010年的扩展速度仅次于2010年至2015年；2000年至2005年的扩展速度明显低于2005年至2010年；2015年至2016年扩展比较缓慢；2016年至2017年扩展速度和扩展强度均有所提升。

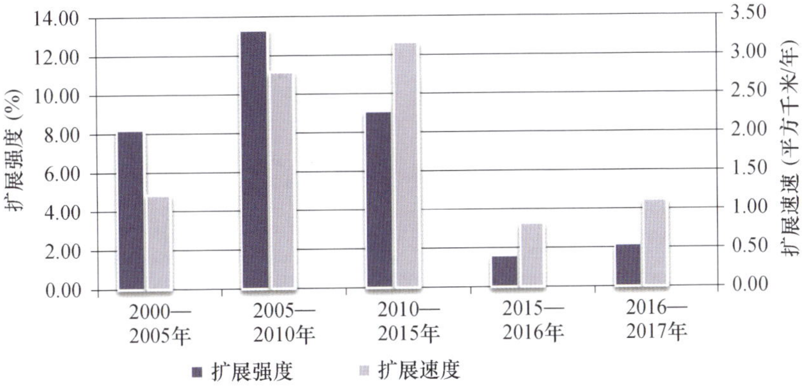

图3.15　酒泉城区扩展速度和扩展强度

图3.16为嘉峪关城区扩展速度和扩展强度统计。可以看出，嘉峪关在2005年至2010年的城区范围变化最大，扩展速度最快，扩展强度最强。这一时期，在市区的南面新建了碧波园、枫林园、兰泽园、酒钢紫轩花园等大量的住宅小区，同时为了提高

全市人民的居住质量，修建了约1.7平方千米的东湖生态旅游度假区，酒钢公司在原来的基础上也向北面进行了厂矿范围的扩展。2010年至2015年扩展速度、扩展强度均大于2000年至2005年，说明2010年至2015年城区面积年增长速度比较快。2010年至2015年在城市的南面新建了大量的城市绿化带以及明珠文化公园和新城公园。2015年至2016年、2016年至2017年嘉峪关城区变化不显著。

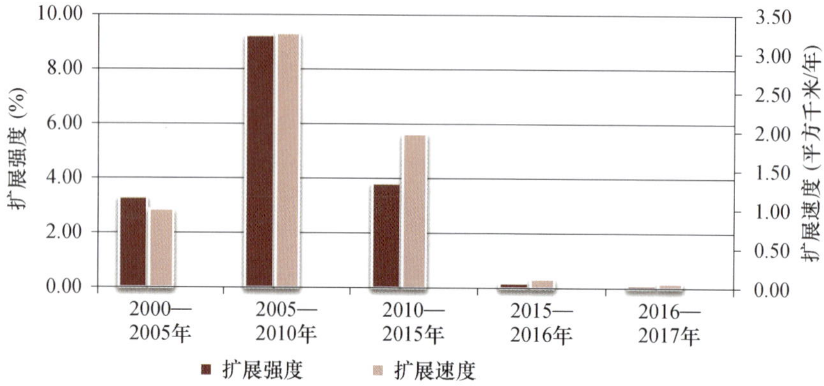

图3.16　嘉峪关城区扩展速度和扩展强度

图3.17为张掖城区扩展速度和扩展强度统计。可以看出，2000年至2016年，张掖城区年均扩展速度越来越快，扩展强度也越来越大；2016年至2017年间扩展速度和扩展强度都开始减缓，但仍高于2010年至2015年。2015年至2016年的扩展速度和扩展强度明显大于其他各监测时段，主要是由于这一时段在张掖市区的宁和园以西，随着一些住宅小区的开工建设，将滨河新区零散分布的甘州区大成学校、甘州区人民政府、甘州区人民法院、张掖西站与主城区连成了一片，构成了集中连片区域，从而扩展了城区范围。其他监测时段的年扩展速度和扩展强度明显低于2015年至2016年。

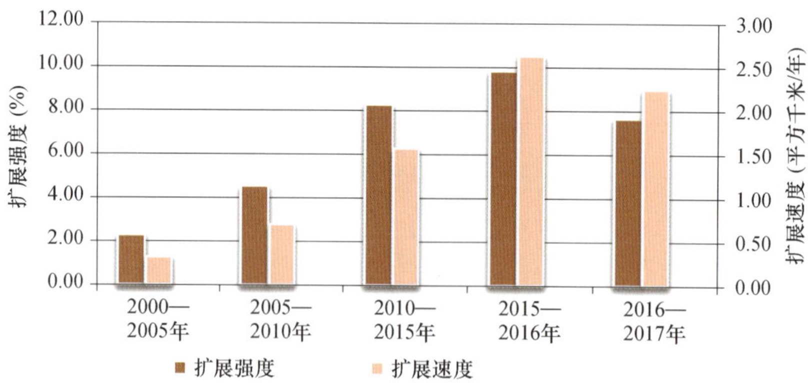

图3.17　张掖城区扩展速度和扩展强度

图3.18为金昌城区扩展速度和扩展强度统计。可以看出，金昌在2005年至2010年处于快速扩展期，在2010年至2015年处于中速扩展期，2000年至2005年和2015年至2016年处于缓慢扩展期，2016年至2017年扩展速度和扩展强度开始上升。2005年至2010年的扩展速度是整个监测时段平均扩展速度的2倍，扩展强度是整个监测时

段平均扩展强度的2.4倍。从2006年起，金昌就积极探索新材料产业的发展，规划建设了新材料工业园区，目前已吸引中化集团公司、新希望集团公司等众多大企业集团的项目入驻。

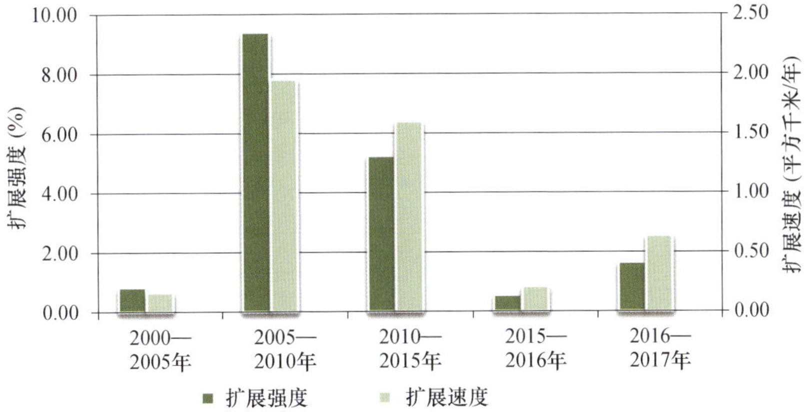

图3.18　金昌城区扩展速度和扩展强度

图3.19为武威城区扩展速度和扩展强度统计。可以看出，武威在2016年至2017年的年均扩展速度最快、扩展强度最强，其次是2010年至2015年，扩展最慢的是2015年至2016年。武威新城区是对接区域，支撑金武一体化发展，承载武威区域中心城市职能的综合功能区。天马湖东区是承载武威区域中心城市职能的商贸新城，以休闲旅游、商务办公、会展创意、教育科研和商贸物流职能为主。武威工业园区是全市重要的省级工业园区，以先进制造和物流仓储职能为主，重点发展液体经济、食品及农副产品深加工、生物医药等产业。武南镇区以物流仓储和食品加工产业为主，是具备一定配套居住职能的城市片区。这4块区域在2010年后发展都比较迅速。

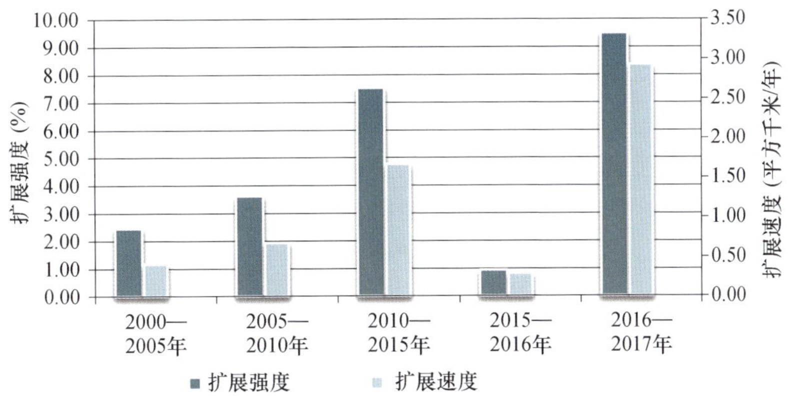

图3.19　武威城区扩展速度和扩展强度

图3.20为白银城区扩展速度和扩展强度统计。可以看出，白银城区在2000年至2005年扩展速度和扩展强度明显高于其他监测时段，属于快速扩展期；2005年至2010年和2010年至2015年属于中速扩展期；2015年至2016年属于慢速扩展期；2016年至2017年扩展继续减慢。白银城区的扩展区域主要集中在白银的新城区和白

银高新技术产业园区这两块区域。白银新城区于 2002 年在老城区的西面正式启动开发，经过十几年的建设，新城区已达到一定的规模，成为白银市的政治、文化中心。同时为了缓解资源枯竭型城市的压力，白银市政府在 2000 年前后与中国科学院共同组建了白银高新技术产业园区，园区总规划面积 10.08 平方千米，目前园区内已入驻了大量的生物医药及医疗器械、化工及精细化工、新材料及新能源材料的相关企业。

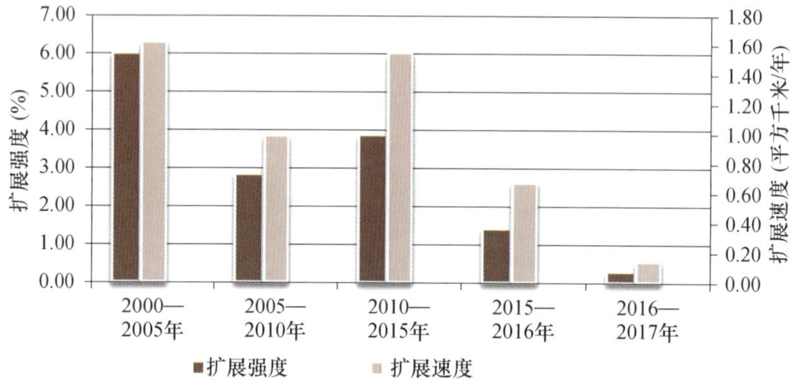

图 3.20　白银城区扩展速度和扩展强度

图 3.21 为定西城区扩展速度和扩展强度统计。图中显示，定西在 2010 年至 2015 年的扩展速度最快，属于快速扩展期；2000 年至 2005 年扩展速度最慢，属于缓慢扩展期。定西的扩展强度在中间第二、第三两个时间段内相差不大，其前后两个时间段内也相差不大。

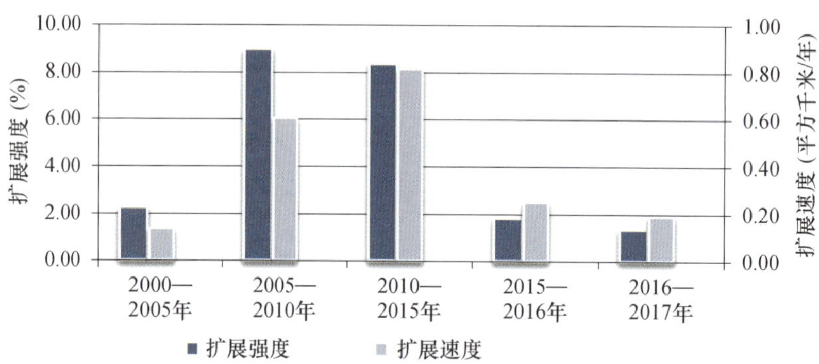

图 3.21　定西城区扩展速度和扩展强度

图 3.22 为庆阳城区扩展速度和扩展强度统计。图中显示，庆阳在 2010 年至 2015 年年均扩展速度最快，其次是 2016 年至 2017 年，扩展速度最慢的时期是 2015 年至 2016 年；2015 年至 2016 年的扩展强度最弱。2010 年至 2015 年间，城区扩展主要集中在城区北面和南面的新城区，在长庆大道的东面、北大街的西面新建了周祖广场，通过周祖广场将北面一些零散分布的小型企业、新建的陇东汽车城与主城区连在了一起，扩展了城区范围。同时新城区岐黄大道的东面修建了彩虹桥、庆阳市体育馆、万辉国际广场、长兴园小区等许多住宅小区，长庆油田公司的建设用地范围也在不断扩大。

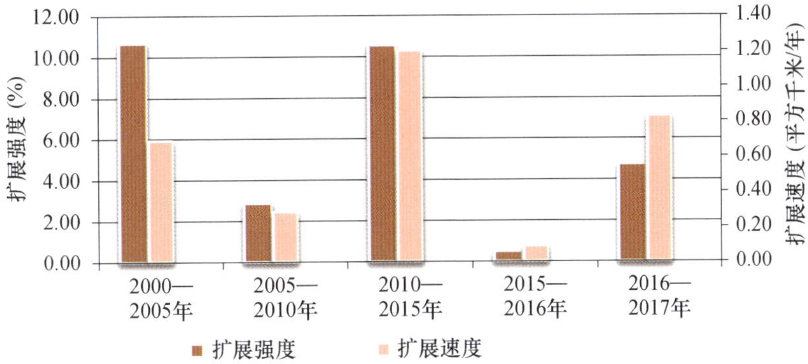

图 3. 22　庆阳城区扩展速度和扩展强度

图 3. 23 为平凉城区扩展速度和扩展强度统计。图中显示，平凉在 2010 年至 2015 年的扩展速度和扩展强度明显高于其他监测时段，2016 年至 2017 年扩展强度和扩展速度均低于其他各监测时段。主要是因为 2010 年至 2015 年这一时期平凉工业园区入驻了许多企事业单位，园区内的公共服务设施配套日益完善，形成了一定的规模，满足了城区飞地勾绘的要求，将其纳入了平凉的城区范围。同时平凉市委、市政府为广大市民倾心打造的集文化交流、休闲健身、购物观光及政务商务为一体，占地 248 亩，投资 4 亿多元的平凉新区绿地公园，自 2011 年开工建设以来，也已基本建成。除此之外，在市区的南北向一些住宅用地的出现也增加了城市扩展的速度。

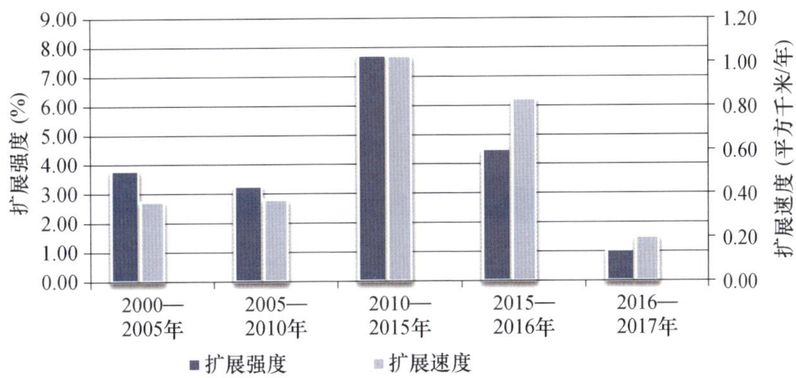

图 3. 23　平凉城区扩展速度和扩展强度

图 3. 24 为天水城区扩展速度和扩展强度统计。可以看出，天水城区的扩展强度、扩展速度在不同的历史阶段有较大的差异，说明城市城区在不断扩张，历年扩展的城区在不断增长，但不同阶段增加的相对速度有所不同。2000 年至 2005 年的扩展速度和扩展强度明显低于后面的各个阶段，主要在于这一阶段国家的通货紧缩和国有企业的衰落，导致城市建设活动相对较慢。2005 年至 2010 年天水城区扩展速度明显上升，扩展强度明显高于各个阶段，达到历史最高水平，是房地产市场和城镇化进程推进双重作用的结果。2010 年之前天水一直呈现的是“双城”结构，之后随着两城中间地带羲皇大道南侧一些企业的发展建设，将两城连成了一片。2010 年至 2015 年城区扩展速

度和扩展强度比起前一阶段有所下降，2015 年至 2016 年城区扩展速度和扩展强度又进一步下降，2016 年至 2017 年城区扩展速度和扩展强度继续下降。

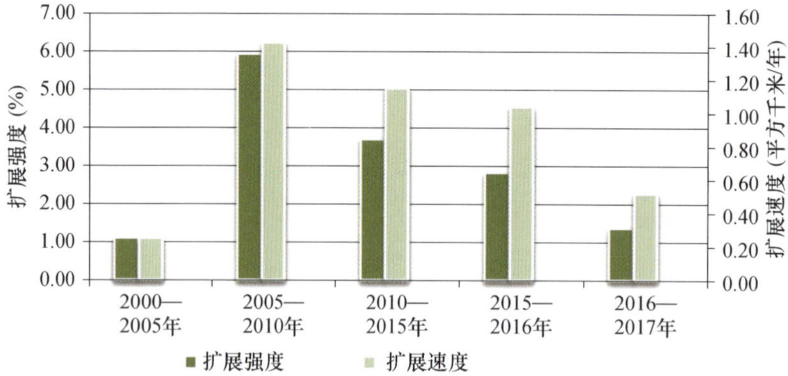

图 3. 24　天水城区扩展速度和扩展强度

图 3. 25 为陇南城区扩展速度和扩展强度统计。可以看出，陇南城区在 2010 年至 2015 年的扩展速度和扩张强度远远高于其他各监测阶段，其他监测时段扩展速度和扩展强度均较低，这与 2008 年汶川大地震灾后重建有很大的关系。灾后重建推动了陇南市经济全面提速，综合经济实力显著增强，基础设施得到了很大的改善，城市道路不断新增，城市化进程迅速提升，城市土地开发利用程度得到提高，城区扩展速度和扩展强度也突飞猛进。

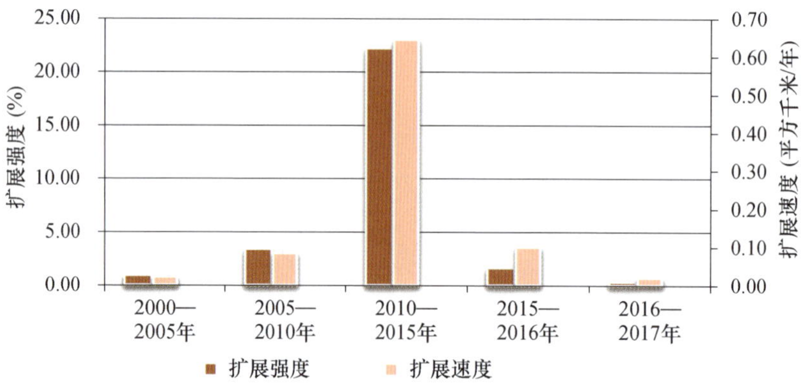

图 3. 25　陇南城区扩展速度和扩展强度

图 3. 26 为临夏回族自治州临夏城区扩展速度和扩展强度统计。可以看出，临夏回族自治州临夏城区的扩展强度、扩展速度在 2010 年至 2015 年最高，2015 年至 2016 年有所降低，但仍然高于 2000 年至 2010 年，2016 年至 2017 年持续降低，说明临夏回族自治州临夏在 2010 年至 2016 年城市范围在持续地扩张并且扩张速度较快、扩展强度剧烈。

图 3. 27 为甘南藏族自治州合作城区扩展速度和扩展强度统计。图中显示，甘南藏族自治州合作在 2000 年至 2005 年的扩展速度和扩展强度稍低于 2005 年至 2010 年的扩展速度和扩展强度，变化不明显，说明 2010 年以前城市的发展相对稳定；2010 年后城

市发展比较快，2010 年至 2017 年间城区扩展速度和扩展强度出现“U”形增长。根据合作市 2010 版城市总体规划拟定的打造“甘、青、川交界处藏区中心城市，甘南州政治经济文化中心和交通枢纽，以发展旅游服务、商业贸易和教育科研为主的高原生态旅游城市”，合作市城市规划确定了“一带两心四轴五区”的空间结构布局，市政府坚持以规划引领城市发展，城市建设做到有章可依、有据可依。同时以建州 60 周年为契机，大力改善城市基础设施，提高人居环境，城市范围得到进一步扩大。2010 年后城市的发展主要集中在南部区域。

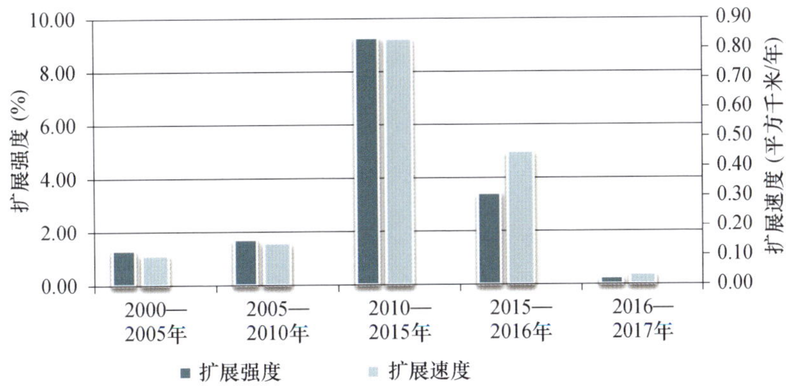

图 3. 26　临夏回族自治州临夏城区扩展速度和扩展强度

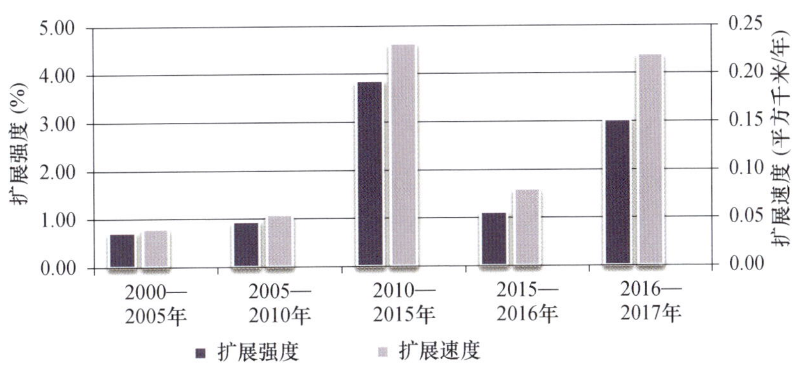

图 3. 27　甘南藏族自治州合作城区扩展速度和扩展强度

3. 3. 3　城市扩展方向

在进行城市扩展方向分析时，每个地级城市的各向扩展分析是以中心城区所在市辖区 2000 年城区轮廓质心作为八方向扇形的中心画圆（要包含所有的城区中心板块群轮廓范围），将城区划分 8 个夹角与面积相等的扇形区，分别表示东、东北、北、西北、西、西南、南、东南 8 个方向，对整个城市范围内的城区中心板块群开展各向扩展分析，如图 3. 28 所示。

通过对甘肃省地级城市在各个方向的扩展情况进行统计分析发现，甘肃省地级城市整体上呈东、西向扩展趋势，南、北向扩展较少。这与甘肃省形状、地理位置、地貌形态有很大关系。甘肃省是全国各省中最狭长的一个省份，东西跨度大、南北跨度小，像一个哑铃嵌在我国的几何中间地带。南面是西秦岭山脉，北面是巴丹吉林沙漠、腾格里沙漠和毛乌素沙漠。南北向发展阻力较大；东西向发展对内可以促进甘肃省城市之间的联系，对外可以增强与其他大中型城市的沟通交流。

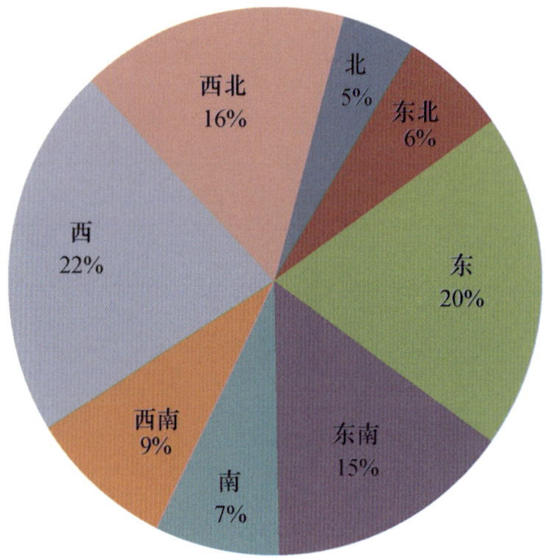

图 3.28　甘肃省地级城市扩展方向统计

1. 兰州

表 3.3 为兰州城区各向扩展情况统计。图 3.29 为 2000 年以来兰州城区在各个方向的面积扩张量分布。从表 3.3 和图 3.29 中可以看出，2000 年至 2017 年，城区面积扩张方向以西北、西和东 3 个方向为主，这 3 个方向的扩展面积占总扩展面积的 88.2%，南北向扩张较少，这与兰州“两山夹一川”的地形有很大的关系。兰州是典型的山地河谷型城市，黄河穿城而过，城市只能沿黄河的河谷盆地向东西向扩展。2016 年至 2017 年城区总体上呈东北、西方向扩张的趋势，这两个方向的扩展面积占总扩展面积的 86.03%，南向、北向基本没有扩展。

表 3.3　兰州城区各向扩展情况统计

方位	2016—2017 年			2000—2017 年		
	扩展面积（平方千米）	扩展面积占比（%）	扩展强度（%）	扩展面积（平方千米）	扩展面积占比（%）	扩展强度（%）
北	0.00	0.00	0.00	0.09	0.22	0.45
东北	0.18	43.68	7.57	1.91	4.93	16.58
东	0.02	4.63	0.04	9.70	25.00	1.50
东南	0.00	0.00	0.00	0.67	1.73	0.35
南	0.00	0.00	0.00	0.02	0.05	0.04
西南	0.03	6.95	0.50	1.89	4.87	2.82
西	0.18	42.35	0.53	13.50	34.82	2.52
西北	0.01	2.39	0.05	11.01	28.38	6.71

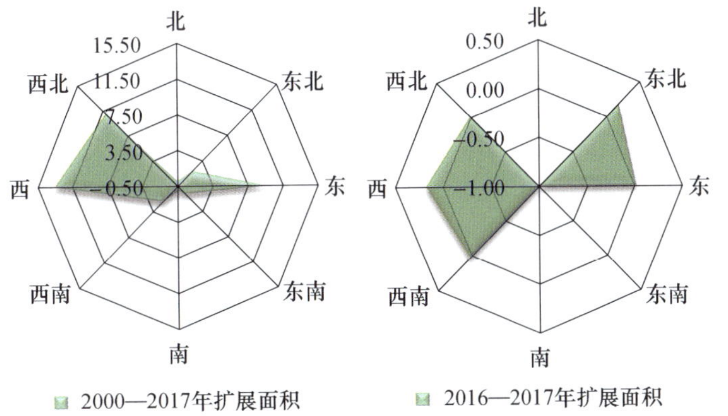

图3.29　兰州城区方向扩展面积分布

图3.30为兰州城区在各个方向的扩展强度分布。可以看出，2000年以来兰州城区虽然在西向的扩展面积最大，但是在东北方向的扩展强度却远高于其他方向，其次是西北方向。2016年至2017年，扩展强度的趋势和扩展面积一致，依然是东北方向的扩展强度远高于其他方向，其次是西方向。

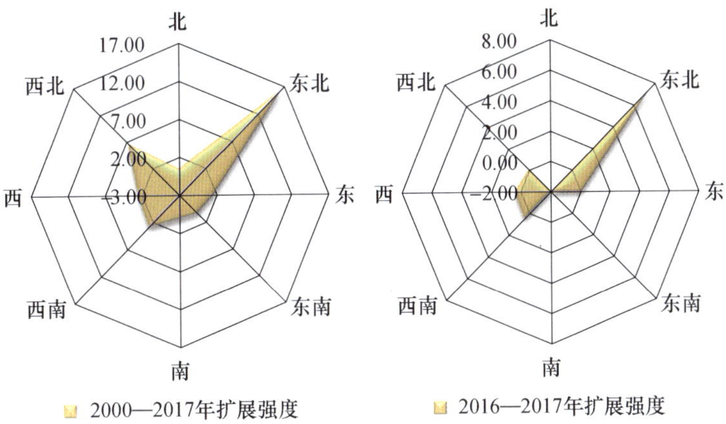

图3.30　兰州城区方向扩展强度分布

2. 嘉峪关

嘉峪关城区地处酒泉盆地西缘，地势平坦，地形对城市的方向扩展影响不大，各向均可扩展。但是西南面由于兰新铁路的阻隔、东北面受到嘉峪关机场净空的要求，导致2000年至2017年嘉峪关城区西南向、东北向扩张不明显。东南方向由于受酒嘉一体化发展模式的驱动，该方向扩展最快、扩展强度最剧烈、扩展面积最大，占总扩展面积的34.77%。2016年至2017年城区只有东南向和南向进行了轻度扩张，其他方向均没有扩张，其中东南向扩展面积占总扩展面积的78.18%。如表3.4、图3.31、图3.32所示。

表 3.4　嘉峪关城区各向扩展情况统计

方位	2016—2017 年			2000—2017 年		
	扩展面积（平方千米）	扩展面积占比（%）	扩展强度（%）	扩展面积（平方千米）	扩展面积占比（%）	扩展强度（%）
北	0.00	0.00	0.00	3.35	10.67	4.86
东北	0.00	0.00	0.00	1.60	5.09	2.54
东	0.00	0.00	0.00	3.54	11.30	5.66
东南	0.06	78.18	0.38	10.91	34.77	18.00
南	0.02	21.82	0.18	4.26	13.58	5.69
西南	0.00	0.00	0.00	1.08	3.43	1.66
西	0.00	0.00	0.00	0.99	3.17	2.28
西北	0.00	0.00	0.00	5.65	18.00	7.33

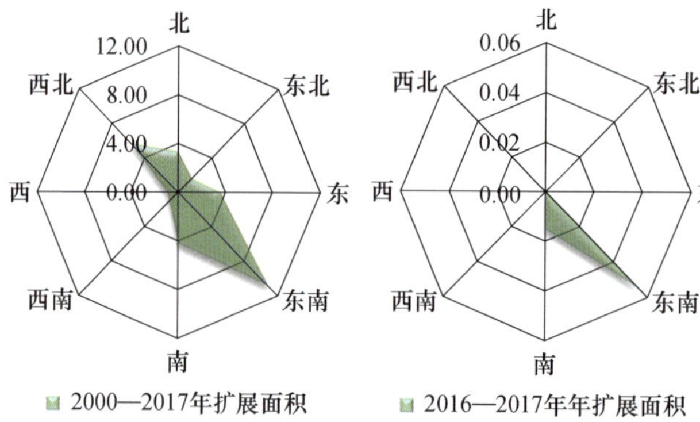

图 3.31　嘉峪关城区方向扩展面积分布

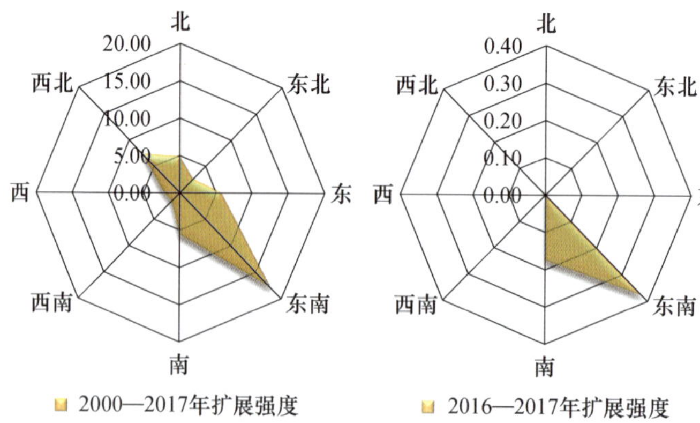

图 3.32　嘉峪关城区方向扩展强度分布

3. 酒泉

酒泉肃州区地处河西走廊中西部，境内无山，平坦开阔，除北方向受北大河限制以外，其他方向无发展阻力。西面紧邻嘉峪关城区，受酒嘉一体化经济发展的驱动，自 2000 年以来，酒泉向西开拓新区，城区总体上呈西、西南向扩张的趋势，尤其是西向扩张量最多，扩展面积最大，扩展面积占总扩展面积的 40.69%，其次是西南向（表3.5、图3.33）；在东南和南两个方向也有适量扩张，在南部引进酒泉方圆农业开发公司、隆鑫生物科技有限公司、酒泉恒磊建材有限公司等商家，东南部入驻福华加工厂、酒泉市阳金属制品有限公司等商家，带动当地产业发展。

2016 年至 2017 年，西向扩张量还是最大，其次是东南向，这两个方向的扩展面积占总扩展面积的 79.62%。

表 3.5　酒泉城区各向扩展情况统计

方位	2016—2017 年			2000—2017 年		
	扩展面积（平方千米）	扩展面积占比（%）	扩展强度（%）	扩展面积（平方千米）	扩展面积占比（%）	扩展强度（%）
北	0.00	0.00	0.00	0.23	0.62	1.75
东北	0.00	0.00	0.00	0.51	1.36	2.91
东	0.00	0.00	0.00	0.55	1.46	2.12
东南	0.36	32.57	7.03	4.75	12.57	36.09
南	0.13	12.04	1.54	5.28	13.98	8.70
西南	0.09	8.34	0.79	9.74	25.79	27.76
西	0.52	47.05	3.05	15.37	40.69	38.35
西北	0.00	0.00	0.00	1.33	3.53	2.91

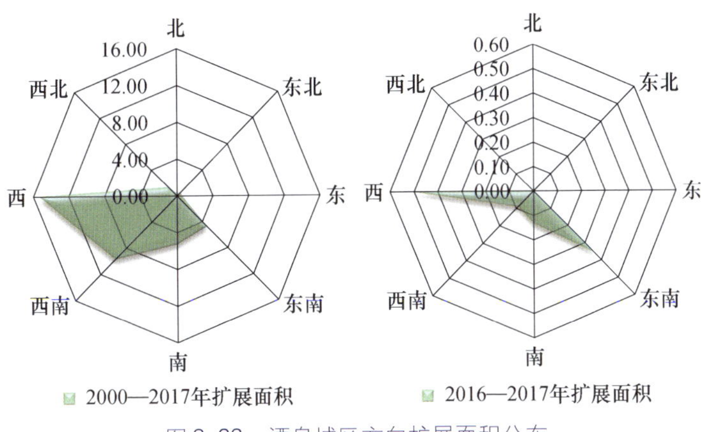

图 3.33　酒泉城区方向扩展面积分布

从图 3.34 酒泉城区方向扩展强度分布可以看出，2000 年以来酒泉城区在西向不仅开发建设用地面积比较大，同时开发强度也比较大，其次是东南和西南向。2016 年至 2017 年，在东南向的扩展强度明显高于其他方向。

4. 张掖

张掖地处河西走廊中段，境内地势平坦，张掖城市总体规划指出："张掖城区近期发展方向主要是向西、东北为主。向西发展以旅游服务、办公居住为主导的新区，疏解了老城区的压力。依托东北部产业园区的现有优势，积极向东北发展，发展工业产业及其配套设施为主的组团。"按照总体规划的指导，2000 年以来，张掖城区面积的扩展方向以东北、西方向为主，其中东北向的扩展面积最大，扩展了5.2平方千米，这两个方向扩展面积占总扩展面积的55.93%，在南向和北向的扩张量最少。2016年至2017年，城区扩展继续向西进行，西向的扩展面积占比达到了71.30%，其他方向基本没有扩展。如表3.6、图3.35所示。

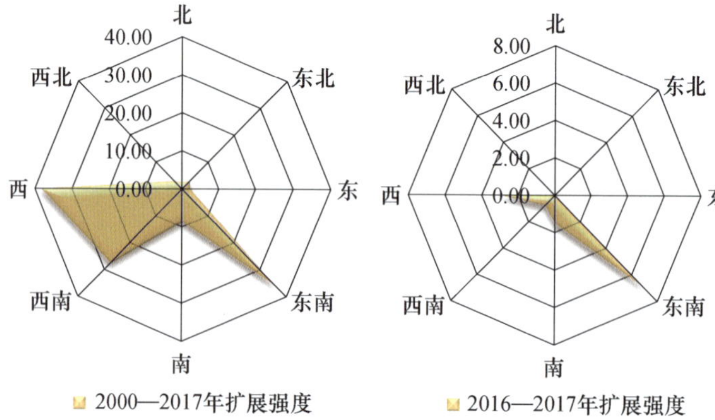

图3.34 酒泉城区方向扩展强度分布

表3.6 张掖城区各向扩展情况统计

方位	2016—2017年			2000—2017年		
	扩展面积（平方千米）	扩展面积占比（%）	扩展强度（%）	扩展面积（平方千米）	扩展面积占比（%）	扩展强度（%）
北	0.16	7.16	10.96	1.10	6.19	12.25
东北	0.00	0.00	0.00	5.20	29.20	7.44
东	0.07	3.32	2.22	1.10	6.20	2.77
东南	0.07	3.27	4.33	1.15	6.43	10.75
南	0.00	0.12	0.20	0.51	2.90	3.92
西南	0.12	5.46	3.77	1.43	8.05	4.31
西	1.60	71.30	28.84	4.76	26.73	11.61
西北	0.21	9.37	6.15	2.55	14.30	13.70

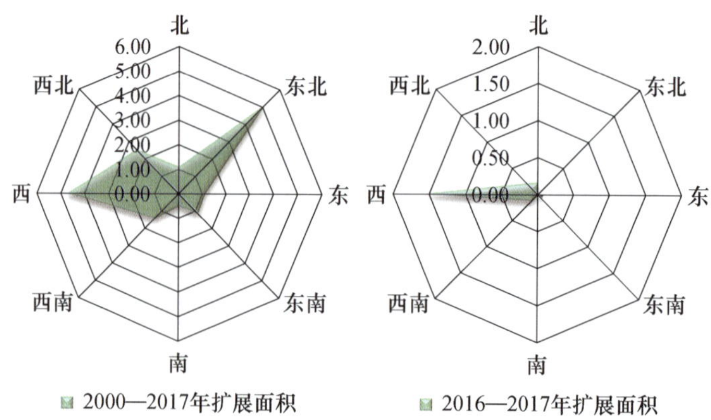

图3.35 张掖城区方向扩展面积分布

从图 3.36 可以看出：张掖城区 2000 年至 2017 年在西北向的扩展强度最强，其次是北方向和西方向，虽然北方向的扩展面积不多，但是扩展最剧烈，东方向扩展强度最弱。2016 年至 2017 年城区的扩展强度与扩展面积一样，在西方向最大，说明此阶段城区扩张方向以西向为主。

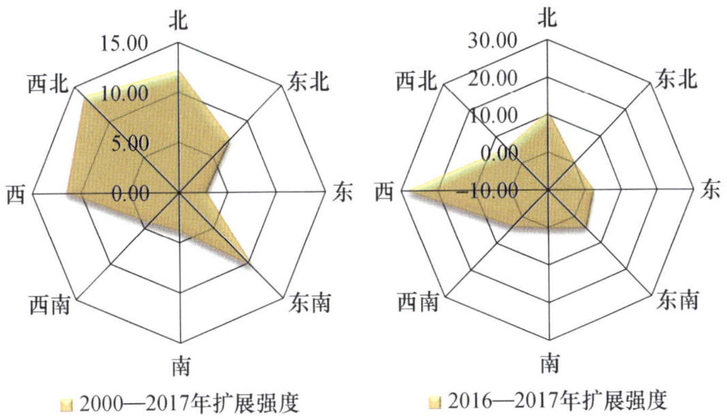

图 3.36　张掖城区方向扩展强度分布

5. 武威

武威 2000 年以来在东南向的扩展面积最大，西北向次之；扩展强度在西北向的最强，其次是东南向。这说明武威城区在整个监测时段扩展方向主要是东南和西北两个方向，如表 3.7、图 3.37、图 3.38 所示。东南方向武威市工业园区不断引进企业入驻，西北方向新城区城市道路、住宅小区不断新建。南向由于兰新铁路的限制基本没有扩展，同时北向也无明显扩展。

2016 年至 2017 年，城区在东向扩展面积最大，其次是西北和东北向，在东北向和东向扩展最剧烈。这与武威城市总体规划中“城区发展方向为重点向东，适度向北，以金武高速公路和兰新铁路为界，限制城市建设用地向西和向南拓展”相吻合。

表 3.7　武威城区各向扩展情况统计

方位	2016—2017 年			2000—2017 年		
	扩展面积（平方千米）	扩展面积占比（%）	扩展强度（%）	扩展面积（平方千米）	扩展面积占比（%）	扩展强度（%）
北	0.11	3.62	5.39	0.25	1.44	0.79
东北	0.69	23.55	45.68	1.02	5.98	5.07
东	1.14	38.84	30.75	1.91	11.20	3.82
东南	0.25	8.53	4.08	7.60	44.65	10.32
南	0.00	0.00	0.00	0.29	1.71	0.86
西南	0.00	0.00	0.00	1.10	6.46	6.47
西	0.10	3.42	2.85	1.79	10.50	5.77
西北	0.65	22.04	15.94	3.07	18.06	11.13

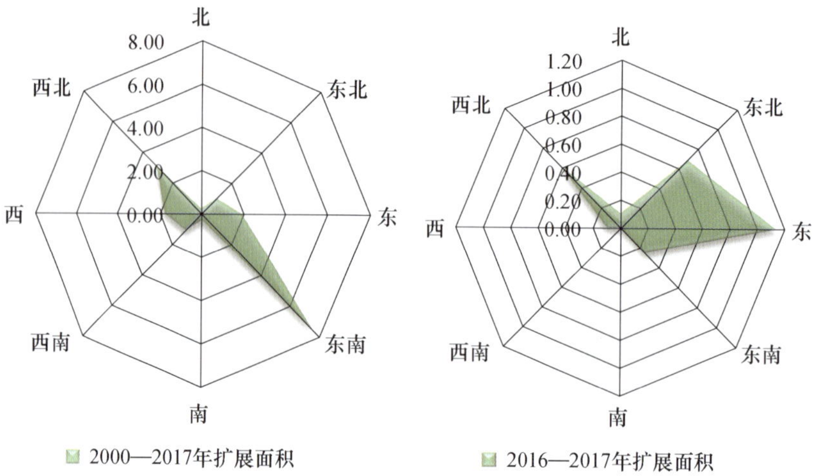

图 3.37　武威城区方向扩展面积分布

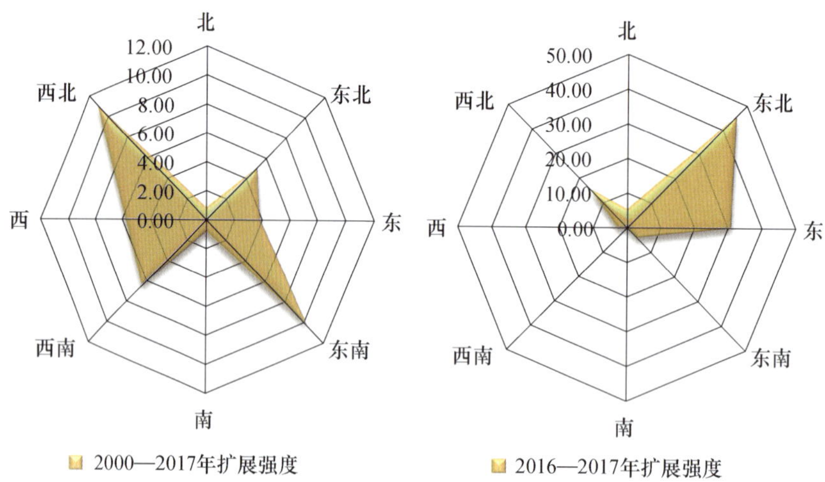

图 3.38　武威城区方向扩展强度分布

6. 金昌

金昌城区位于戈壁边缘，属残丘平川地带；龙首山由西北向东南缓慢伸延，断续渐没于戈壁之中；腾格里沙漠半环东北境内，逼近市区，生态环境脆弱，这些在未来一定程度上会限制金昌城区各向的发展。从表 3.8、图 3.39、图 3.40 可以看出，自 2000 年以来，金昌城区扩展主要呈东向扩张趋势，同时西北、北向有适量扩张，其他各向扩张不明显。为改善城市功能，提高城区的辐射带动能力，金昌自 20 世纪 90 年代开始建设高新技术开发区，位于市区东部。金川区环卫局、金川区绿化局、金川区人民检察院等政府机构搬迁至新区；在西北向入驻了金冠食品有限公司、江城加工厂等企业。2016 年至 2017 年，城区在西北向扩张明显，扩张强度最剧烈。

表 3.8　金昌城区各向扩展情况统计

方位	2016—2017 年			2000—2017 年		
	扩展面积（平方千米）	扩展面积占比（%）	扩展强度（%）	扩展面积（平方千米）	扩展面积占比（%）	扩展强度（%）
北	0.00	0.00	0.00	3.10	15.95	7.12
东北	0.00	0.00	0.00	1.82	9.37	2.98
东	0.09	14.79	0.86	9.22	47.41	28.92
东南	0.00	0.00	0.00	0.00	0.00	0.00
南	0.00	0.00	0.00	0.01	0.07	0.04
西南	0.00	0.00	0.00	0.21	1.09	0.34
西	0.10	15.14	3.04	0.99	5.11	2.54
西北	0.45	70.07	8.48	4.08	21.00	14.42

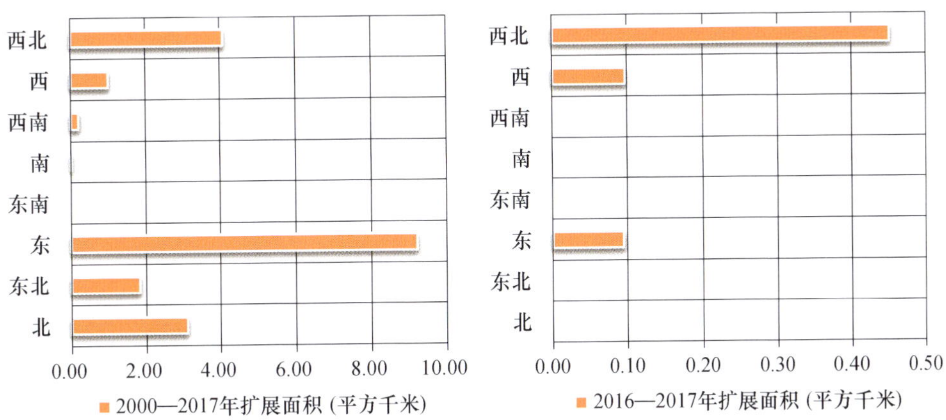

图 3.39　金昌城区方向扩展面积分布

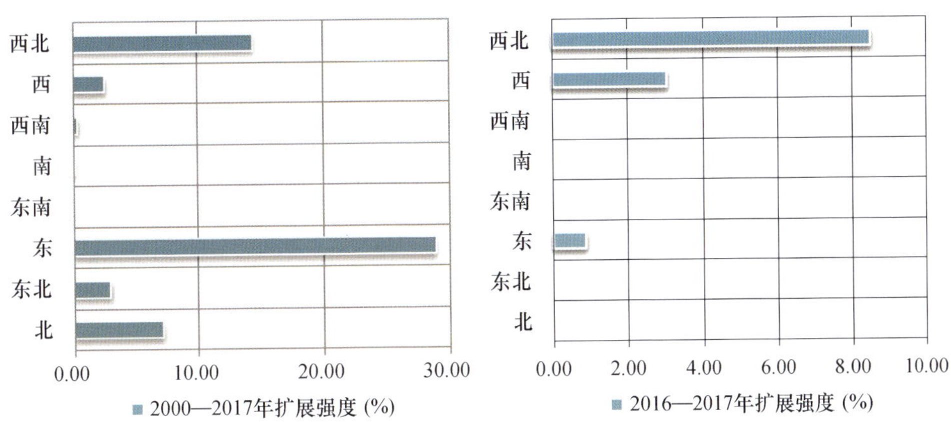

图 3.40　金昌城区方向扩展强度分布

7. 白银

白银主城区北边是连绵不绝的武川丘陵，东边是与生活区毗邻的工矿区。因此，白银城区发展的方向主要是向西、向南发展。从表3.9、图3.41、图3.42可以看出，从2000年以来，白银城区总体上呈西、东南、西南3个方向扩张的趋势。受兰州经济发展的吸引，西面新建新城区，西向扩展面积最大。同时南部开发建设高新技术产业园区，东南向和西南向扩展明显，其余方向扩张均不显著。2000年至2017年，城区面积总共扩展17.4平方千米，其中西向扩展8.31平方千米，占总扩展面积的47.70%，年均扩展强度达到了75.07%。

2016年至2017年，城区只在西北、北、西向进行了扩展，这3个方向的扩展面积大致相同，北方向的扩展强度最强，其他方向没有城市建设用地的开发。

表3.9　白银城区各向扩展情况统计

方位	2016—2017年			2000—2017年		
	扩展面积（平方千米）	扩展面积占比（%）	扩展强度（%）	扩展面积（平方千米）	扩展面积占比（%）	扩展强度（%）
北	0.03	33.33	1.62	0.70	4.02	3.47
东北	0.00	0.00	0.00	0.17	0.98	0.27
东	0.00	0.00	0.00	0.40	2.30	0.53
东南	0.00	0.00	0.00	3.60	20.67	3.67
南	0.00	0.00	0.00	1.45	8.32	10.47
西南	0.00	0.00	0.00	2.18	12.51	26.66
西	0.03	33.33	0.34	8.31	47.70	75.07
西北	0.03	33.34	1.29	0.61	3.50	2.06

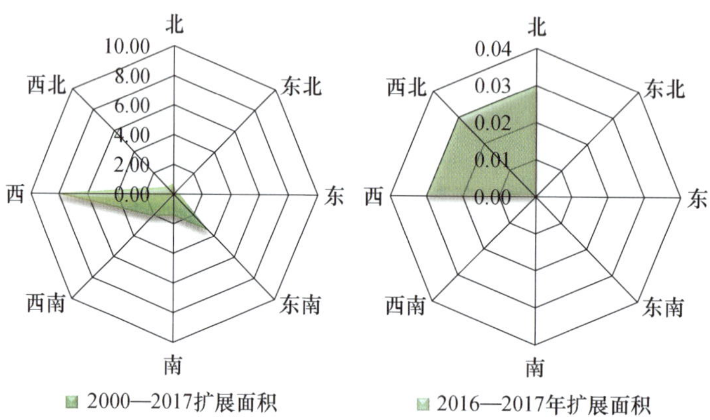

图3.41　白银城区方向扩展面积分布

8. 定西

定西城区位于关川河谷地，是典型的山间河谷型城市，地形对城市发展的影响很大，城市发展只能沿着河谷盆地进行西北、西南、东南向扩展。从表3.10、图3.43、图3.44可以看出，2000年以来，定西在西北方向扩展面积最大，占总扩展面积的57.81%，扩展强度最强，达到了92.01%；其次为西南方向，扩展面积占比17.58%；除东北向无扩展外，其余方向有少量扩展。影响因素一方面受地形影响；另一方面与定西的区域位置有关系，工业重镇兰州位于定西的西北方向，通过西北向的扩展，可以西“接”东“联”主动融入兰州都市圈。目前，在西北方向上，已建成的 G30 连霍高速公路与即将开建的陇海铁路实现交通枢纽体系的互通互联，使定西与兰州的发展更为紧密。同时在西北向上新增的定西市文化艺术中心、定西市展览馆、西北师大附属中和学校等，大大提高了定西市的文化教育，也进一步扩大了定西的城区范围。

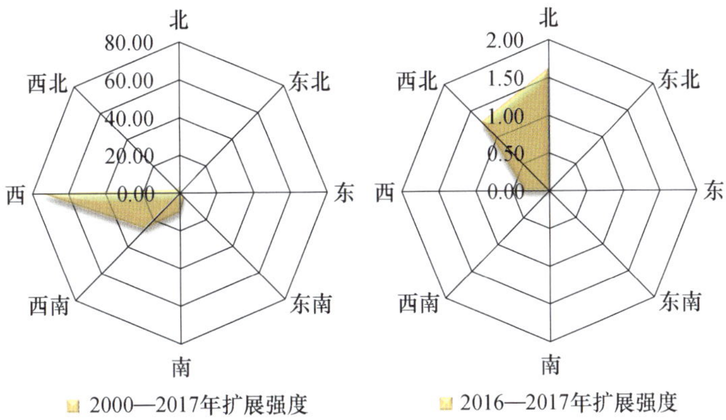

图 3. 42　白银城区方向扩展强度分布

2016 年至 2017 年城区依然秉承了西北向为扩展主方向的趋势，且在北向和南向也进行了扩展，共扩展 0. 20 平方千米，其中西北向扩展了 0. 11 平方千米，扩展面积占全年总扩展面积的 55%，同时在南向的扩展强度最剧烈。

表 3. 10　定西城区各向扩展情况统计

方位	2016—2017 年			2000—2017 年		
	扩展面积（平方千米）	扩展面积占比（%）	扩展强度（%）	扩展面积（平方千米）	扩展面积占比（%）	扩展强度（%）
北	0. 06	30. 00	3. 61	0. 24	3. 38	0. 95
东北	0. 00	0. 00	0. 00	0. 00	0. 00	0. 00
东	0. 00	0. 00	0. 00	0. 26	3. 66	2. 22
东南	0. 00	0. 00	0. 00	0. 46	6. 47	2. 30
南	0. 03	15. 00	4. 04	0. 33	4. 64	4. 41
西南	0. 00	0. 00	0. 00	1. 25	17. 58	6. 61
西	0. 00	0. 00	0. 00	0. 46	6. 47	5. 43
西北	0. 11	55. 00	2. 58	4. 11	57. 81	92. 01

9. 天水

天水城区位于秦岭纬向构造和祁吕贺山字型构造体系的前孤，南北两山横亘，地质构造复杂，地貌结构呈“两山夹一川”的特征，导致城区主要沿河谷延伸发展，即呈东、西向扩张。从表 3. 11、图 3. 45、图 3. 46 的统计结果来看，在两个监测时段

2000 年至 2017 年、2016 年至 2017 年内，天水城区面积扩张的方向总体是在东、西两个方向。

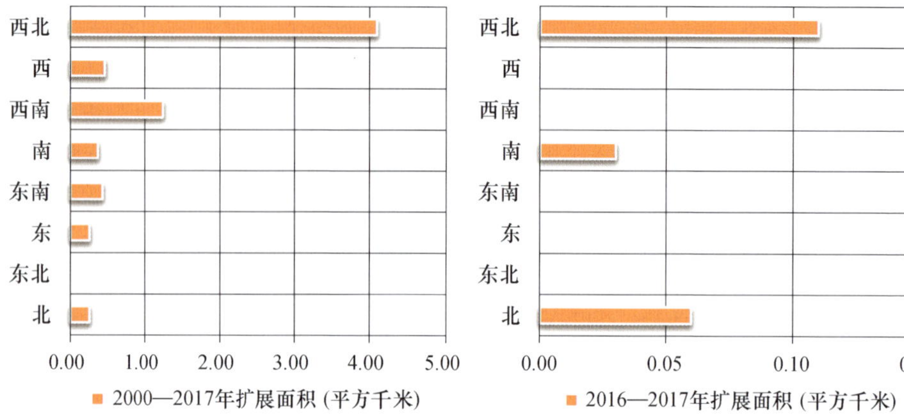

图 3. 43　定西城区方向扩展面积分布

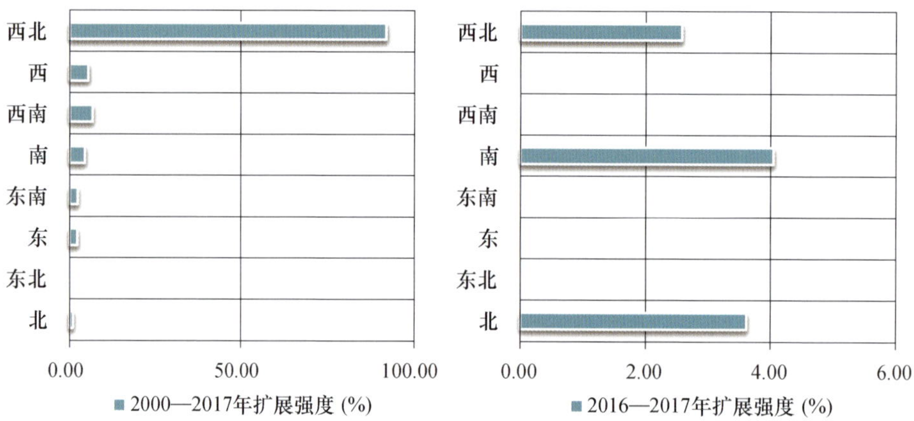

图 3. 44　定西城区方向扩展强度分布

2000 年至 2017 年天水城区在东方向扩展面积最大，占总扩展面积的 77. 84%；扩展强度最强，达到了 6. 77%；其次为西方向，扩展面积占比 20. 97%；东南方向没有扩展，其余方向有少量扩展。2016 年至 2017 年城区共扩展 0. 53 平方千米，其中东向扩展了 0. 29 平方千米，扩展面积占全年总扩展面积的 54. 62%。

表 3. 11　天水城区各向扩展情况统计

方位	2016—2017 年			2000—2017 年		
	扩展面积（平方千米）	扩展面积占比（%）	扩展强度（%）	扩展面积（平方千米）	扩展面积占比（%）	扩展强度（%）
北	0. 00	0. 00	0. 00	0. 01	0. 04	0. 14
东北	0. 00	0. 00	0. 00	0. 01	0. 09	0. 18
东	0. 29	54. 62	1. 27	12. 21	77. 84	6. 77

续表

方位	2016—2017 年			2000—2017 年		
	扩展面积（平方千米）	扩展面积占比（%）	扩展强度（%）	扩展面积（平方千米）	扩展面积占比（%）	扩展强度（%）
东南	0.00	0.00	0.00	0.00	0.00	0.00
南	0.00	0.00	0.00	0.01	0.10	0.42
西南	0.00	0.00	0.00	0.10	0.67	1.25
西	0.24	45.38	1.94	3.29	20.97	2.10
西北	0.00	0.00	0.00	0.05	0.31	0.23

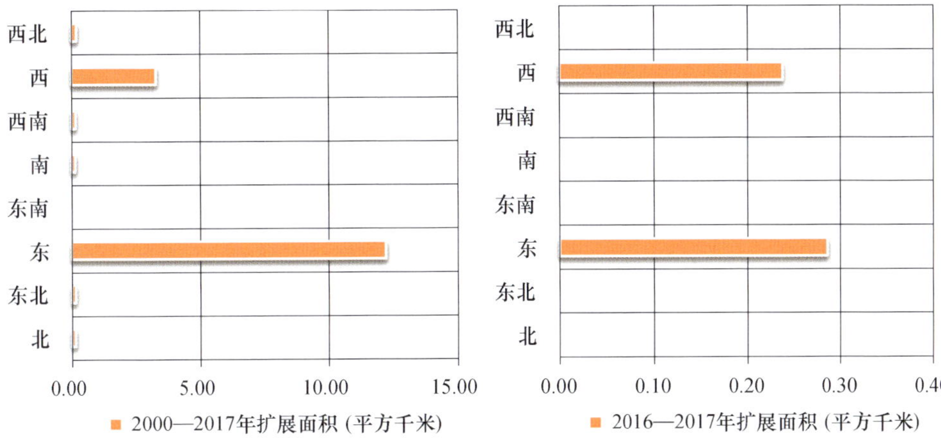

图 3.45　天水城区方向扩展面积分布

从图 3.46 看出：2000 年至 2017 年天水东向扩展强度最强，其次是西向，这与面积方向扩展规律保持一致。2016 年至 2017 年西向扩展强度最剧烈，其次是东向，与整个监测时段的扩展面积方向正好相对。

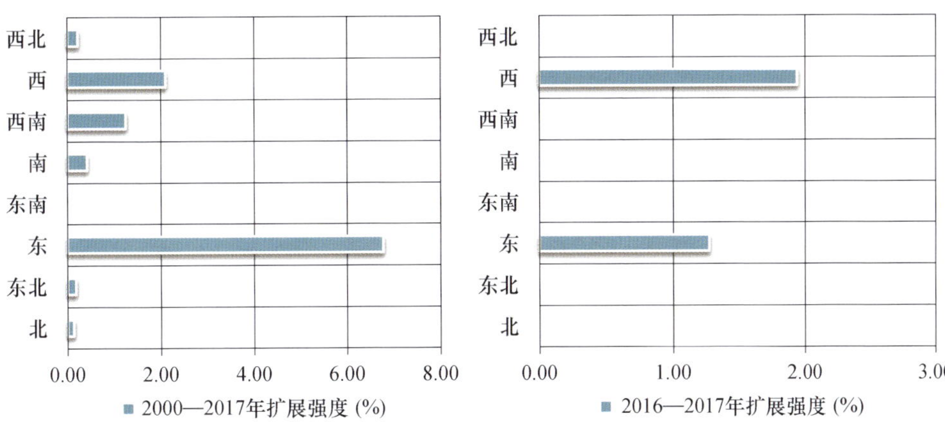

图 3.46　天水城区方向扩展强度分布

10. 陇南

陇南地处白龙江河谷地带，受地形影响，陇南城区东北和西南两面环山，扩展区域有限，只能沿河谷地带扩展。从表 3.12、图 3.47、图 3.48 可以看出，2000 年至 2017 年城区面积总体上呈东南、西北向线形扩张的趋势，在东南方向扩展面积最大，占总扩展面积的 61.38%；其次为西北方向，扩展面积占比 27.31%；除东方向没有扩展外，其余方向有少量扩展。2016 年至 2017 年城区只在东南向扩展了 0.01 平方千米。

表 3.12　陇南城区各向扩展情况统计

方位	2016—2017 年			2000—2017 年		
	扩展面积（平方千米）	扩展面积占比（%）	扩展强度（%）	扩展面积（平方千米）	扩展面积占比（%）	扩展强度（%）
北	0.00	0.00	0.00	0.04	0.94	0.52
东北	0.00	0.00	0.00	0.01	0.29	0.53
东	0.00	0.00	0.00	0.00	0.00	0.00
东南	0.01	100.00	0.39	2.37	61.38	12.71
南	0.00	0.00	0.00	0.02	0.46	1.09
西南	0.00	0.00	0.00	0.02	0.43	1.23
西	0.00	0.00	0.00	0.35	9.19	15.59
西北	0.00	0.00	0.00	1.05	27.31	32.49

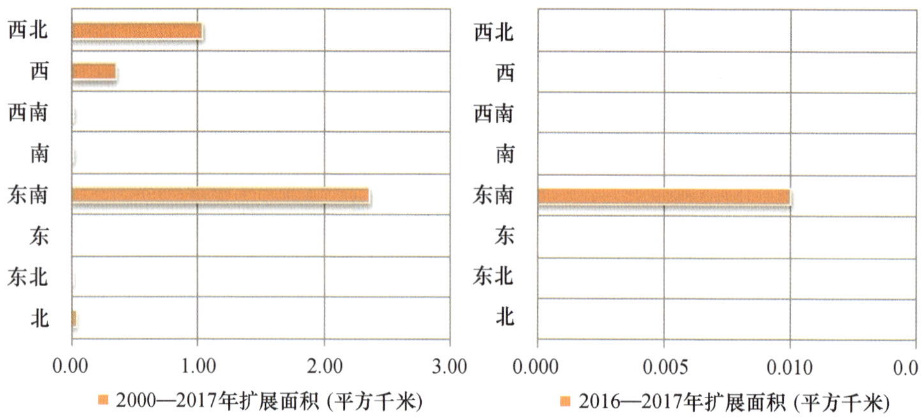

图 3.47　陇南城区方向扩展面积分布

从扩展强度指标来说，2000 年至 2017 年，在西北向的扩展强度最剧烈，扩展强度为 32.49%；其次是西向，扩展强度大约是西北向扩展强度的一半；再次是东南向，扩展强度弱于西向。

11. 平凉

平凉城区坐落于泾河河谷川道上，南北两山之间。由于特殊的地理条件，城市可开发建设的土地有限。从表 3.13、图 3.49、图 3.50 可以看出，2000 年至 2017 年平凉城区在东方向扩展面积最大，占总扩展面积的 35.79%；其次为西北方向，扩展面积占比 26.56%；除南方向没有扩展外，其余方向均有少量扩展。扩展强度在北向最剧烈，扩展强度为 38.79%。

2016 年至 2017 年城区只在东向和西北向进行了扩展，东向扩展面积最大，占总扩展面积的 83. 99%，扩展强度最强。

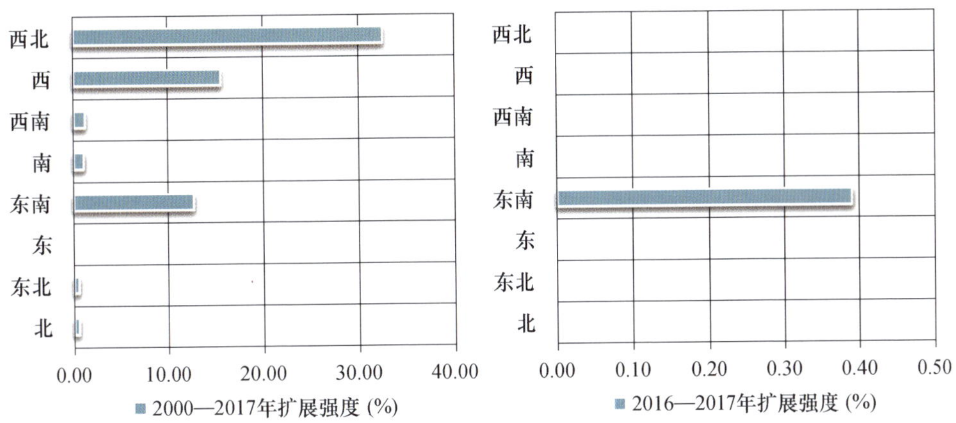

图 3. 48　陇南城区方向扩展强度分布

表 3. 13　平凉城区各向扩展情况统计

方位	2016—2017 年			2000—2017 年		
	扩展面积（平方千米）	扩展面积占比（%）	扩展强度（%）	扩展面积（平方千米）	扩展面积占比（%）	扩展强度（%）
北	0. 00	0. 00	0. 00	0. 84	8. 50	38. 79
东北	0. 00	0. 00	0. 00	0. 36	3. 63	6. 00
东	0. 17	83. 99	3. 02	3. 52	35. 79	8. 84
东南	0. 00	0. 00	0. 00	0. 45	4. 53	1. 91
南	0. 00	0. 00	0. 00	0. 00	0. 00	0. 00
西南	0. 00	0. 00	0. 00	0. 02	0. 24	0. 35
西	0. 00	0. 00	0. 00	2. 04	20. 75	4. 07
西北	0. 03	16. 01	0. 77	2. 62	26. 56	9. 26

12. 庆阳

庆阳城区位于黄土塬上，城市向北发展受到机场净空要求限制；向西受水源地及铁路限制，不宜作为城市主要的发展用地；向南宜作为城市发展的主要方向。东部以陇东学院为基础，形成以科研教育为主的城市东片区。2000 年以来，城市扩展总体上呈南向、东南向扩张的趋势。从表 3. 14、图 3. 51、图 3. 52 可以看出，2000 年至 2017 年庆阳城区在南方向扩展面积最大，占总扩展面积的 38. 79%；其次为东南方向，扩展面积占比 23. 58%；接下来是西北方向。扩展强度在南向最剧烈。庆阳市政府为改变庆阳城区规划陈旧、交通拥挤等问题，扩展南区，进一步拓展城市空间。自 2000 年，南区开发建设了丽景家园、王沟畎住宅小区等住宅区；引进凯尔国际、万荣商务等诸多商家；新建庆阳六中、北辰职业技术学校、金厦科教苑等教育机构，庆阳市教育局也迁至南区。

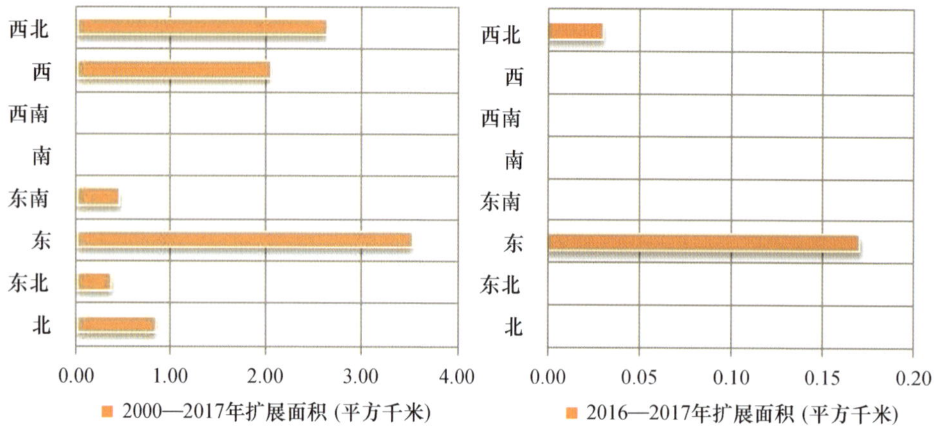

图 3.49 平凉城区方向扩展面积分布

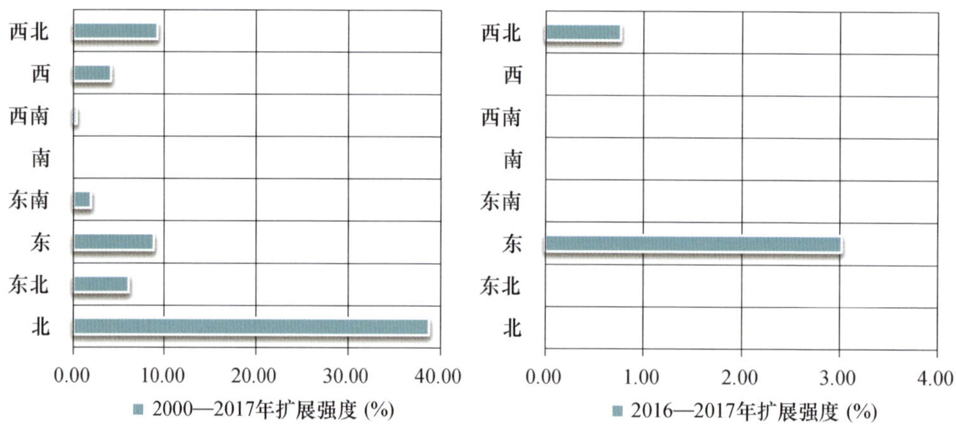

图 3.50 平凉城区方向扩展强度分布

2016 年至 2017 年城区东南向扩展最快，扩展面积占总扩展面积的 86.46%，南向、东向、北向也有少量扩展，其他方向城市范围没变化。

表 3.14 庆阳城区各向扩展情况统计

方位	2016—2017 年			2000—2017 年		
	扩展面积（平方千米）	扩展面积占比（%）	扩展强度（%）	扩展面积（平方千米）	扩展面积占比（%）	扩展强度（%）
北	0.02	2.53	1.46	0.51	4.33	3.20
东北	0.00	0.00	0.00	0.37	3.13	4.27
东	0.03	3.40	1.55	0.94	7.93	6.16
东南	0.71	86.46	23.76	2.79	23.58	17.60
南	0.06	7.62	1.18	4.59	38.79	33.59
西南	0.00	0.00	0.00	0.75	6.37	6.79
西	0.00	0.00	0.00	0.00	0.00	0.00
西北	0.00	0.00	0.00	1.88	15.87	13.01

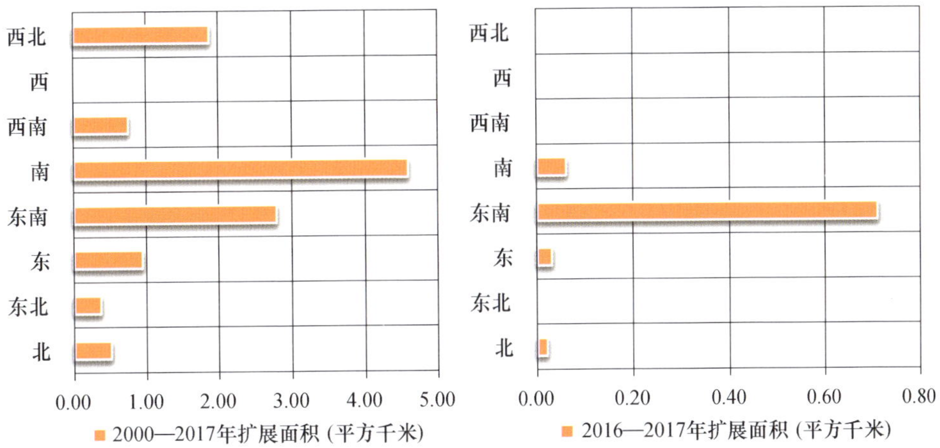

图 3. 51　庆阳城区方向扩展面积分布

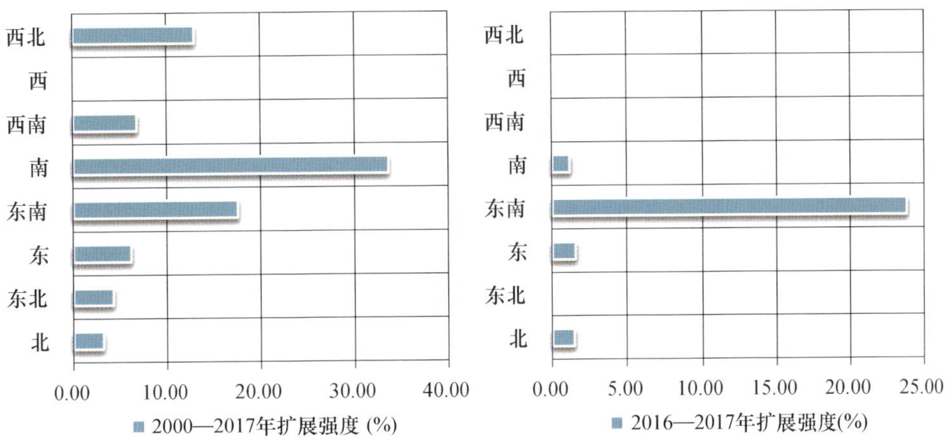

图 3. 52　庆阳城区方向扩展强度分布

13. 临夏回族自治州临夏

临夏城区位于大夏河下游的河谷川地，城区范围变化区域主要集中在城东新区。城区总体上呈东、东北方向扩张的趋势。从表 3. 15、图 3. 53、图 3. 54 可以看出，2000 年至 2017 年临夏回族自治州城区在东方向扩展面积最大，占总扩展面积的 56. 05%；其次为东北方向，扩展面积占比 30. 00%；其他方向扩展不明显。扩展强度在东向最剧烈，其次是东北向。这主要是由于东向新城区的快速发展导致城区面积增大。临夏在东部新建新区，将临夏市政府、临夏市政协等政府机关部门迁至东部新区，同时新建临夏市体育场、临夏州体育场、临夏市政广场等教育文体场所。城区东北向引进玉之玺装饰有限公司、新生汽车电器维修、弘达汽车装饰、甘肃龙翔宇公司美的服务中心等诸多商家入驻。

2016 年至 2017 年，城区在西南方向扩展速度最快，扩展面积最大，扩展面积占总扩展面积的 50. 00%，扩展最剧烈；东向与东北向扩展速度基本一致，东北向扩展强度比东向稍强；其他各向没有扩展。

表 3. 15　临夏回族自治州临夏城区各向扩展情况统计

方位	2016—2017 年			2000—2017 年		
	扩展面积（平方千米）	扩展面积占比（%）	扩展强度（%）	扩展面积（平方千米）	扩展面积占比（%）	扩展强度（%）
北	0. 00	0. 00	0. 00	0. 03	0. 44	0. 13
东北	0. 01	25. 00	0. 31	1. 76	30. 00	7. 24
东	0. 01	25. 00	0. 27	3. 28	56. 05	39. 47
东南	0. 00	0. 00	0. 00	0. 00	0. 00	0. 00
南	0. 00	0. 00	0. 00	0. 30	5. 19	1. 94
西南	0. 02	50. 00	1. 05	0. 38	6. 43	1. 44
西	0. 00	0. 00	0. 00	0. 10	1. 64	0. 72
西北	0. 00	0. 00	0. 00	0. 01	0. 25	0. 19

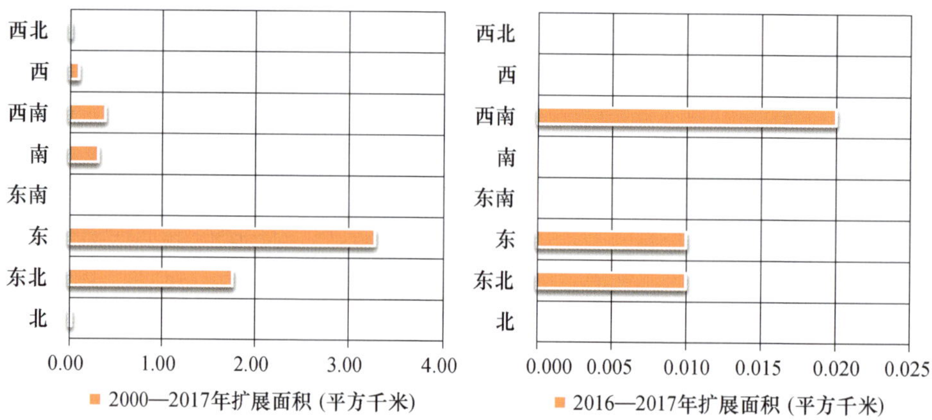

图 3. 53　临夏回族自治州临夏城区方向扩展面积分布

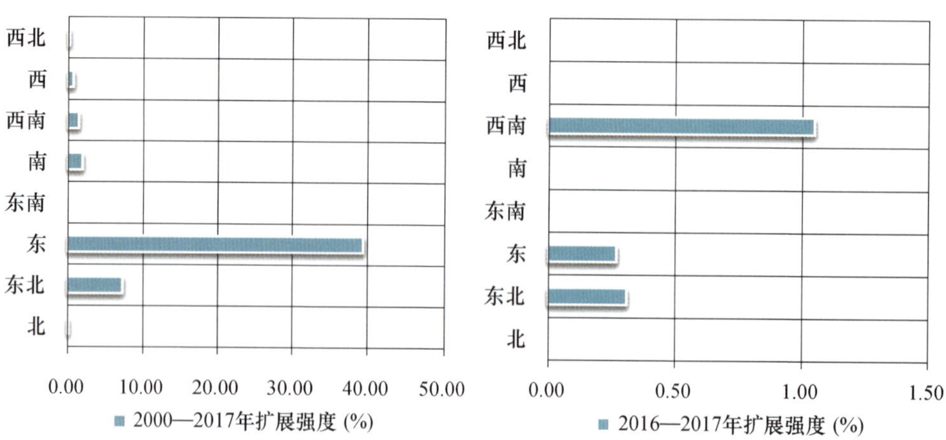

图 3. 54　临夏回族自治州临夏城区方向扩展强度分布

14. 甘南藏族自治州合作

甘南藏族自治州合作城区纵向上以念钦路、当周街、通钦街为骨架，横向上以那吴路、永曲路、桑曲路、舟曲路、碌曲路、玛曲路、卓尼路、腊子口路为骨架，形成了明显的方格网式城市布局。城市整体扩展不明显，主要是沿着道路网进行了南北向的扩展。从表 3. 16、图 3. 55、图 3. 56 可以看出，2000 年至 2017 年，合作城区总体上呈西南、南向扩张的趋势，西南向扩展速度最快，扩展面积最大，占总扩展面积的 31. 39%，扩展最剧烈；其次为南方向，扩展面积占比 28. 10%；接下来是东北方向，其他方向扩展不明显。扩展强度与扩展面积的方向规律基本一致。西南向的扩展主要是由于甘南民族师范学院学校用地范围进一步扩大，西南向新建了合作师专办公楼、实验楼、图书馆等教学办公场所。

2016 年至 2017 年城区除在西向和西北向无扩展外，其他各向都有少许扩展，其中东向扩展最快，扩展面积最大，占总扩展面积的 40. 63%，扩展强度也最剧烈。

表 3. 16　甘南藏族自治州合作城区各向扩展情况统计

方位	2016—2017 年			2000—2017 年		
	扩展面积（平方千米）	扩展面积占比（%）	扩展强度（%）	扩展面积（平方千米）	扩展面积占比（%）	扩展强度（%）
北	0. 03	13. 94	1. 90	0. 18	9. 53	0. 66
东北	0. 05	18. 54	4. 28	0. 34	17. 83	2. 66
东	0. 10	40. 63	33. 50	0. 12	6. 34	2. 63
东南	0. 01	5. 40	2. 79	0. 10	5. 33	1. 58
南	0. 01	2. 42	0. 27	0. 54	28. 10	1. 95
西南	0. 05	19. 07	4. 76	0. 60	31. 39	8. 48
西	0. 00	0. 00	0. 00	0. 01	0. 52	1. 97
西北	0. 00	0. 00	0. 00	0. 02	0. 96	0. 26

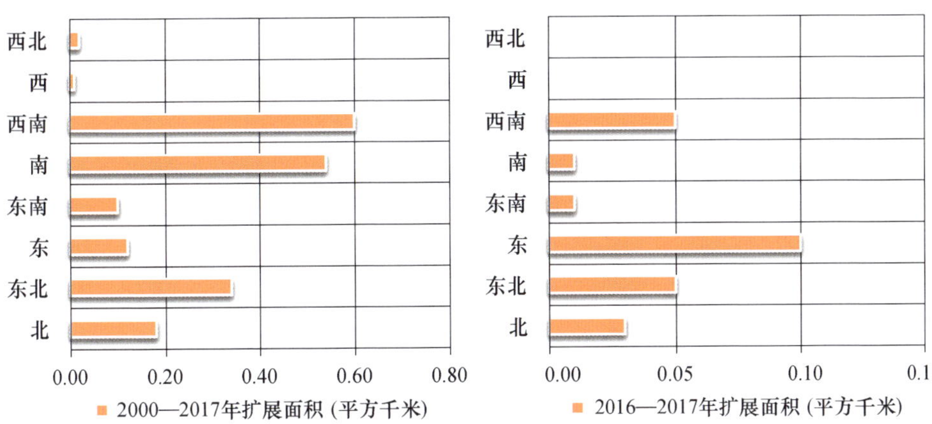

图 3. 55　甘南藏族自治州合作城区方向扩展面积分布

通过以上各个城市的城市空间扩展方向分析发现，城市空间扩张方向受地形、河流、铁路、高速公路、机场、城市产业布局、城市群间吸引力、城市总体规划等因素的综合影响。河流、铁路、高速公路、机场是负向因素，城市群间吸引力是正向因素。

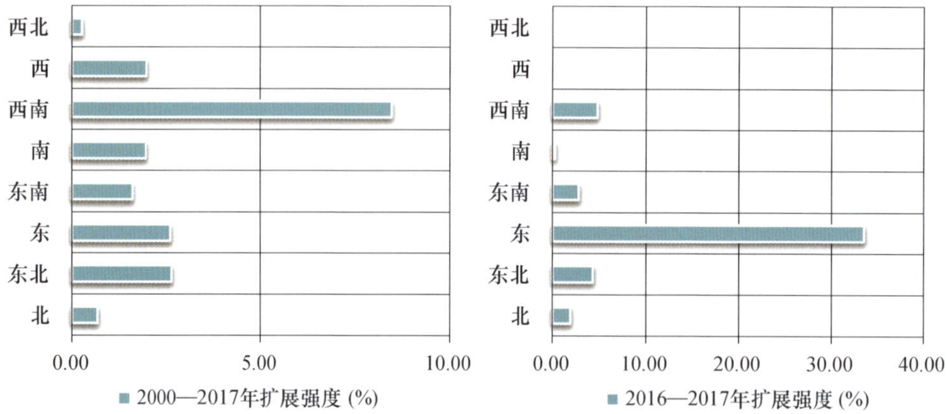

图 3.56　甘南藏族自治州合作城区方向扩展强度分布

地形和城市工业布局既是正向因素也是负向因素，地形平坦利于城市在各个方向的扩张，山间河谷型城市限制了城市只能沿着河谷盆地的走向进行扩展；高新技术产业园区、经济开发区等区域会吸引城市的扩展，工矿厂区会限制城市的扩展。同时城市总体规划也会对城市的发展方向起指导性的作用。

3.3.4　城市空间扩展占地分析

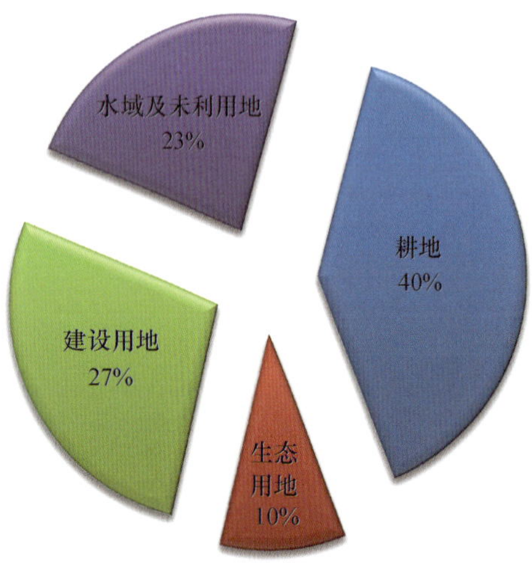

图 3.57　2000—2017 年甘肃省地级城市占用土地类型统计

通过 2000 年 30 米甘肃省土地利用数据和 2000—2017 年的扩展区域进行叠加计算分析，得到图 3.57。从图 3.57 可以很直观地看出，2000 年至 2017 年甘肃省地级城市空间扩展占用土地类型最多的是耕地，面积达 97.07 平方千米，占总量的 40%；其次是建设用地，面积为 66.86 平方千米，占总量的 27%；再次是水域及未利用地，面积为 56.28 平方千米，占总量的 23%；占用最少的是生态用地，面积为 26.05 平方千米，占总量的 10%。

通过图 3.58 至图 3.61，以地级城市为统计单元，以占用土地利用类型为统计类型进行分析可知：2000—2017 年占用耕地面积排名前三位的城市为兰州、武威和张掖，其面积分别为 18.11 平方千米、11.94 平方千米和 11.64 平方千米，每个城市占用耕地面积占甘肃省城市占用耕地面积的 18.66%、12.30% 和 11.99%。占用生态用地面积排名前三位的城市为白银、金昌和兰州，其面积分别为 6.40 平方千米、6.08 平方千米和 4.15 平方千米，每个城市占用生态用地面积占甘肃省城市占用生态用地面积的 26.97%、25.60% 和 17.47%。占用建设用地面积排名前三位的城市为兰州、天水和白银，其面积分别为 22.17 平方千米、9.91 平方千米和 6.48 平方千米，每个城市占用建设用地面积占甘肃省城市占用建设用地面积的 33.16%、14.83% 和 9.69%。占用水域及未利用地面积排名前三位的城市为嘉峪关、酒泉和金昌，其面积分别为 26.74 平方千米、23.63 平方千米和 3.49 平方千米，每个城市占用水域及未利用地面积占甘肃省城市占用水域及未利用地面积的 47.77%、42.22% 和 6.24%。

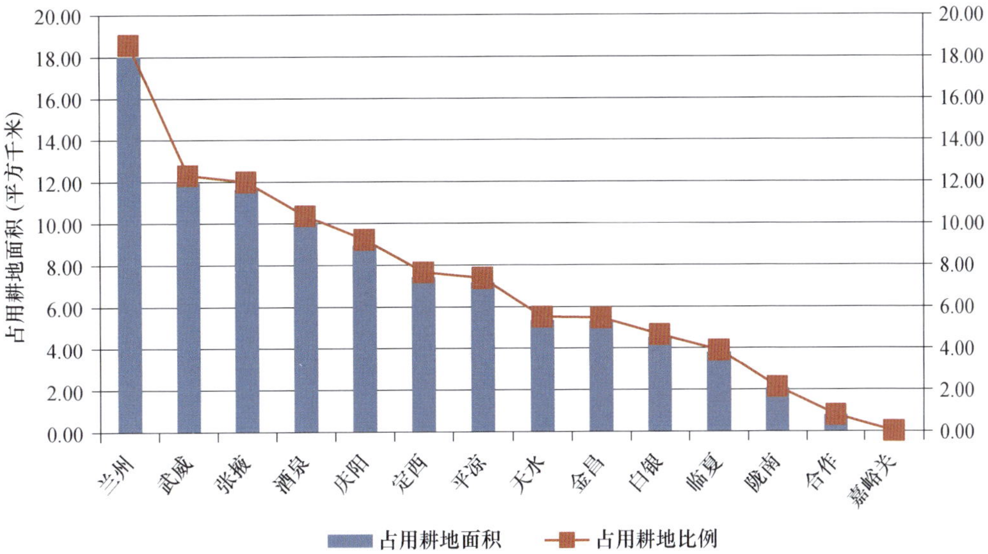

图 3.58　2000—2017 年地级城市占用耕地面积及比例

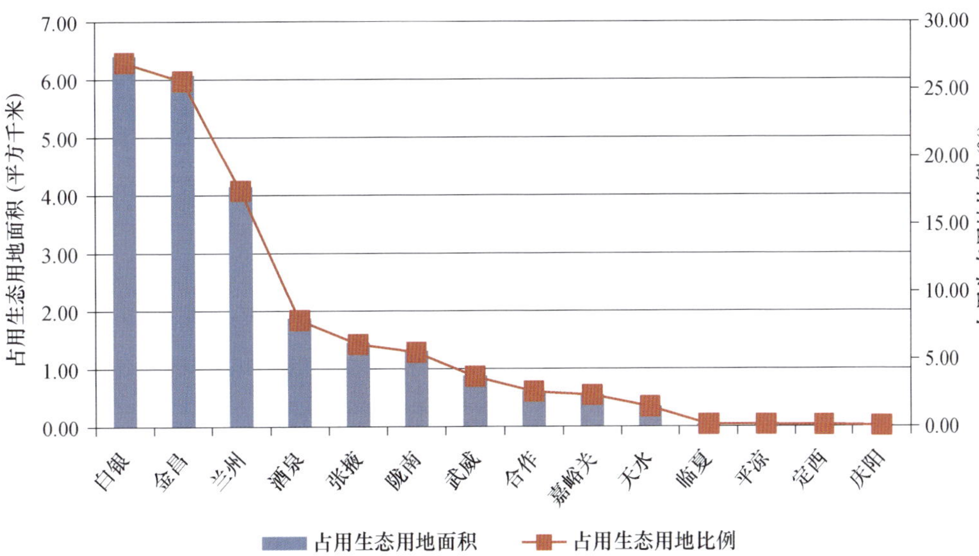

图 3.59　2000—2017 年地级城市占用生态用地面积及比例

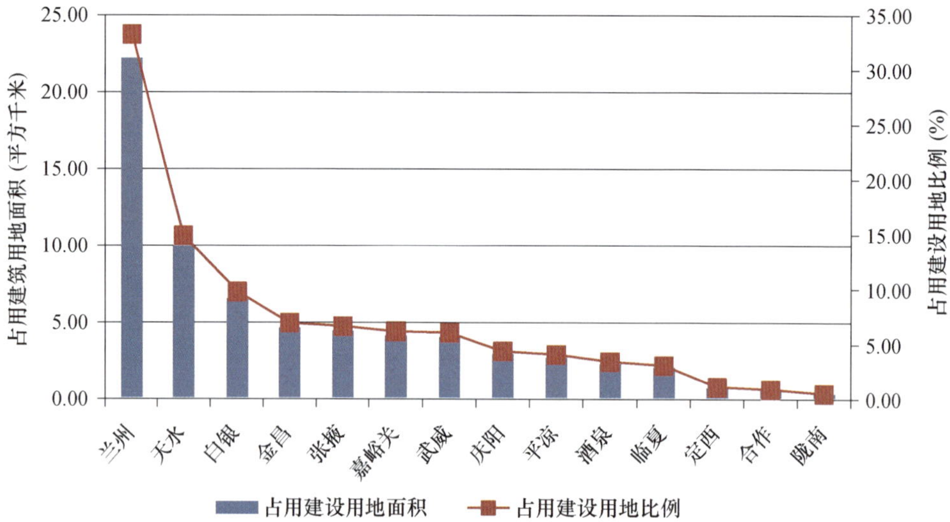

图 3.60　2000—2017 年地级城市占用建设用地面积及比例

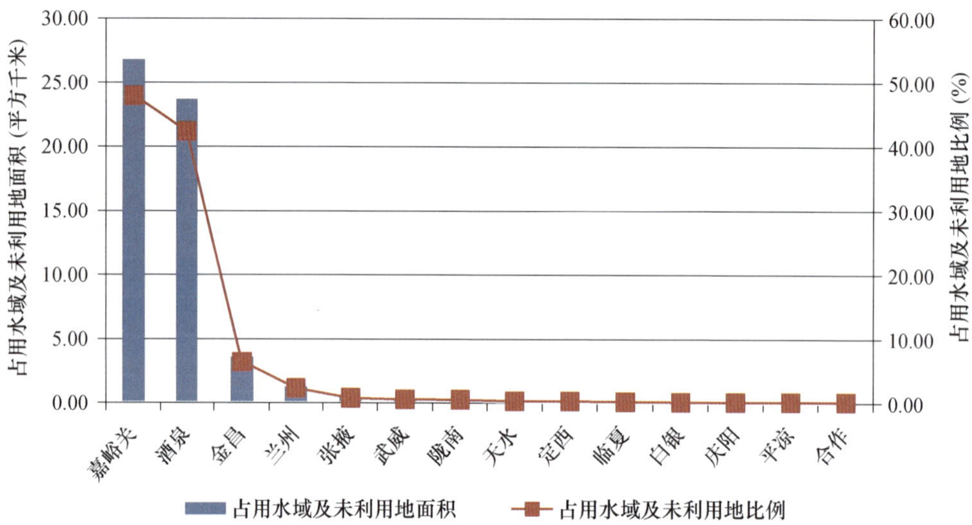

图 3.61　2000—2017 年地级城市占用水域及未利用地面积及比例

通过图 3.62 可以看出：甘肃省城市扩展以占用耕地为主要类型的城市居多，有 8 个，占甘肃省地级城市总量的 57%，按照扩展占地面积比例由高到低的顺序为定西 > 庆阳 > 平凉 > 武威 > 张掖 > 临夏 > 陇南 > 合作。以占用建设用地为主要类型的城市有兰州、天水两个城市，占甘肃省地级城市总量的 14%。以占用水域及未利用地为主要类型的城市有酒泉、嘉峪关两个城市，占甘肃省地级城市总量的 14%。以占用生态用地为主的城市是金昌。白银占用建设用地的面积比例和占用生态用地的面积比例差不多，都在 37% 左右，城市扩展主要是以合并城镇农村居民点和城郊工矿企业以及占用生态用地并存的模式扩展。定西 90% 的扩展是以占用耕地为主，8% 的扩展是合并城镇农村居民点。

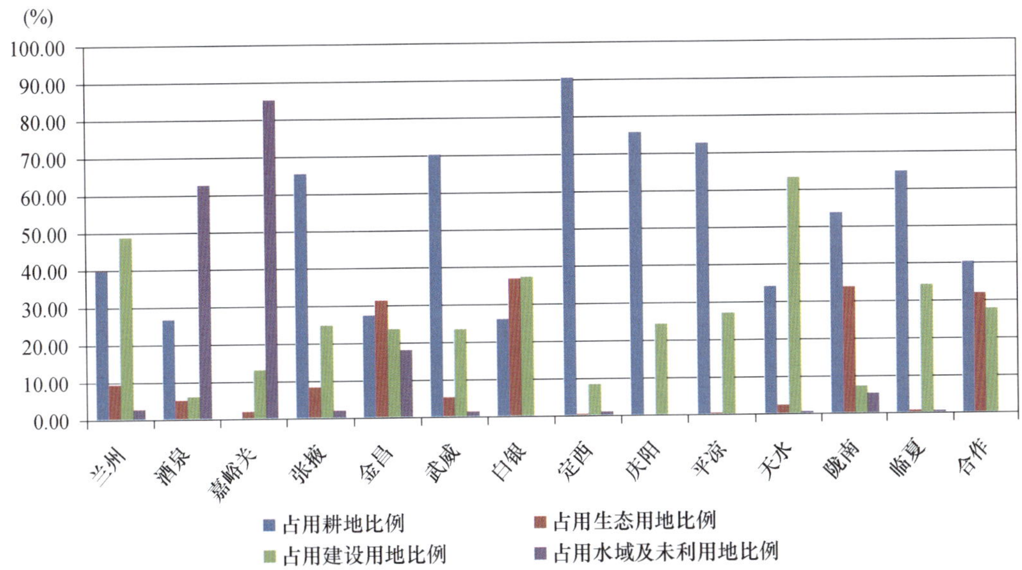

图 3.62　2000—2017 年各地级城市占用土地类型统计

3.4　城市空间形态特征

对甘肃省 14 个城市空间形态特征从紧凑度变化和城区空间扩展类型（外延、填充）两个方面进行统计分析。紧凑度只是关心了城区的形态，并与最小外接圆作对比来进行判断；而用凸壳原理评价的城区空间扩展类型，则更关注城市城区或城市潜在控制范围。

1. 紧凑度指数变化分析

选用紧凑度指数对城市空间形态进行定量统计和分析，城市外围轮廓形态紧凑度被认为是反映城市空间形态的一个十分重要的指标，计算公式如下：

$$BCI = \text{城区中心斑块群面积/城区中心斑块群最小外接圆的面积}$$

紧凑度指数值越大，形状越具有紧凑性。圆是一种形状最紧凑的图形，其紧凑度为 1；如果是狭长形状，其值远远小于 1。一般来说，城市处于迅速扩展的发展阶段，紧凑度下降；当城市转为内部填充、改造发展阶段时，紧凑度上升。通过统计 2000—2017 年甘肃省 14 个城市紧凑度指数变化，分析 14 个城市空间形态变化特征，结果见表 3.17。

表 3.17　2000—2017 年甘肃省 14 个城市城区紧凑度指数统计

序号	城市	2000 年紧凑度指数	2017 年紧凑度指数
1	兰州	0.12	0.17
2	酒泉	0.19	0.21

续表

序号	城市	2000 年紧凑度指数	2017 年紧凑度指数
3	嘉峪关	0.52	0.38
4	张掖	0.19	0.28
5	金昌	0.42	0.26
6	武威	0.48	0.43
7	白银	0.34	0.37
8	定西	0.21	0.21
9	庆阳	0.47	0.19
10	平凉	0.12	0.13
11	天水	0.05	0.08
12	陇南	0.21	0.08
13	临夏	0.29	0.20
14	合作	0.18	0.17

根据以上甘肃省 14 个城市城区紧凑度指数统计，结合 14 个城市主要扩展方向及影响城市空间扩张的地形、空间布局等因素，可以将甘肃省 14 个城市城区形态分为两大类：条带状和团块状。

条带状城市包括兰州、平凉、天水、陇南和合作，2000—2017 年其紧凑度指数大部分小于 0.2，全部为山地河谷城市，城区位于河谷平地，城市扩张以沿河谷两端延伸为主，城区空间扩张受地形限制作用显著。

团块状城市包括嘉峪关、酒泉、张掖、金昌、武威、白银，2017 年其紧凑度指数均大于 0.2。除白银，其他 5 个城市均地处河西走廊，地势平坦开阔，城市呈团块状，城市空间扩张方向不受地形限制。白银中心城区位于山间盆地，向北扩张受山地地形制约，工矿厂区集中在城区东部，城市向东发展受限，西向和南向是城市扩张的主要方向，城区呈团块状。

定西 2000—2017 年城区紧凑度指数一直在 0.21 左右小幅浮动，城区位于关川河及其支流东河、西河的交汇处，城区沿河谷川地呈倒“Y”形分布，西北方向是城区主要扩张方向。根据其城市扩展主方向和城市空间布局发展趋势来看，定西空间形态趋向条带状。临夏回族自治州临夏 2000—2010 年城市空间形态呈团块状，随着城市新城区的建设，紧凑度下降，趋向条带状，考虑到临夏所处的山地河谷地形和城市扩张主方向，可以预见临夏未来城市空间形态是条带状。庆阳地处黄土塬上，2000—2010 年城市空间形态呈团块状；随着城市的扩张，向北受庆阳机场净空限制，城西以规划铁路为界，东邻黄土塬边界，南向是城市空间扩张的主方向；2010—2017 年随着城市向南发展，紧凑度下降，趋向条带状，未来庆阳城区空间形态发展会受到黄土塬地形地貌及城市空间布局的影响，可能会形成指状城市。

以监测时间轴来看每个城市紧凑度指数变化，可以把这些城市划分为越来越紧凑城市（紧凑度指数上升）和越来越离散城市（紧凑度指数下降）两大类。越来越紧凑城市包括兰州、酒泉、张掖、白银、平凉、天水，越来越离散城市有嘉峪关、金昌、武威、庆阳、陇南、临夏、合作。

2. 城区用地空间扩展类型（外延、填充）分析

利用凸壳原理方法判断 2000—2017 年甘肃省 14 个城市用地空间扩展类型，分为填充和外延两种类型。根据凸壳原理方法，将城市外围轮廓线的最小凸多边形作为凸壳，认为凸壳区域是城市区域或城市潜在的控制区域。如果城市用地扩展类型属于填充类型，那么其扩展用地主要是在城区轮廓凸壳的内部；如果城市用地扩展类型属于外延类型，那么扩展用地则主要在城区轮廓凸壳的外部。根据凸壳原理方法，将2000 年甘肃省 14 个城市城区轮廓的最小凸多边形作为凸壳，统计 2017 年城区用地扩展部分位于凸壳内部和外部的面积，结果见表 3. 18 。

表 3. 18　2000—2017 年甘肃省地级城市城区扩展面积统计　　单位：平方千米

城市	增加面积		合计
	填充面积	外延面积	
兰州	32. 68	11. 36	44. 04
酒泉	14. 32	23. 45	37. 77
嘉峪关	4. 74	26. 64	31. 38
张掖	9. 85	7. 96	17. 81
金昌	4. 40	15. 05	19. 45
武威	3. 34	5. 70	9. 04
白银	4. 52	12. 88	17. 40
定西	3. 04	4. 06	7. 10
庆阳	2. 12	9. 70	11. 82
平凉	4. 82	5. 03	9. 85
天水	10. 40	5. 29	15. 69
陇南	0. 35	3. 50	3. 85
临夏	1. 95	3. 91	5. 86
合作	1. 18	0. 74	1. 92

根据表 3. 18 数据，统计 2000—2017 年甘肃省 14 个城市填充和外延面积占比，结果见图 3. 63 。

根据凸壳原理方法判断 2000—2017 年甘肃省 14 个城市扩展类型（外延型或填充型），兰州、张掖、天水、合作 4 个城市填充面积大于外延面积，属填充型城市；酒泉、嘉峪关、金昌、武威、白银、定西、庆阳、平凉、陇南、临夏 10 个城市外延面积大于填充面积，属外延型城市。

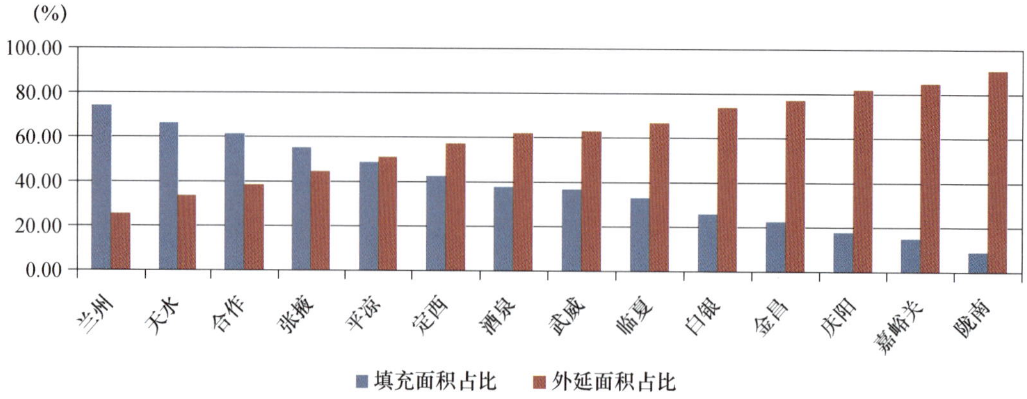

图 3.63　2000—2017 年甘肃省 14 个城市填充与外延面积占比

3.5　城市空间扩展协调性

采用城市用地增长弹性系数（也称扩展系数）来反映 2000—2017 年甘肃省 14 个城市空间扩展协调性。城市用地增长弹性系数是城市用地增长率与城市人口增长率之比，大于 1 表明城市城区面积增长速度超过城市人口的增长速度，小于 1 表明城市城区面积增长的速度慢于城市人口的增长速度。根据甘肃省 14 个城市市辖区年末常住人口统计数据，结合城市用地增长监测数据计算 2000—2017 年甘肃省 14 个城市用地增长扩展弹性系数，结果见表 3.19、图 3.64。

表 3.19　甘肃省 14 个城市用地增长弹性系数统计

城市	2000—2017 年		
	城市用地年均增长率(%)	城市人口年均增长率(%)	城市用地增长弹性系数
兰州	2.20	2.29	0.96
酒泉	7.74	1.75	4.43
嘉峪关	4.27	3.13	1.36
张掖	4.98	0.53	9.43
金昌	4.08	1.13	3.60
武威	4.22	0.17	24.68
白银	3.51	0.54	6.45
定西	5.17	-0.51	-10.06
庆阳	6.30	0.96	6.54
平凉	4.23	0.47	9.06
天水	3.13	0.20	15.41
陇南	5.83	0.46	12.63
临夏	3.37	2.23	1.51
合作	1.77	1.04	1.71

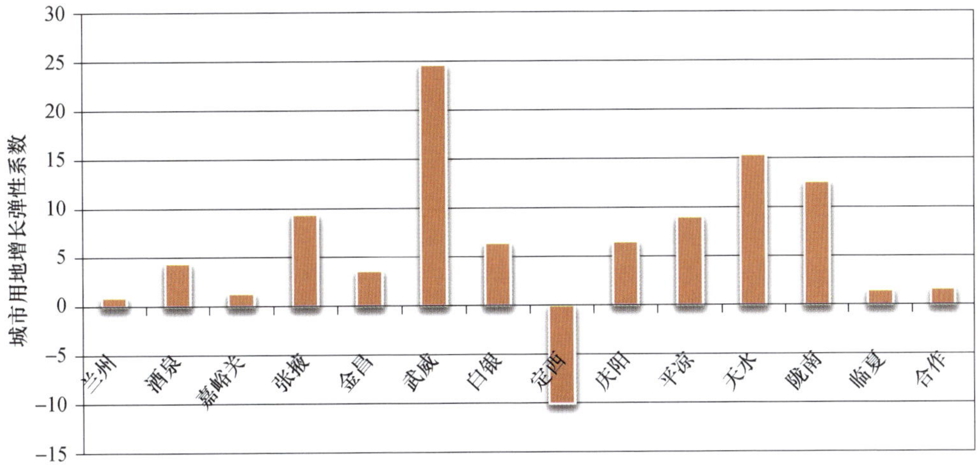

图 3.64　2000—2017 年甘肃省 14 个城市用地增长弹性系数统计

2000—2017 年甘肃省 14 个城市用地增长弹性系数小于 1 的只有兰州，17 年间兰州城市用地增长低于城市人口增长，城市用地趋向紧凑，城市人口承载压力增大。其余 13 个城市用地增长高于城市人口增长，城市用地趋向宽松。

3.6　城市空间土地集约节约利用分析

以多层房屋建筑占比、低矮房屋建筑占比、高密度房屋建筑区占比、建设用地面积占比、城中村面积占比作为城市土地集约节约利用统计指标，分析甘肃省 14 个城市土地集约节约利用情况，对甘肃省 14 个城市的土地集约节约利用进行对比分析，如表 3.20 所示。

多层房屋建筑占比 = 多层房屋建筑面积/城区面积

低矮房屋建筑占比 = 低矮房屋建筑面积/城区面积

高密度房屋建筑区占比 = 高密度房屋建筑区面积/城区面积

建设用地面积占比 = 建设用地面积/城区面积

建设用地面积 = 房屋建筑区面积 + 构筑物面积 + 人工堆掘地面积 + 道路面积 + 绿化林地面积 + 绿化草地面积

城中村面积占比 = 城中村面积/城区面积

表 3.20　甘肃省 14 个城市土地集约节约利用相关指标统计

城市	多层房屋建筑占比(%)	低矮房屋建筑占比(%)	高密度房屋建筑区占比(%)	建设用地面积占比(%)	城中村面积占比(%)
兰州	19.9	20.8	34.8	94.2	8.79
酒泉	12.1	14.4	21.4	85.7	1.28
嘉峪关	13.3	8.3	17.5	86.5	0.00

续表

城市	多层房屋建筑占比(%)	低矮房屋建筑占比(%)	高密度房屋建筑区占比(%)	建设用地面积占比(%)	城中村面积占比(%)
张掖	15.5	20.0	31.6	89.7	3.16
金昌	15.0	18.0	30.1	93.1	2.79
武威	25.9	17.6	39.7	96.3	1.94
白银	15.5	13.6	22.8	88.8	1.97
定西	25.4	22.4	36.7	95.1	11.22
庆阳	27.5	30.1	55.0	94.4	9.79
平凉	24.4	28.9	50.5	92.5	13.04
天水	19.0	31.6	46.9	91.1	7.07
陇南	28.1	19.5	44.4	97.5	7.66
临夏	24.0	38.3	58.7	95.4	21.94
合作	17.8	36.6	51.6	94.2	24.84

注：以上数据全部为中心城区统计数据，兰州市红古区和平片区、武威工业园区和武南片区、白银市平川城区、定西市巉口片区未纳入统计。

1. 多层及以上房屋建筑（区）面积占比

城市中多层及以上房屋建筑（区）占城区面积比例越大，表示城市中多层及以上房屋建筑越多，城市土地集约节约利用程度越高。根据2017年基础性地理国情监测成果提取甘肃省14个城市多层及以上房屋建筑（区）数据，获得多层及以上房屋建筑（区）面积占比统计数据，见表3.20和图3.65 。

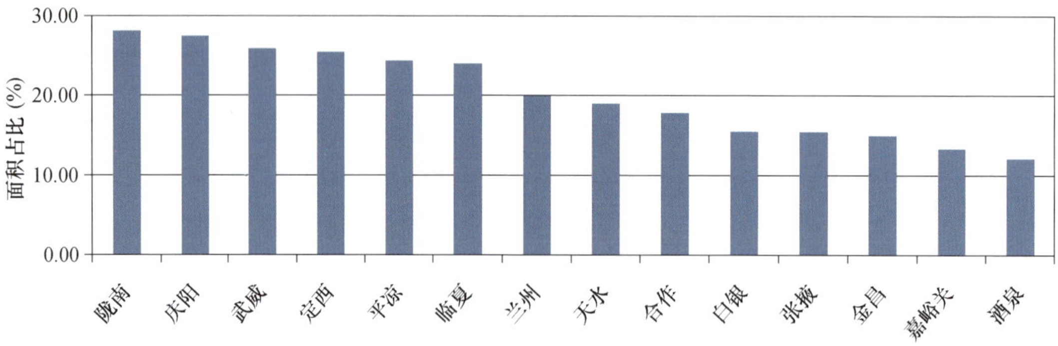

图3.65 甘肃省14个城市多层及以上房屋建筑（区）面积占比统计

2017年甘肃省14个城市中多层及以上房屋建筑（区）面积占比最高的6个城市是陇南、庆阳、武威、定西、平凉和临夏，均超过24%；兰州、天水、合作的多层及以上房屋建筑（区）占比较高，在17.8%～19.9%之间；白银、张掖、金昌、嘉峪关和酒泉的多层及以上房屋建筑（区）占比最低，均低于15.5%。

2. 低矮房屋建筑（区）面积占比

城市中低矮房屋建筑（区）占城区面积比例越大，表示城市中低矮房屋建筑越多，城市土地集约节约利用程度越低。根据2017年基础性地理国情监测成果提取甘肃省14个城市低矮房屋建筑（区）数据，获得低矮房屋建筑（区）面积占比统计数据，见表3.20和图3.66。

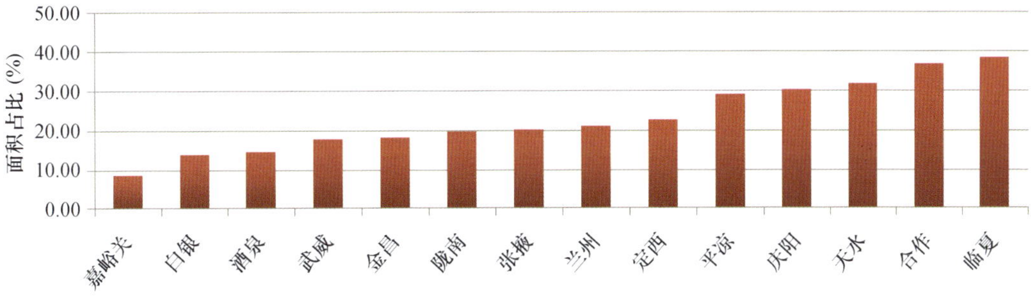

图3.66　甘肃省14个城市低矮房屋建筑（区）面积占比统计

2017年甘肃省14个城市中低矮房屋建筑（区）面积占比最高的5个城市是平凉、庆阳、天水、合作和临夏，均超过28.9%；武威、金昌、陇南、张掖、兰州和定西的低矮房屋建筑（区）占比较高，在17.6%~22.4%之间；嘉峪关、白银和酒泉的低矮房屋建筑（区）占比最低，均低于14.4%。

3. 高密度房屋建筑区面积占比

城市中高密度房屋建筑区占城区面积比例越大，表示城市中高密度房屋建筑区越多越密集，城市土地集约节约利用程度越高。根据2017年基础性地理国情监测成果提取甘肃省14个城市高密度房屋建筑区数据，获得高密度房屋建筑区面积占比统计数据，见表3.20和图3.67。

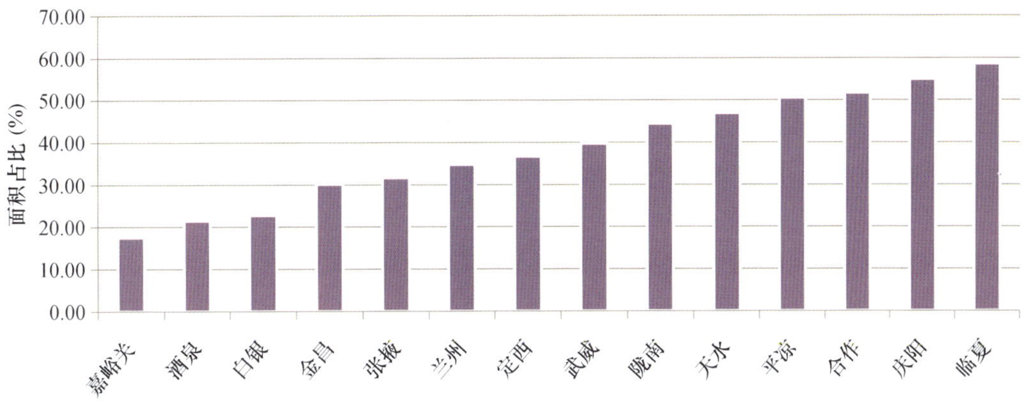

图3.67　甘肃省14个城市高密度房屋建筑区面积占比统计

2017年甘肃省14个城市中高密度房屋建筑区面积占比最高的6个城市是陇南、天水、平凉、合作、庆阳和临夏，均超过44.4%，临夏高密度房屋建筑区面积占比最高，为58.7%；金昌、张掖、兰州、定西和武威的高密度房屋建筑区面积占比较高，在30.1%~39.7%之间；嘉峪关、酒泉和白银的高密度房屋建筑区面积占比最低，均低于22.8%，嘉峪关高密度房屋建筑区面积占比最低，为17.5%。

4. 建设用地面积占比

城区中建设用地面积占比越大，表示城区中已开发利用或正在开发的建设用地越多越密集，城市土地集约节约利用程度越高。根据2017年基础性地理国情监测成果提取甘肃省14个城市城区建设用地数据，获得城区建设用地面积占比统计数据，见表3.20和图3.68。

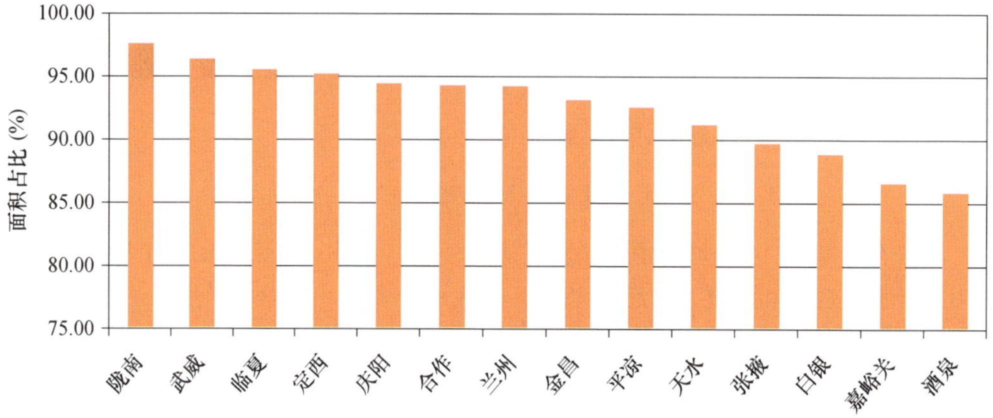

图3.68 甘肃省14个城市城区建设用地面积占比统计

2017年甘肃省14个城市中城区建设用地面积占比最高的7个城市是陇南、武威、临夏、定西、庆阳、合作和兰州，均超过94.2%，陇南城区建设用地面积占比最高，为97.5%；金昌、平凉、天水、张掖和白银的城区建设用地面积占比居中，在88.8%~93.1%之间；酒泉和嘉峪关的城区建设用地面积占比最低，分别为85.7%和86.5%。

5. 城中村面积占比

城中村指农村村落在城市进化进程中，由于全部或大部分耕地被征用，农民转化为居民后仍在原村落居住而演变成的居民区。城市中城中村面积占比越大，表示城市土地集约节约利用效率越低。根据2017年基础性地理国情监测成果提取甘肃省14个城市中心城区城中村数据，获得城中村面积占比统计数据，见表3.20和图3.69。

甘肃省14个地级城市中，兰州城中村面积最大，有12.47平方千米；其次是临夏回族自治州临夏，城中村面积为2.98平方千米；陇南城中村面积最小，为0.48平方千米。城中村面积占比中，甘南藏族自治州合作的城中村面积占比最大，达24.84%；其次是临夏回族自治州临夏，城中村面积占比为21.94%；嘉峪关和酒泉城中村面积占比最小，分别为0和1.28%。

甘肃省14个城市中城中村面积占比较小的城市大多是原住人口很少的新型城市，以嘉峪关、酒泉、白银、金昌为代表，另外两个城中村面积占比较小的城市为武威和张掖，属于老城区建设规整，新城区扩张优裕的城市类型城中村面积占比也很小。甘南藏族自治州合作和临夏回族自治州临夏均是城市规模很小、建设欠发达的城市，城中村面积占比最高。其余 6 个城市，平凉、定西、庆阳、兰州、陇南和天水城中村面积占比在 14 个城市中居中。

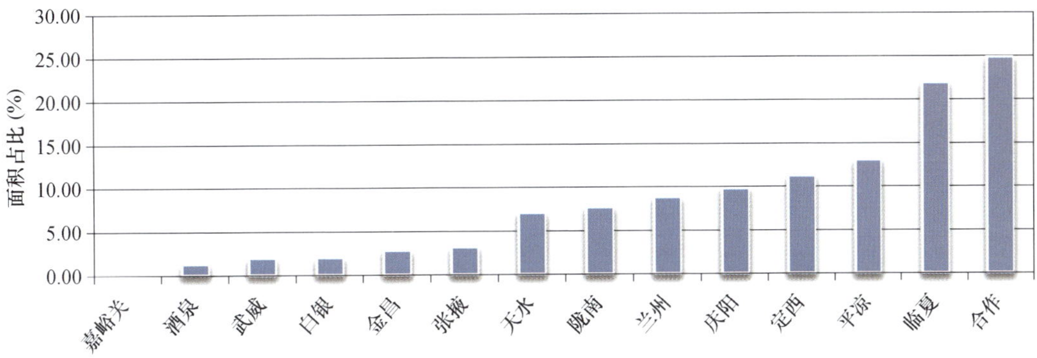

图 3.69　甘肃省 14 个城市城中村面积占比统计

根据以上城市土地集约节约利用的相关统计指标，对甘肃省 14 个城市土地集约节约利用情况进行综合对比分析，陇南、庆阳等城市多层及以上房屋建筑（区）和城区建设用地面积占比居高，城市土地集约节约利用程度较高；酒泉、嘉峪关则相反，城市中多层及以上房屋建筑（区）和城区建设用地面积占比最低；甘南藏族自治州合作和临夏回族自治州临夏低矮房屋建筑占比和城中村面积占比很高，城市土地集约节约利用程度较低。

3.7　城市空间变化影响因素分析

影响城市空间变化的因素很多，且互为影响、累加或交叉重叠起作用。根据各种影响因素对城市空间扩张所起的作用，从驱动力和影响力两个方面对影响城市空间变化的各个因素进行分析。人口、产业经济、城市基础设施建设投资等社会经济因素是驱动城市空间扩张的主要动力；地形、河流、气候等自然地理因素，城市定位与转型，城市建设布局等会对城市空间扩张产生影响作用。下面对影响甘肃省 14 个城市空间扩张的因素进行分析。

1. 驱动力

在人口、产业经济、城市基础设施建设投资、城市的定位与转型等众多城市空间扩张动力因素中，笔者尝试通过可量化的手段对这些因素和城市空间扩张之间的关系进行了反映。通过选取相关社会经济统计指标，采用灰色关联法来统计分析这些影响因素数据指标与城区扩张之间的关系。选择市辖区常住人口代表城区人口、市辖区生产总值代表城市区域经济发展、全社会固定资产投资总额代表政策投资方面的影响。

将全社会固定资产投资总额、市辖区常住人口数、区域生产总值设定为 3 个变量，通过对这 3 个指标与城区面积监测数据进行灰色关联分析，计算关联度，对各驱动因素的关联度进行排序，从而获得影响城市扩张的 3 个驱动因素相关性顺序。分析中所用的全社会固定资产投资总额、市辖区常住人口数、区域生产总值来源于统计年鉴，城市面积数据来自获取的监测结果数据。

灰色关联系数的计算公式为

$$\xi_i(k) = \frac{\min_i \min_k |y(k) - x_i(k)| + \rho \max_i \max_k |y(k) - x_i(k)|}{|y(k) - x_i(k)| + \rho \max_i \max_k |y(k) - x_i(k)|}$$

式中，$\xi_i(k)$ 为关联系数；$y(k)$ 为参考数列；$x_i(k)$ 为比较数列；ρ 为无量纲公式分辨系数，通常取 0.5。

灰色关联度计算公式为

$$r_i = \frac{1}{n}\sum_{k=1}^{n}\xi_i(k)$$

式中，$k = 1、2、\cdots、n$，r_i 为关联度。

表 3.21　甘肃省 14 个城市扩张驱动因素关联度统计

城市	全社会固定资产投资总额关联度	市辖区常住人口数关联度	区域生产总值关联度
兰州	2.66	4.44	3.08
酒泉	3.86	4.69	4.75
嘉峪关	2.55	4.30	3.11
张掖	2.30	3.07	3.20
金昌	2.31	3.64	3.23
武威	2.60	4.01	3.63
白银	2.28	4.00	3.23
定西	2.61	3.44	3.27
庆阳	2.75	3.81	3.23
平凉	2.41	3.87	3.38
天水	2.36	3.88	2.88
陇南	2.77	2.57	2.84
临夏	2.59	4.85	3.08
合作	2.23	4.66	2.45

表 3.21 反映了各影响因素与城市扩张的关联度情况。根据关联度排序可以看出，甘肃省 14 个城市扩张与市辖区常住人口数关联度最高，其次为区域生产总值，固定资产投资总额与城市面积扩张的关联性最小。

1）城市人口集聚

城市本质上是人集聚的中心，城市人口的增长促进城区面积扩张。根据相关城市人口统计数据，甘肃省 14 个城市 2000—2017 年人口数量全部为增长，见表 3.22 。

表3.22　甘肃省14个城市人口数量统计　　单位：万人

城市	市辖区常住人口数				
	2000年	2005年	2010年	2015年	2017年
兰州	181.52	192.28	223.74	265.97	266.66
酒泉	32.86	34.79	36.54	43.68	44.11
嘉峪关	14.55	17.96	21.09	24.13	24.59
张掖	47.16	49.02	50.53	51.30	51.58
金昌	19.30	20.94	21.53	23.19	23.37
武威	98.42	100.82	100.27	100.89	101.32
白银	45.17	47.27	48.01	49.39	49.54
定西	46.65	47.71	47.08	42.43	42.74
庆阳	31.60	32.75	34.15	38.21	37.19
平凉	44.13	48.46	48.31	51.86	47.77
天水	118.16	122.10	120.24	121.61	122.31
陇南	52.41	53.38	52.19	56.28	56.68
临夏	19.48	20.95	22.32	28.10	28.34
合作	7.88	7.76	8.56	9.30	9.39

注：表中14个城市市辖区年末常住人口数引自《甘肃年鉴2000》《甘肃省年鉴2005》《甘肃发展年鉴2010》《甘肃发展年鉴2015》《甘肃发展年鉴2017》。

Julian D. Marshall通过研究美国1950—2000年城市用地扩张和人口增长，发现城市土地扩张速度比人口增长速度快10%。中国城市规划设计院1989年在《2000年城镇用地预测综合报告》中基于我国早期城市用地扩展情况，提出城市用地增长率与城市人口增长率之比1.12作为未来城镇用地扩展的预测值。兰州大学资源环境学院在《兰州市城市历史变迁与扩展动态监测技术开发报告》中，建立1970—2010年兰州人口数量与城市空间增长面积之间的拟合模型，得到城市建成区扩张与人口关系式，即

$$Y_{city} = 28.66 + 0.41 X_{popu}, R^2 = 0.938$$

式中，Y表示城市建成区面积，单位为平方千米；X表示城市人口，单位为万人。该公式说明兰州人口与建成区面积增长呈高度线性相关，它们之间的判定系数高达0.938，人口增长是兰州城市扩张的重要驱动因子。

根据已有的研究成果及《全国地级以上及典型城市群空间格局变化监测——甘肃省监测区报告》中关于城市人口与城市面积关联度分析结果，在统计数据和数学分析两个方面反映了城市人口与城区面积之间的关系，表明城市人口增长是甘肃省主要城市面积扩张的重要驱动因素。

2）城市经济发展

经济发展与城市扩张密不可分，相互促进。一方面城市经济发展是城市扩张的必要基础与动力，另一方面城市经济本身的增长需要更多的土地作为支撑。作为区域经济活动中心，城市以其区位、交通、人才、科教文卫各种资源吸引人和各种经济要素

向城市地区聚集，推动城市扩张。以各个城市市辖区生产总值为经济发展参照，2000—2017年甘肃省14个城市市辖区生产总值全部为增长，见表3.23。

表3.23　甘肃省14个城市市辖区生产总值统计　　单位：亿元

城市	市辖区生产总值				
	2000年	2005年	2010年	2015年	2017年
兰州	215.4	444.6	804.9	1654.0	1882.2
酒泉	16.3	32.7	93.2	195.9	168.7
嘉峪关	16.9	44.4	160.1	230.7	153.4
张掖	23.8	42.3	84.6	148.2	168.8
金昌	20.3	65.2	160.3	190.5	141.9
武威	37.8	73.7	128.0	260.3	287.0
白银	45.4	82.3	175.9	273.0	258.9
定西	8.5	13.2	27.1	65.8	76.1
庆阳	8.7	23.9	74.1	173.6	171.9
平凉	17.3	36.8	66.3	117.6	131.1
天水	40.4	76.3	153.4	308.6	347.3
陇南	5.4	9.8	40.4	84.9	103.7
临夏	5.9	9.3	23.6	56.8	66.3
合作	2.4	4.3	13.4	31.4	36.7

注：表中14个城市市辖区生产总值引自《甘肃年鉴2000》《甘肃省年鉴2005》《甘肃发展年鉴2010》《甘肃发展年鉴2015》《甘肃发展年鉴2017》。

根据本节前部分的灰色关联统计分析结果，甘肃省14个城市经济发展与城区面积扩张存在相关关系。

根据兰州大学资源环境学院和甘肃省基础地理信息中心联合完成的《兰州市城市历史变迁与扩展动态监测技术开发报告》中兰州城市发展驱动力研究，通过1961—2012年共计15期兰州市区建设用地面积与GDP的相关模拟，建立兰州城市建成区面积和GDP的对数模型，表达式为

$$Y_{city} = 29.71 + 13.02 \times \log x$$

式中，Y表示建成区面积，单位是平方千米；x表示城市GDP，单位是亿元。

根据已有研究成果及通过监测统计数据进行验证的结果，表明城市经济发展是甘肃省14个城市面积扩张的重要驱动因素之一。

3）城市基础设施建设投资

政府政策引导、投资导向，在一定程度上引导、调控着城市发展，是社会资源配置和城市发展的重要动力因素之一。主要体现在城市基础设施建设投资和重大项目布局方面，这些基础设施建设和重大项目会产生集聚效应，促动资源流动，为城市带来经济、社会和环境效应，从而促动城市空间扩展。以各个城市全社会固定资产投资总额为城市基础设施建设投资参照，可以看出，2000—2017年甘肃省14个城市全社会固定资产投资总额增长迅速，成几十倍增长，见表3.24。根

据本节前部分的灰色关联统计分析结果，甘肃省14个城市全社会固定资产投资总额与城区面积扩张存在一定的关联性，城市基础设施建设投资成为城市发展的主要驱动力之一。

表3.24　甘肃省14个城市市辖区全社会固定资产投资总额统计　　单位：亿元

城市	全社会固定资产投资总额				
	2000年	2005年	2010年	2015年	2017年
兰州	136.63	194.91	434.87	982.38	1900.95
酒泉	15.27	58.62	300.16	1003.66	1215.68
嘉峪关	7.54	42.58	40.44	125.24	160.43
张掖	18.39	52.02	95.17	275.69	349.72
金昌	10.94	30.60	89.14	247.16	229.11
武威	23.90	46.03	133.82	549.76	689.22
白银	18.97	54.63	148.28	428.44	528.38
定西	29.89	30.54	125.66	500.59	612.20
庆阳	13.35	61.02	353.53	968.27	1200.87
平凉	15.18	36.42	194.62	537.56	670.75
天水	26.87	44.08	202.89	537.76	671.18
陇南	20.47	25.32	200.95	532.85	654.02
临夏	6.59	18.29	76.49	263.73	331.91
合作	4.57	15.45	62.34	178.22	208.83

注：表中14个城市市辖区生产总值引自《甘肃年鉴2000》《甘肃省年鉴2005》《甘肃发展年鉴2010》《甘肃发展年鉴2015》《甘肃发展年鉴2017》。

4）城市定位与转型

城市的定位与转型对城市空间扩张也起着不可忽视的作用。甘肃省14个主要城市中嘉峪关、金昌、白银属于资源工业型城市。嘉峪关是因国家“一五”计划中的项目“酒泉钢铁公司”的建设而兴起的工业城市，以冶金工业为主体，嘉峪关的铁矿、重晶石、石灰石、白云岩、造型黏土5种矿种居甘肃省前3位，镜铁山铁矿石总储量为4.83亿吨，是国内最大的坑采冶金矿山。金昌别称镍都，是目前国内最大的镍矿藏开采基地，也是国内首屈一指的稀有金属富矿区，金昌以有色金属、重化工为主。这两个城市的资源开采与加工业处于发展期，城市也处于稳定发展状态。白银在新中国成立初期被称为“中国铜城”，是依托铜硫资源开发兴起的资源型城市，经过50多年的开采，已探明的铜资源濒临枯竭，2008年成为国家首批资源枯竭型城市。白银进入城市发展的转型阶段，位于白银城市东边厂矿区的逐渐沉寂与城市南边高新技术产业开发区的兴起是白银城市转型发展的缩影。

从影像上看，这3个城市都有明显的资源型工业城市的景观特征，城市中有巨大的工厂区，城市周边存在明显的尾矿堆放物或露天矿坑，见图3.70、图3.71、图3.72、图3.73、图3.74。

图 3.70　嘉峪关城区影像

图 3.71　金昌城区影像

图 3.72　白银城区影像（局部）

图 3.73　距离白银中心城区 10 千米的露天矿坑（矿区与厂区由工业企业铁路相连）

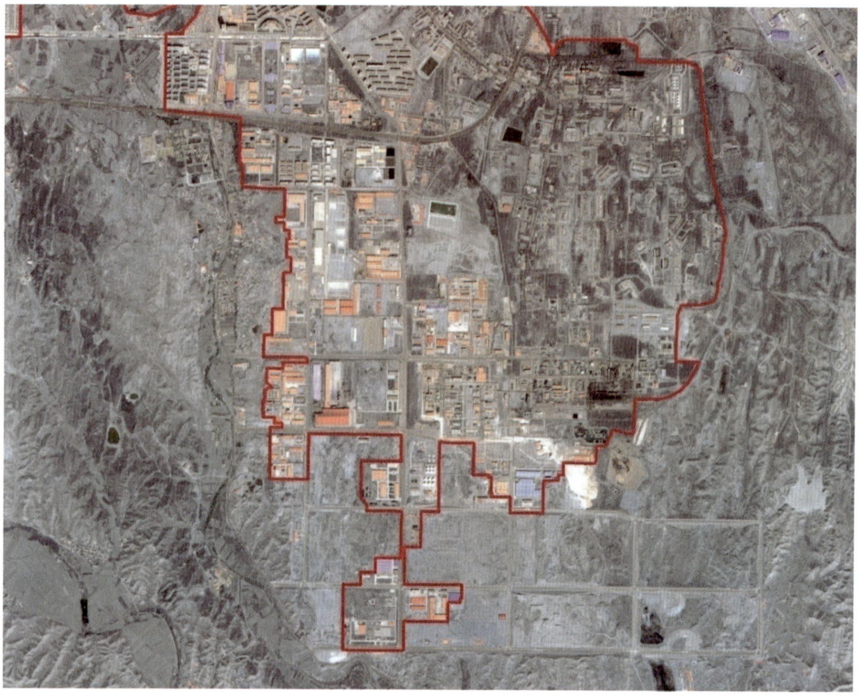

图 3. 74　建设中的白银高新技术产业开发区

2. 影响力

地形、河流、气候等自然地理要素及城市定位与转型、城市建设布局等因素会对城市空间扩展产生影响作用，下面逐一进行分析。

1）地形

平原最适宜城市的形成和发展，地势平坦便于城市面积扩张。从地形上看，甘肃河西 5 市酒泉、嘉峪关、张掖、金昌、武威地势平坦开阔，有利于城市扩张和发展；兰州、天水、陇南、定西、平凉、临夏、合作都是山地河谷城市，用于城市发展的平坦地形面积十分有限；白银城区属山间小盆地，周边山地包围；庆阳位于黄土塬上，与山地地形类似，地形是这些城市扩张的制约因素。从获取的监测统计数据上看，河西 5 市 2000 年至 2017 年城市扩张面积占甘肃省 14 个地级城市扩张总面积的 49. 8%，绝对扩张面积和相对扩张面积率上都远高于其他 9 个城市，其中地形因素起到了不可忽视的影响作用。

城市土建工程以坡度 0° ~ 3°的平地为基础，城区空间扩张首选区域是与老城区相邻的坡度 0° ~ 3°的平地区域。在平地资源稀缺的城市如兰州、天水、平凉、陇南、白银、合作，部分坡度大于 3°、相对高差在 75 米内甚至 100 米以内的区域也被开发为城市建设用地（地形分析数据源是原国家测绘地理信息局的 1∶5 万精细化数字高程模型），见图 3. 75 。

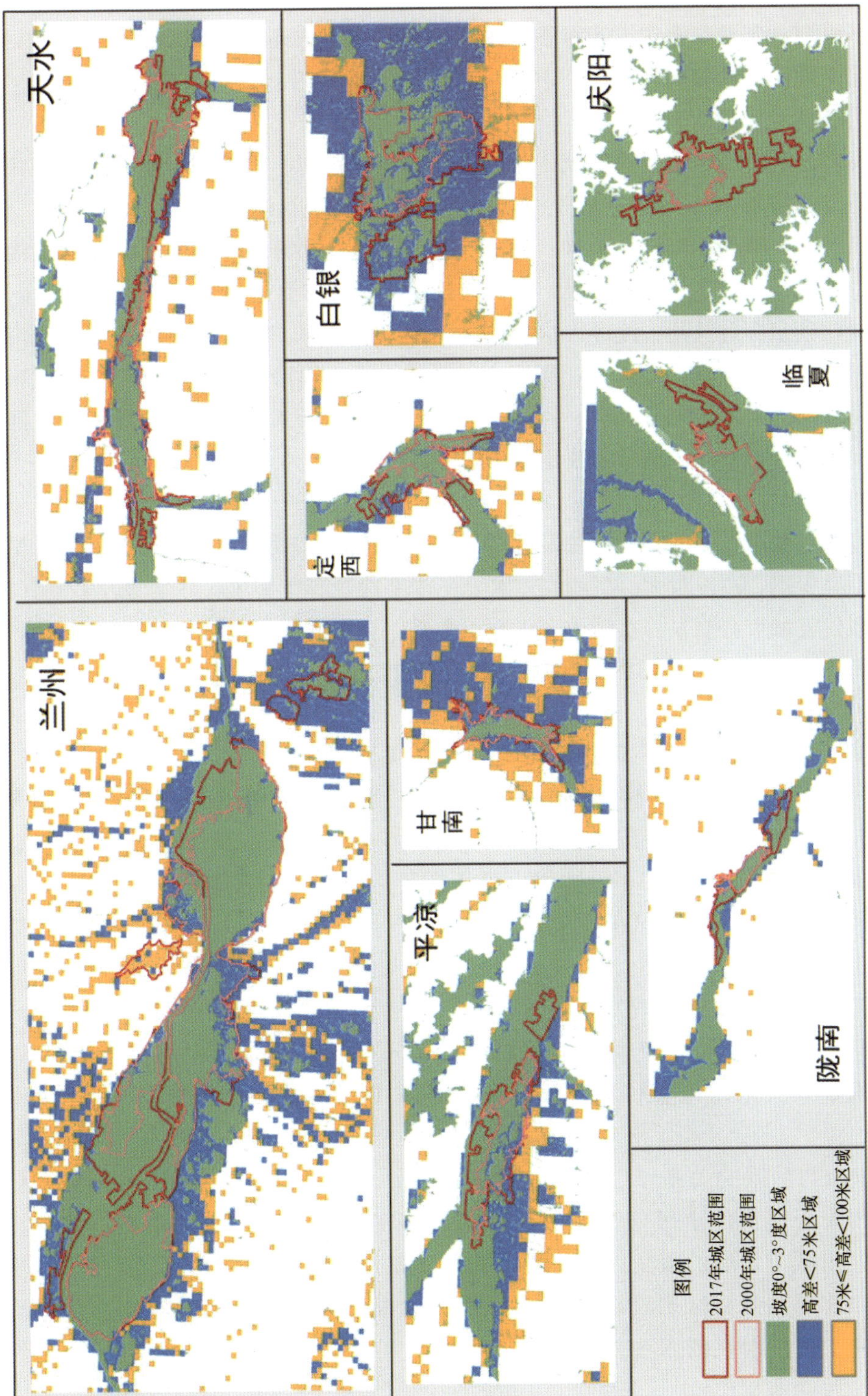

图 3.75　部分城市中心城区及其周边地形特征示意

从图 3.75 中可以很清楚地看出，兰州适宜城市建设的区域几乎开发殆尽，陇南、天水、平凉、定西、合作沿着河谷平地两端扩张的态势还会延续，临夏与庆阳目前城市扩张受地形制约相对较小。

2）河流

河畔是利于城市形成的区域，为城市发展提供水源，营造河畔景观也是城市建设的亮点。甘肃省 14 个城市中属于河畔城市有 12 个，包括酒泉、嘉峪关、张掖、金昌、武威、兰州、临夏、陇南、天水、平凉、定西、合作。河西 5 市的河流全部属内陆河水系，北大河流经嘉峪关和酒泉，黑河流过张掖，石羊河穿过武威，金昌依伴金昌河。黄河从西到东穿过兰州；流经天水的藉河、平凉的泾河、临夏的大夏河都是黄河的支流。白龙江流经陇南，是嘉陵江支流，属长江水系。河西 5 市都是河畔绿洲城市，其城市发展与河流水源相依相伴；兰州、临夏、陇南、天水、平凉、定西是山地河谷城市，河谷盆地可利用土地分布决定城市扩张方向。

3）气候

气候对城市扩张的影响。甘肃省 14 个典型城市大多属于温带内陆干旱半干旱气候区，干旱少雨、蒸发量大、昼夜温差大、冬季寒冷、春季多风、沙尘暴较多是其特征，其典型代表城市有酒泉、嘉峪关、张掖、金昌。合作属于高寒湿润气候类型，冷季长、暖季短。14 个城市中气候相对温暖湿润宜人城市是天水和陇南。

4）城市建设布局

城市与机场的关系。理想的城市与机场关系是一种“若即若离”的关系，需要使用的时候很方便，不使用的时候不会受到航空噪声、净空限制等不良影响。机场与城市距离，一般都超过 10 千米，在 10～40 千米，机场与城市之间有快捷的交通方式连接，能在 30 分钟之内到达市区。从这个因素考量，兰州与机场之间的距离偏远，机场与市区的交通距离接近 60 分钟，不够便捷。庆阳机场距离市中心 8 千米，位于市区北边，目前城市北边缘与机场的直线距离为 3 千米，机场成为庆阳城区向北发展的限制因素。同样，随着天水市城区面积的不断拓展，天水机场已与城区相连，成为城市发展的制约，不得不将机场迁出城市规划范围，新机场选址在天水市区、甘谷县城、秦安县城中间的三阳川区域，与市区距离 11 千米。

城市与厂区的关系。以兰州与白银为例，兰州重化工厂区集中在西固区，位于兰州中心城区的上风向、上游，影响城区空气质量，是城市水源污染的隐患，成为兰州城市发展的限制因素，兰州北部秦王川是兰州城市工业的首要发展方向，逐步向北部兰州新区搬迁西固重化工业；白银市工矿厂区主要集中在城市东部，城市向工矿区所在的东边发展几乎不可能，2000 年至 2016 年白银城区主要扩张方向是西向和南向。

3.8　本章小结

（1）2000年至2017年，甘肃省地级城市空间扩展明显，城区范围共扩展248平方千米，平均每年以1.04平方千米的速度在扩张。兰州、酒泉、嘉峪关扩展较快，兰州扩展45.62平方千米，酒泉扩展37.77平方千米，嘉峪关扩展31.37平方千米，这3个城市扩展面积占甘肃省地级城市扩展面积总量的46%左右。临夏、陇南、合作扩展缓慢，城区扩展速度远低于甘肃省平均值，临夏扩展5.86平方千米，陇南扩展3.86平方千米，合作扩展1.93平方千米。从甘肃省“一群两带多组团”城镇化布局发展模式看，河西走廊城市带城区扩展最快，扩展123.42平方千米，中部城市群次之，扩展81.23平方千米，陇东陇南城市带仅扩展43.13平方千米。

（2）2016年至2017年，甘肃地级城市城区范围变化不明显，年均扩展面积0.7平方千米。武威扩展2.93平方千米，扩展最快、扩展强度最强。陇南扩展最慢，仅扩展0.02平方千米。武威、张掖、庆阳、合作在这一年间扩展速度明显高于17年来的年均扩展速度，城市建设用地开发进度较快。

（3）城市扩张以新城区和城区飞地的增加为主，城区空间分布越来越离散。根据甘肃省地级城市城区轮廓形态的不同，可以将甘肃省14个城市城区形态分为两大类：条带状和团块状。条带状城市包括兰州、平凉、天水、陇南和合作；团块状城市包括嘉峪关、酒泉、张掖、金昌、武威、白银。

（4）随着城市人口不断聚集，城市建设用地面积不断扩张，城区扩展速度和人口增长速度协调性不够。甘肃省城市用地增长弹性系数在2000年至2017年间，只有兰州城市用地增长低于城市人口增长，城市用地趋向紧凑，城市人口承载压力增大。其余13个城市用地增长高于城市人口增长，城市用地趋向宽松。

（5）甘肃省地级城市土地集约节约程度有待提高。在14个地级城市中，陇南、庆阳等城市多层及以上房屋建筑（区）和城区建设用地面积占比居高，城市土地集约节约利用程度较高；酒泉、嘉峪关则相反，城市中多层及以上房屋建筑（区）和城区建设用地面积占比最低；甘南藏族自治州合作和临夏回族自治州临夏低矮房屋建筑占比和城中村面积占比很高，城市土地集约节约利用程度较低。

（6）甘肃省地级城市2000年至2017年城市空间扩展占用土地类型最多的是耕地，占扩展总面积的40%，以定西、庆阳、平凉、武威、张掖、临夏、陇南、合作为主；占用建设用地面积占扩展总面积的27%，以兰州、天水为代表；占用水域及未利用地面积占扩展总面积的23%，以酒泉、嘉峪关为代表；占用土地类型最少的是生态用地，以金昌为代表。

（7）甘肃属于山地型高原地貌，从地形对甘肃省地级城市的扩展影响来看，河西 5 市地势平坦开阔，有利于城市扩张和发展。兰州适宜城市建设的区域几乎开发殆尽，陇南、天水、平凉、定西、合作沿着河谷平地两端扩张的态势还会延续，临夏与庆阳目前城市扩张受地形制约相对较小。

第4章

兰州市城市变迁与扩展监测

4.1 监测概况

4.1.1 背景及意义

为促进地理国情普查成果转化，充分发挥普查效用，甘肃省第一次全国地理国情普查领导小组办公室拟利用地理国情普查成果对甘肃省具有重要战略意义的典型区域开展地理国情监测与分析。在当今我国快速城市化的背景下，经济高速增长，促进城市各项事业发展、居民生活水平提高。但由于缺乏对于城市自身历史文化的系统思考及规划实践中的整体时空观，不可避免地导致城市急剧膨胀、生态环境质量下降、城市特色风貌逐步丧失、旧城拥挤、历史文化保护不够和城市边缘用地开发失控等一系列问题，致使城市历史变迁及扩展研究备受诸多学者和相关管理部门的关注和重视。在此背景下，在具有典型意义的区域，借助地理信息系统（GIS）技术和方法，探索科学的城市历史变迁过程和发展特征，对于城市特质空间构建及基于历史信息的城市空间发展引导等方面的当代城市规划实践具有现实意义。

2012年2月，国务院批复同意了《西部大开发“十二五”规划》，这是国务院批复的第三个西部大开发五年规划，同时标志着西部城市也由此进入了城市发展的新阶段。兰州作为中国西北地区的中心、城市和交通枢纽、西部I型大城市、古代丝绸之路的重要节点，是一座拥有着千年历史的文化名城和我国重要的重工业城市。特别是2012年8月第五个国家级新区的成立标志着兰州将在国家西部大开发的战略中发挥更为重要作用。作为西北典型河谷盆地型城市兰州，由于受特殊地理位置及社会、文化、宗教等因素的影响与制约，不同时期的城市选址及城市形态变迁具有独特的演变过程，并呈现出自身明显的特征。正是基于此背景，对不同时期不同社会经济发展背景下兰州城市发展规律性的总结及城市空间形态变迁的梳理，以及对影响两者的历史驱动力及作用机制的研究，可对兰州城市历史文化空间的认知、保护及规划建设具有一定的现实指导意义，同时可更好地服务于“丝绸之路经济带”建设。

4.1.2 监测目的

（1）明确兰州城市形态变迁途径。以古代兰州为起点研究汉至近代城市的形成和演变过程，摸清不同时期城市发展与形态变迁的主要特征。

（2）探析多重要素耦合对于城市形态的影响。城市空间的形成与发展是多重要素耦合与制约集中作用的结果。针对城市不同时期所处特殊地缘政治、经济技术及工业、交通等对城市形态变迁产生重要影响的要素进行梳理，探讨这些典型要素对于兰州城市形态变迁的影响和作用。

（3）正确认识兰州城市现代扩展及其变化特征。从城市边界扩展规模和强度、城市空间形态演变、城市边界扩展的方向性、建成区景观格局变化以及路网和黄河河道的变化等方面，分别对兰州城市发展变化特征进行研究，以有效反映兰州市在时空尺度上的发展变化规律。

4.1.3 监测内容

（1）编制项目策划书和实施方案。编制《兰州市城市历史变迁与扩展监测策划书》和《兰州市城市历史变迁与扩展监测实施方案》，并配合甘肃省第一次全国地理国情普查领导小组办公室完成对实施方案的评审工作。

（2）相关数据收集与城市扩展重建。根据地理国情普查的数据规定和研究需求，一方面，全方位收集和整理有关兰州市历史时期城市演化研究的现有成果，古地图、兰州城池示意图等文物考古资料，并结合《兰州史话》和互联网等手段查找兰州城区建设的相关资料，对其进行扫描和记录。与此同时，对兰州市的数字正射影像图（DOM）、城池示意图等进行投影参数定义和图像校正等预处理。最后通过对古城墙、城内建筑布局、街道、驿道等进行数字化，获取古代人类活动和城市变迁的具体位置信息。另一方面，收集并整理不同时期的地形图、航空像片、卫星影像等数据资料，并对遥感影像进行坐标转换、图像切割与拼接、图像增强等预处理，在此基础上，以目视解译方法为主，配合多次野外考察和验证，提取建成区边界，以确定城市范围信息。

（3）兰州市城市的演化与影响机制分析。以有关兰州古城的古城墙、城内建筑布局、街道、驿道等数据为主要数据源，结合相关参考资料，对不同阶段的兰州城址位置进行研究与分析，揭示不同时期兰州古城的演变规律。在此基础上，从气候和人为因素这两方面分析兰州市城市发展过程，通过从大量的湿地动态变化驱动因素中筛选出主要变化因素，并深入分析这些因素之间的相互关系，最终揭示出兰州城市演变影响机制。

（4）兰州城市现代扩展及变化特征分析。基于 1961—2015 年共 16 个年份的城市边界本地数据集，利用遥感（RS）和 GIS 技术，对各个年份城市建成区的面积、两相邻年份间的面积增长量、面积增长率，以及年均扩展速度和扩展强度指数等进行综合统计与分析，以反映城市扩展规模和强度。在此基础上，对建成区形状的复杂性、城市边界扩展的方向性和城市景观格局等进行统计分析，并且采用道路密度评价指标，以及通过对河道面积、平均宽度、黄河南北岸缩减等的统计与分析来揭示道路网和黄河河道的演变规律。最终均以图表的形式予以反映，使人们直观感受到兰州市在时空尺度上的发展变化，并为后面的驱动因素分析打下坚实基础。

（5）兰州城市扩展效应分析。基于对兰州城市现代扩展及变化特征的综合分析，结合对兰州市城市发展主要因素的分析等方面的深入研究，从正面效应和负面效应两个方面出发，客观地分析兰州城市扩展所产生的社会现象。

4.2　监测与分析方法

兰州市城市历史变迁与扩展监测以信息数据处理、遥感影像解译、空间分析等为主要手段，结合实地考察，通过对几百年来城市扩展的重建，得到兰州市城市演化的时空过程数据，通过分析获得其变化特点；通过对人口、社会、经济等影响因素的分析，揭示其变化成因。遥感影像解译是监测的主要环节，主要包括图像切割和拼接、几何校正和影像配准、融合及空间增强、专题信息提取等。野外考察是实现信息准确提取的前提条件，通过这个环节可以帮助研究者提高对建成区的认识，从而有利于制定出切实可行的信息提取标准。GIS 是信息分析的有效手段，可以为空间变化检测和数据综合分析提供统一而又便利的平台。

4.2.1　古城复原方法

历史时期兰州城址位置的确定有两种方法：从兰州市历史时期城市演化研究的现有成果中直接提取，或根据兰州市文物考古资料确定古代人类活动和城市变迁的具体位置。

隋唐宋元时期，兰州城位置和范围可以通过资料推测而来，根据兰州建置区划志记载，隋代于开皇元年（581 年）始置兰州（以皋兰山取名）并筑城。唐代延续了隋代的城址。宋元时期，随着黄河的北移，黄河南岸有更多的土地形成，因而兰州城在隋唐的基础上发生了向北的扩筑。

明代到民国时期的兰州城，可以依据资料得到比较准确的复原。由于明代及以后关于兰州城的资料相对详细，不仅有古地图，还有关于城池位置、大小和相对方位的描述，因此从这个时期开始才有条件确定各时期城池（墙）的具体位置、变动情况及城内布局。复原主要采用如下步骤进行：

（1）对建置区划志中有关明代到清代的兰州城池示意图进行扫描，形成栅格图像。

（2）利用上述示意图，结合《兰州史话》和互联网查找明代到民国时期关于兰州城建设的相关资料，获得其位置信息以及对城门和城墙及其拐点等特征点的具体地理位址，并加以记录整理，为后面扫描图像纠正和数字化做准备。

（3）对兰州市 2000 年 DOM 影像定义数学基础，设置为 1980 西安坐标系，并将其导入 ArcGIS 中作为底图。

（4）加载扫描后的兰州城池示意图，设置投影参数，再根据记录的特征点在 DOM 影像上的具体位置做图像纠正。由于原始示意图没有数学基础，精度较差，会产生与影像套合不好的情况，要注意保持扫描图像中城池的大致形状和相对方向不变。

（5）以纠正好的兰州城古地图为基础，结合古兰州文献资料，对古城墙、城内建筑布局、街道、驿道进行数字化。由于扫描的古地图为示意图，绘制不很严密，因此数字化采集时不能完全依照底图资料，要同时参考 DOM 影像和对城池特征点的图文资料，依据河流、城墙、街道等相互位置关系改绘。要注意保持各要素空间位置关系和逻辑关系正确，保证城池的形状和方向的正确以及布局结构相对位置的合理。

4.2.2 城市现代扩展重建方法

现代城市扩展主要利用各时期的地形图、航空像片、卫星影像，通过提取建成区边界，获得城市范围信息，在此基础上运用叠合分析，获得城市扩展的时空变化信息。为保证精度，增强不同时期城市边界的可比性，城市边界的提取采用了相近分辨率的数据源和相同的提取方法。由于城市边界情况的复杂性，建成区的提取主要依靠目视解译的方法进行。重建步骤如下。

1. 资料预处理

1）地形图的数据处理

地形图有完善的数学基础，在 ArcGIS 中在进行地理参考化后就可以进行拼接。在拼接前需要将地形图内图廓以外部分裁掉。对于早期具有 1954 北京坐标系的地形图，需要进行坐标转换，使用 ArcGIS 中 ArcToolbox 下的 Convert Coordinate Notation 工具将其坐标系转换为 1980 西安坐标系。最后根据已有的 1980 西安坐标系的地形图对转换后地形图进行图幅纠正，得到位置准确、具有统一坐标系的地形图。

2）卫星影像和 DOM 数据处理

卫星影像和 DOM 数据有定位信息，但没有投影信息，需要重新定义投影。在 ArcGIS中设定所有影像和 DOM 为高斯投影、1980 西安坐标系。覆盖兰州地区的一期影像或 DOM 可能有十几幅，可用 ENVI 或 ArcGIS 中的拼接工具对分幅的图像进行自动拼接。

3）谷歌影像的处理

最新的谷歌影像可通过网络下载获得，下载后使用 Global Mapper 软件自动拼接成整幅图。谷歌影像的坐标系为墨卡托坐标系，这需要将其转换为 1980 西安坐标系。

部分历史影像数据无法直接通过网络下载，只能通过截屏获取。截屏时尽可能以较高的图像分辨率操作，以满足项目要求，而且要保持图像始终处于同一比例尺和同一正射角度。将截屏后的多个图像利用 Photoshop 进行拼接，然后在 ArcGIS 中以2000 年DOM 数据为参考进行几何纠正，使其具有高斯投影、1980 西安坐标系下的坐标。

4）航片的处理

（1）抽稀：收集的兰州市航片数据量大，个别期数据有 3000 多幅，因此在处理前要对航片做旁向和航向的抽稀处理。采用间隔抽稀法，处理后航片重叠度为 30% ~ 40%，可以满足后期航片纠正的需要。

（2）纠正和拼接：抽稀后的航片要在 ArcGIS 中以 2000 年 DOM 数据为底图进行图像逐幅纠正，并定义数学基础，纠正后在 ArcGIS 中统一进行拼接处理。

（3）图像增强：通过小波变换将雾天图像进行多层分解，将分解出来的低频部分进行非线性变换，使图像的轮廓更加清晰；同时对各层的高频部分依据其各层的特点，进行适合各层的非线性变换，最后利用变化得到的系数进行重构得到增强的图像。但该方法对于云层较厚的图像处理效果不明显。

2. 建成区边界提取原则

按照国家《城市规划基本术语标准》（GB/T 50280—1998），城市建成区是指城市行政区域内实际已经成片开发建设、市政公用设施基本具备的一些地区。城市建成区一般不包括市区内面积较大的农田和不适宜建设的地段。在划分标准上，依据遥感影像图上建成区的特征表现，可以按“成规模连片、多层建筑为主、具备街区形态、基础设施配套”的原则，对建成区边界进行提取。

在利用遥感影像目视解译时，主要遵循了以下几点：

（1）城市实体保持空间上的连续性，将分布有建筑物（尤其是多层建筑物）的连片区域近似地认为是城市建成区。城市内部的人工绿地、水体（除黄河）、较小的非城市用地（城中村或未利用地少于 1600 平方米）划到城市实体内。

（2）城乡接合部的建设用地，若其整体已与城市连为一体，有完善的市政基础配套设施，可划归为城市建成区（如伏龙坪、青白石）。

（3）城市的近郊区，未和城市毗连成片，但承担重要城市功能，具有一定的规模，一般以开发区、新城为主的建设用地，如九州开发区和安宁经济技术开发区等，划为建成区。

（4）对于城中村，如果周围被市包围，划为建成区。对于城市郊区的农村居民点，如周围分布大量耕地，则不视为建成区。

3. 建成区边界提取

边界提取主要是在 ArcGIS 平台下进行，但以谷歌地图为数据源的边界提取则可以直接在 Google 地球软件里进行。提取可以通过目视解译完成。

1）地形图提取建成区边界

地形图中的要素都是以符号来表示各种地物，因此提取建成区的工作就转化为确定某种符号表示的地物是否为城市地物的问题。地形图中建成区边界的提取主要依照图例和地形图内容来进行，需要有较强的地物类型判断能力。结合建成区概念和兰州市特点，总结以下规则：

（1）将成片的街区、居住区和街区周围毗连的密集分布的独立建筑物划到建成区内。

（2）将与城区靠近但未直接相连的大型企业单位，如高等院校、研究所、企业、开发区划到建成区内。

（3）将虽与城区相邻但位于台地、坡地之上，或被大的沟壑、河流与城区分隔的农村居民区或成片的独立建筑物划到非建成区。

（4）将城区内的图斑面积大于1600 平方米的弃置地、农用地以及受地形影响而未被利用的丘陵、台地和堆掘地等划到非建成区。

（5）将城区内的公园绿地划为建成区，而依山而建的与城市有一段距离的绿地和公园划到非建成区，如白塔山公园、五泉山公园和仁寿山公园等。

（6）在城区边界有围墙的情况下，建成区边界沿围墙划线；没有围墙的情况下，建成区边界沿街区边界或密集独立房形成的图斑边界划线。

2）基于谷歌影像、卫星影像和航片数据提取建成区边界

基于谷歌影像的边界提取，在操作时要保持图像具有足够大的比例尺，同时也要保持正射角度。边界提取完成后，利用 ArcGIS 的数据转换模块将 KMZ 格式转换为 SHP 格式。影像和航片的判读需要较强的图像识别能力，在提取时坚持了以下规则：

（1）高大的建筑物成片规则分布、交通设施良好的区域划分为建成区；建筑物低矮且分布杂乱、无明显的交通设施的区域为农村居民地。

（2）被建成区包围的农村居民地（不大于 1600 平方米）和位于建成区边缘与建成区联系紧密的农村居民地可划分为建成区。

（3）城区内的广场、绿地、人工河渠和小面积水域（不大于 2000 平方米）可划分为建成区。

（4）黄河、河滩以及与建成区距离较远的院校、企业，可划分为非建成区。

（5）1987 年航片中的部分彩红外航片的判读要注意色彩转换，绿色植被为红色，水域呈现青色，建成区呈现规则的城市型纹理。

（6）建成区边界划线主要沿建筑物边界、道路和水域边界划线。

3）建成区边界提取应注意的问题

（1）提取时要注意提取标准的一致性。在判定困难时，要进行横向和纵向对比，通过对往期数据的对比分析判定。

（2）对无法准确判断的区域要进行现场考察。考察主要是现场查看建筑物建设情况和基础设施、公用设施的配套情况，同时也可以与当地居民进行交流，了解当地城

市化历史进程，然后通过综合分析得出是否为建成区的结论。

（3）建成区边界要尽量平直，准确描述边线的节点和拐点，走向合理，定位准确。

（4）各期数据完成后要组织相互检查和逐级检查，对于判断有误和相互矛盾的地方要反复核对、修改，消除不符合建成区概念和各期数据相互矛盾的地方。

4.2.3　现代城市扩展分析方法

扩展分析包括对兰州市从 1961 年至 2015 年共 54 年间 16 期的建成区边界数据进行统计，获得各时期的建成区面积及其变化情况，在此基础上对其面积增长数量、建成区形状的复杂性、城市边界扩展的方向性和城市景观格局等进行统计分析，并以图表形式予以反映，使人们直观感受到兰州市在时空尺度上的发展变化，并为后面的驱动因素分析打下坚实基础。

1. 城市建成区面积增长数量统计

（1）建成区面积增长率，是新增城市面积和原有面积的比率。该指标表示城市扩展的幅度大小。如果用 A_i 和 A_{n+i} 分别代表第 i 年和第 $n+i$ 年的城市面积（n 是以年为单位的时间），其计算公式为

$$\Phi = \frac{A_{n+i} - A_i}{A_i} \times 100\%$$

（2）城市扩展强度指数。该指数是用城市年均增加面积与基年面积之比来表示扩展强度，其实就是年均增长率。它可以用于比较不同时期城市扩展的快慢和强弱。若用 AGR 表示，则公式为

$$AGR = \frac{A_{n+i} - A_i}{n A_i} \times 100\%$$

2. 城市建成区形状的复杂性

（1）紧凑度指数（BCI）。该指数表征城市形态的变化，是城市空间布局和结构变化的综合反映。从城市空间形态的变化可以分析城市的生长过程，揭示扩展规律。紧凑度指数是衡量城市空间形态变化的重要指标，紧凑度越接近 1，城市形状越接近圆形，城市空间越紧凑；反之，城市紧凑度越低，空间离散程度就越大。其表达式为

$$BCI = 2\sqrt{\pi A}/P$$

式中，A 表示建成区面积，P 指城市建成区轮廓的周长。

（2）空间形状分维数。城市空间形态是城市各构成要素的空间分布模式，是城市实体的地域空间投影。城市有着复杂的、非线性的空间形态，这种空间形态具有分形特征。城市空间的分维数可以描述城市边界形状的复杂性，反映土地利用形状的变化及土地利用受干扰的程度。在城市空间形态的研究中，面积和周长是其基本度量特征，因此采用空间面积法计算其分形特征。

在分形几何中，斑块面积和周长定义为，对于单个正方形斑块，常数 $K=4$，则有

$$P = 4(A^{D/2})$$

$$D = 2\lg(P/4)/\lg(A)$$

式中，D 表示分维数，P 表示斑块周长，A 表示斑块面积。$1\leqslant D\leqslant 2$，D 值越大表示图形不规则程度越大，城市形状越复杂。

3. 城市边界扩展的方向性

（1）扇形分区统计法。该方法能反映城市扩展在不同空间方位的差异，能够从总体上勾画出城市扩展的空间形态，具有直观、简单的优点。定量反映这种差异的指数有很多，如各个方向上建成区面积的平均值、方差和标准差，各个空间方位上不同时间段的扩展面积及扩展强度。

（2）城市空间重心迁移。空间重心是描述城市空间分布的一个重要指标，通过追踪其不同时期的移动，可以得到城市扩展方向变化的轨迹，预测城市的空间发展趋势。计算公式为

$$X_t = \frac{\sum_{i=1}^{n}(C_{ti} \times X_i)}{\sum_{i=1}^{n} C_{ti}}$$

$$Y_t = \frac{\sum_{i=1}^{n}(C_{ti} \times Y_i)}{\sum_{i=1}^{n} C_{ti}}$$

式中，X_t、Y_t分别为 t 时间城市用地重心坐标，X_i、Y_i为第 i 个地块的几何中心坐标，C_{ti}为第 i 个地块面积。

4. 城市景观格局分析

景观格局指数是高度浓缩的景观格局信息，是反映景观结构组成、空间配置特征的简单量化指标。城市景观格局分析就是对表征城市各类用地的图斑面积、数量、形状的景观格局指数进行计量分析，探索城市空间扩张的空间分异规律性。

（1）城市边界周长面积分维数（*PAFRAC*）：反映了不同空间尺度的形状的复杂性。分维数取值范围一般应在 1.0～2.0 之间，其值越接近 1，则斑块的形状就越有规律，或者说斑块就越简单，表明受人为干扰的程度越大；反之，其值越接近 2，斑块形状就越复杂，受人为干扰程度就越小。1.0 代表形状最简单的正方形斑块，2.0 表示等面积下周长最复杂的斑块。其表达式为

$$PAFRAC = \frac{\dfrac{2}{n_i \sum_{j=1}^{n}(\ln p_{ij} \cdot \ln a_{ij}) - (\sum_{j=1}^{n}\ln p_{ij})(\sum_{j=1}^{n}\ln a_{ijj})}}{n_i \sum_{j=1}^{n}\ln p_{ij}^{2} - (\sum_{j=1}^{n}\ln p_{ij})^{2}}$$

式中，a_{ij}为斑块 ij 的面积，p_{ij}为斑块 ij 的周长，N_i为斑块数目。

（2）斑块密度（PD）：表达的是单位面积上的斑块数，有利于不同大小景观间的比较，反映土地利用景观斑块空间分布的均匀程度。其表达式为

$$PD = (N_i/A) \times 100 \times 10000 \text{（单位：个/百公顷）}$$

式中，N_i 为 i 类景观要素斑块总面积，A 是研究区所有斑块面积。

（3）香农多样性指数（*SHDI*：*Shannon's diversity index*）：是一种基于信息理论的测量指数，在生态学中应用很广泛。它能反映景观异质性，特别对景观中各斑块类型非均衡分布状况较为敏感，强调稀有斑块类型对信息的贡献，这也是与其他多样性指数不同之处。在城市景观分析中，香农多样性指数可以表达两个方面的信息：一是表述土地上不同斑块类型的多少，即丰富度，可由 m 直接看出；二是可以分析出各种类型在空间上分布的均匀程度。如在一个景观系统中，土地利用越丰富，破碎化程度越高，其不定性的信息含量也越大，计算出的 *SHDI* 值也就越高。该指数的计算公式为

$$H = -\sum_{i=1}^{m} P_i \ln(P_i)$$

式中，H 为景观多样性指数，取值范围在 0 ~ ln（m）之间；m 为景观要素类型的数量；P_i 为第 i 类组分类型占景观总面积比重。

（4）景观凝结度指数（*COHESION*，也叫景观导度指数）：是测量景观类型的空间连接度的指数。该指数的值越大，说明景观的空间连通性越高。计算公式为

$$COHESION = \left(1 - \frac{\sum_{j=1}^{n} p_{ij}}{\sum_{j=1}^{n} p_{ij}\sqrt{a_{ij}}}\right) \times \left(1 - \frac{1}{\sqrt{A}}\right)^{-1} \times 100$$

（5）聚集度指数（*AI*：*aggregation index*）：来源于斑块类型水平上邻近矩阵的计算，在景观水平上则是通过各个类型斑块面积加权平均计算而得。测量这一个景观的聚集度可以解释该景观组分可能的最大邻近度。聚集度只计算同类型斑块的邻近程度，而不反映不同类型的邻近程度。计算公式为

$$AI = 2\ln(n) + \sum_{i=1}^{n}\sum_{j=1}^{n} P_{ij}\ln(P_{ij})$$

就斑块类型水平而言，景观中的同类型斑块被最大程度离散分布时，其聚集度为 0；当此类型斑块聚集更加紧密时，聚集度也随之升高；当景观中的此斑块类型被聚合成一个单独的、结构紧凑的斑块时，聚集度为 100。在本书研究中，*AI* 值越大代表新增的某一类型土地由少数团聚的大斑块组成，*AI* 值越小代表新增的某一类型土地由许多分散的小斑块组成。

5. 城市扩展的用地类型转换分析方法

在对各期建成区边界提取的基础上，对新增建成区进行转换前后的土地利用类型划分，确定城市用地转换的“来龙去脉”。研究发现，转换前地类主要有耕地、农村居民点、河流、坑塘、河漫滩、沼泽草地、林地、空闲地 8 类。转换后的地类，参照《城市用地分类与规划建设用地标准》调整提案，可划分为为居住用地、公共

管理与公共服务用地、商业服务业设施用地、工业用地、物流仓储用地、交通设施用地、公共设施用地和绿地 8 类（表 4.1）。转换前后的地类划分，有助于进行土地利用结构变化的分析，也为总结土地利用变化特征、确定变化的推动因素奠定了良好基础。

表 4.1　转换后的城市用地分类

代码	大类	定义
R	居住用地	住宅和相应服务设施的用地
A	公共管理与公共服务用地	行政、文化、教育、体育、卫生等机构和设施的用地，不包括居住用地中的服务设施用地
B	商业服务业设施用地	各类商业、商务、娱乐康体等设施用地，不包括居住用地中的服务设施用地以及公共管理与公共服务用地内的事业单位用地
M	工业用地	工矿企业的生产车间、库房及其附属设施等用地，包括专用的铁路、码头和道路等用地，不包括露天矿用地
W	物流仓储用地	物资储备、中转、配送、批发、交易等用地，包括大型批发市场以及货运公司车队的站场（不包括加工）等用地
S	交通设施用地	城市道路、交通设施等用地
U	公用设施用地	供应、环境、安全等设施用地
G	绿地	公园绿地、防护绿地等开放空间用地，不包括住区、单位内部配建的绿地

地类转换信息提取及分析的主要过程如下：

（1）在 ArcGIS 软件中对相邻两期边界数据进行叠置分析，生成变化图斑。生成变化图斑后要对照两期底图进行检查，消除因不同人员数据采集的主观性产生的“伪变化”图斑。此外，将面积小于 400 平方米的图斑进行统一删除。

（2）以各期数据资料为依据，确定变化图斑的用地类型。

（3）运用城市扩展统计的方法指标对变化图斑进行分析，分析其面积变化的数量、方向、强度、分维数和土地利用格局等。

4.3　兰州城市的起源与演变

4.3.1　兰州古城的演化

1. 汉至隋前，金城古城屹立于西固

秦始皇三十二年（前 215 年），大将蒙恬率十万精兵，向北追击匈奴，匈奴败退黄河以北。蒙恬遂沿黄河南岸筑长城，于次年（前 214 年）建 44 县，驻兵防戍。其中最西的一县，称榆中县（可能在今东岗镇一带），从此兰州纳入中原版图。

汉武帝元狩二年（前121年），武帝令大行李息在今西固城一带筑城，分榆中县西部，设金城县，依靠黄河渡口，作为开拓、经营河湟乃至西域的前哨基地。汉昭帝始元六年（前81年），西汉设立了金城郡，郡治在今青海省民和县古鄯乡（一说在马场垣乡下川口村，又一说在今甘肃永靖县西北盐埚峡）。汉宣帝神爵二年（前60年），赵充国平定西羌、屯兵湟中后，西汉在金城郡的统治得到加强，先后又新置7县。到西汉末统领13县，其中有金城县。史称兰州“控河为险，隔阂羌戎”“河西雄郡，金城为最”（《读史方舆纪要》）。

东汉建武十一年（公元35年）并金城郡至陇西郡，金城县自然也被并入。建武十三年（公元37年）恢复了金城郡建置。安帝永初四年（公元110年），西羌起义，金城郡地大部分被占，郡治由允吾迁至襄武（今甘肃陇西县），十二年后（公元122年）又迁回允吾。东汉末年，分金城郡新置西平郡。从此，金城郡治由允吾迁至榆中（今榆中县城西），但金城县一直位于今西固城一带。

西晋建立后，仍置金城郡，下辖金城县。西晋末年，前凉永安元年（公元314年），分金城郡所属的枝阳、令居二县，又与新立的永登县（今兰州市红古区窑街附近）三县合置广武郡。同年，金城郡治由榆中迁至金城，从此金城郡治与县治同驻一城。

十六国时期，前赵、后赵、前凉、前秦、后秦、西秦、后凉、南凉、北凉相互争夺金城，为的是占领黄河渡口，西征东伐，扩大势力，吞并敌国，以称霸中原。西秦一度建都金城，秦、凉、羌、胡先后来投降，势力达到极盛。北魏终结了十六国割据局面，在汉榆中县设立榆中镇，派大将镇守。

2. 隋唐时期，兰州古城奠基

据《重修皋兰县志》“建置”载，隋唐兰州“城在皋兰山北少西，濒河，西魏建，隋唐因之”。这说明兰州古城早在西魏时期就有了，但其具体的形制，我们不得而知。

隋文帝开皇元年（581年），废郡改州，设置兰州总管府（《元和郡县图志》记载：“取皋兰山为名”），即在今城关区设兰州总管府，管理这个城，兰州这个名从此时开始。开始在皋兰山北、黄河南岸筑城，城在今南城巷以北、庆阳路以南、上沟（中山路）以东、酒泉路以西。一说在今鼓楼巷一带。据《续资治通鉴长编》记载：“兰州古城，东西六百余步，南北约三百余步”，（唐制五尺为一步，唐大尺大约30厘米，所以一唐步为150厘米左右。即隋文帝开皇年一步约为1.5米）即东西约900米，南北约450米，城池面积约405000平方米。隋炀帝大业元年（公元605年）废兰州总管府。大业三年（公元607年）复置兰州总管府及金城郡、金城县制，郡治金城。统领子城、金城、狄道3县。

唐代延续了隋兰州城。唐初为兰州治，唐高祖武德二年（公元619年）改子城县为五泉县。旧城池约在今五泉山公园之北的鼓楼巷、三爱堂之间，此城东西长600余步（一步为五尺），南北宽300余步。因唐代所建，故名“唐城”，俗称“唐堡”。武德八年（公元625年）设兰州都督府。唐太宗贞观元年（公元627年），划全国为十道，以道疏州，兰州属陇右道。唐高宗咸亨二年（公元 671 年），改五泉县为金城县。唐玄宗天宝元年（公元 742 年），复改兰州为金城郡。唐肃宗乾元二年（759 年），又将金城郡改为兰州，州治五泉。

根据相关文献，可知当时的兰州北城有楼，可眺望黄河；城外濒临黄河处有驿楼；城内有隋末金城校尉薛举旧宅，唐初敕建为庄严寺；另有嘉福寺、普照寺；城内还有掌管地方行政事务的兰州刺史署，掌管军事事务、镇守御敌的兰州总管府；武则天时建立的大云寺；唐玄宗时的玄元黄帝（老子李耳）庙等。

由于丝绸之路的繁荣，唐代兰州成为重镇。当时佛教盛行，城内寺院众多，最著名的有 4 个：庄严寺（相传为隋末西秦霸王薛举故宅）在城中鼓楼西；普照寺在城内东南隅（今兰园）；普陀寺（俗称大佛寺）在城内东南隅；宝塔寺在城内西北隅（今木塔巷），元代赐名嘉福寺，俗称木塔寺。至唐代宗至德元年（公元 763 年），“安史之乱”后，兰州为吐蕃占据 86 年，直至唐宣宗大中二年（公元 848 年）10 月，沙州（今敦煌市）人张议潮始恢复兰州。唐末五代十国时，兰州仍被吐蕃据有。后吐蕃势力渐衰，兰州先后为回鹘、党项羌族占据，后入西夏。

3. 北宋时期，军事防御功能突出

北宋时期，改唐代道为路。宋神宗元丰四年（公元 1081 年），熙河路经略李宪从西夏国收复兰州。宋时因兰州黄河故道北移，北宋王朝为了凭借黄河南岸天险防御西夏南犯，便于元丰六年（公元 1083 年）3 月，诏令兰州“展筑北城”。宋朝在黄河南岸（今金城关对岸）另筑城址，“诏兰州广筑北城，其南城，俟筑北城将毕即废”。同时设置龛谷砦，修东关、阿干二堡，定西、定远两城，金城、京玉两关。新城旧址约在今中山铁桥南端偏西一带的黄河南岸。因“河畔有石如龟”，紧靠黄河水底南边，《元一统志》载“石龟城在兰州城北河畔”。其石呈红色，穹窿如龟盖，伏城垣下，故名“石龟城”。所谓石龟，其实是人们通常称之为“红砂坂”的红色砂岩。宋兰州城在唐兰州城的基础上向北展筑了一里（北宋元丰时一里约为 540 米），城池面积变化不大，新城筑成后旧城即废。宋徽宗崇宁三年（公元 1104 年）改五泉县为兰泉县，并对城池进行重修。元、明、清时期的城池都是在宋城的基础上发展起来的。

北宋时，“兰州古城，东西约六百余步，南北约三百余步”，“城高三丈，池深一丈五尺，周六里三分，三面土筑，面砖，下临黄河，建四门，上各建层楼戍铺”。

金太宗天会九年（公元 1131 年），兰州陷为金朝属地。金熙宗皇统二年（公元 1142 年）置熙秦总管府，后改临洮路。金哀宗正大元年（公元 1224 年）改定远县、升金县（今榆中）为金州，属兰州管辖。

元朝统一中国，分全国为中书省 1 个，行中书省 11 个，兰州属陕西行中书省巩昌总帅府辖。至元七年（公元 1270 年）废阿干县并入兰州。

宋元时期，宋与西夏、金争夺兰州，经历多次战争，城市发展受到影响，经济开始衰退，人口急剧减少。

4. 明清时期，城市功能逐步完善

明洪武十年（1377 年），鉴于兰州城小不固，兰州卫指挥同知王铸在宋、元兰州城的基础上，增筑兰县城，东西长一里二百八十步、南北宽一里八十二步，高三丈五尺，阔二丈六尺。开四城门，东承恩门，西永宁门，南崇文门，北广源门。城门之上，均建城楼。为军事设防的需要，当时在城墙东、南、西三面各开挖了宽三丈、深一丈五尺的“护城河”（壕）。

洪武二十八年（1395 年），明王朝将朱元璋的十四子肃王朱楧设藩于甘州（今张掖）。建文元年（1399 年），肃王由于“甘、肃兵变不常”，局面复杂，难以控制；甘州寒冷而多风沙，江南官兵不服水土等原因，请求内徙，获准后开始在兰州构筑肃王府。王府位置就选在兰县县城中部偏北，以原元代兰州州署衙门、明初兰县县署衙门所在地为主，并加以扩展，把原县署移建到州城西南一百五十步。肃王府历经明、清、民国至今，迄今 600 多年一直是甘肃最高行政权力机构所在地。肃王在今城关区和七里河东部大兴土木，建府邸、修道路、架桥梁、建花园，初步奠定了兰州的城市布局。

明宣德时（1426—1435 年），佥事卜谦、指挥戴旺增筑西北至城东外郭，共十四里二百三十一步。

明英宗正统十年（公元 1445 年），由指挥佥事李进重修廓门及镇远桥门。正统十二年（公元 1447 年），又筑承恩门外外廓，自东南至西北“凡九百九十七丈有奇”。因在修筑时间上较东、南、西三关较晚，故命名“新关”。明孝宗弘治十年（公元 1497 年），都指挥梁瑄修筑东关外墙，“凡三百六十丈有奇”“为游兵营戍守”。至此，兰州城（廓）建筑开始固定。外郭共开九门：东关迎恩门，即今东方红广场东口；东北为广武门，在今秦安路与金昌路相交处；再往东北为天堑门，在今静宁路北口；南为拱兰门，在今旧酒泉路兰州卷烟厂稍南；东南为通远门，在今静宁路与畅家巷西口相交处；西南为永康门，在今胜利饭店与市交通局楼之间；再往西南为靖安门，在今临夏路通下沟路口稍南；西为袖川门，在今临夏路西口清真寺西南侧。城门上皆建城楼。自东至西顺时针方向依次为迎恩门、通远门、拱兰门、永康门、静安门、袖川门、天水门、天堑门、广武门。

明孝宗弘治十年（1497 年），都指挥梁暄筑东廓外墙 360 丈。明世宗嘉靖二十一年（公元 1542 年），兵备副使朱梳对兰州城墙进行修葺，并将“护城河”加宽加深。神宗万历八年（ 1580 年），兵备副使李尧德修葺北城墙，将原来的“砖石城堞，俱易为砖”。

清代康熙五年（公元 1666 年），陕甘分治，设甘肃行省，巡抚自凉州迁至兰州。从此，兰州一直为甘肃的政治中心。乾隆三年（公元 1738 年），临洮府治由狄道移至兰州，改称兰州府，又改州为皋兰县。当时兰州府辖管狄道、河州二州，皋兰、金县、渭源、靖远四县。乾隆二十九年（公元 1764 年），为加强对西北地区的控制，清廷决定将陕甘总督由西安移驻兰州，裁撤甘肃巡抚，陕甘总督兼管巡抚事，以明肃王府为督署。

清代曾多次修筑兰州城。康熙六年（1667 年）、二十四年（1685 年），乾隆三年（1738 年）、二十八年（1763 年），嘉庆十年（1805 年）等都进行过修筑。乾隆二十九年

(1764 年) 陕甘总督移驻兰州后，兰州城在明代城池的规模上，清代虽未进一步扩大，但几经修葺，并补建了一里余外城廓。城市功能也由防御功能逐渐演变为集市、交通、贸易、居住和军事防御为一体的综合性古代城市。

道光十三年（1833 年）陕甘总督杨遇春再次修筑后，将部分城门改名：承恩门改为来煦门、永宁门改为镇远门、崇文门改为皋兰门，外廓（即关城）改天堑门为庆安门、天水门为通济门、永康门为安定门、靖安门为静安门。同治元年（1862 年），护陕甘总督恩麟为四内城门各增筑一座瓮城重门，加强和改善了对于内城的防守态势。至此，清兰州城基本定形，共计内城周长 6 里 200 步，有 10 座敌台上建有敌楼，建有垛口 1929 个；外廓周长 18 里 123 步，有 6 座敌台上建敌楼，有垛口 3920 个。

兰州城墙始建于西晋建兴二年（314 年），历经隋唐、宋、明的扩展，至清代到达顶峰，形成了 18 里 123 步的外郭城和 6 里 200 步的内城。兰州城的形态与格局都完全体现着中国传统政治职能型城市的特色，内城呈规则的长方形，东西略长，南北微狭，整个空间格局呈四方形，外郭城开 9 个城门，内城辟 4 个城门，其上建城楼。除北城以黄河为护城河外，郭城、内城外侧均掘有壕堑，通过溥惠渠，注入阿干河水，形成护城河。各城门外侧，置吊桥，北城墙濒临黄河未建郭城城墙。城市道路结构以东西向为主，由于缺乏纵贯南北的主干道，两条横贯内城的东西向街道，与内城南城墙延伸出的街道构成了若干丁字形结构，整个道路结构呈不规则形。内城的核心区域主要作为行政办公区域，主要街道两侧集中了各类官府衙署，外城街道较少，主要作为市民生活区域，整体形成了规则有序的“城中城”结构。

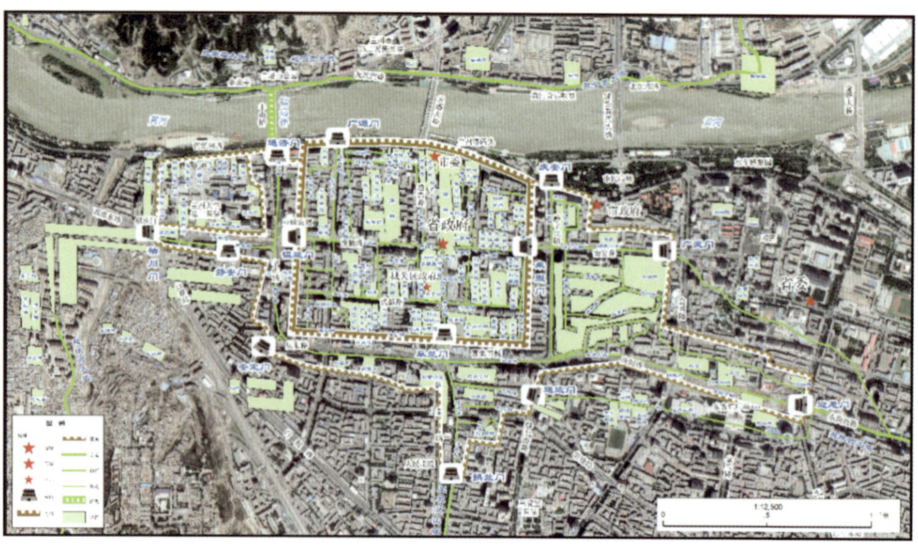

图 4.1　晚清兰州城

5. 近代时期，城市格局基本成型

民国初年兰州废府制，皋兰县仍为甘肃省会所在地。当时，皋兰县城区（包括内外城）分置 5 个区署，办理警务，其郊区包括城外的大片地区。兰州城为明清时期所建城郭，内城、外郭都有高大城楼巍然耸立。民国虽然对城区道路多次修建，但仍比较简陋。兰州当时是甘肃省省会，兰山道尹所在地，自然是甘肃省政治、经济和文化的中心。省政府下设民政厅、财政厅、建设厅、教育厅、省会公安局等机构。民国二年（1913 年）甘肃垦殖公司成立，民国三年甘肃政法专门学校重开、测绘学校创立，民国四年甘肃烟酒总局成立，民国七年创建甘肃女子师范学校，民国九年复设官铁厂。民国十三年设甘肃兵工矿师养成所，改普照寺（今兰园）为兰山市场。民国十九年开始建设拱星墩机场，民国二十一年建成。

正在兰州城市建设取得快速发展的同时，由于抗战的爆发，兰州的城市建设遭到重创。据《兰州市志·城建综合志》，民国二十六年（1937 年），有日机 7 架首次空袭了兰州，向拱星墩机场投放炸弹数枚。民国二十八年（1939 年）2 月 12 日，日机 54 架轰炸兰州，投弹 90 余枚，炸毁房屋百余间；2 月 23 日，日机 20 架空袭兰州，向市中心投弹百余枚，炸毁房屋 500 余间，普照寺和嘉福寺及许多古建筑被炸毁。这一年，为了便于疏散人口，在兰州城墙上新开辟了西南门、东南门、东北门，开百子楼、学院街、曹家巷、马坊门南 4 处缺口。

近代以来，兰州的发展主要受商埠开放和抗日战争时期工商业内迁两大主要事件影响，其中后者是主导因素。民国初期，军阀混战，兰州城市建设基本处于停滞、衰败状况。抗日战争爆发后，沿海地区被封锁沦陷，国际援华物资大都从西北运进，兰州战略地位空前提高，成为抗日大后方、交通枢纽。

1930 年前后，兰州市总人口为 9.5 万人。1941 年 7 月，国民政府设立兰州市，开展大规模城市建设，兰州的政治、经济、文化中心地位遂固定下来。1949 年兰州解放前夕，市区面积 16 平方千米，总人口 19.5 万人。

新中国成立后，随着城市经济建设的发展，再加上城墙已不能抵御各种现代化的重武器，又因城墙的作用日见衰微，在北京拆除城墙的带动下，兰州也拆除了城墙。当时，有几十万人参与了拆墙，兰州城的最后一段城墙也于 2002 年拆除，现在人们已经看不到兰州城池昔日的模样了。

4.3.2　影响兰州古城发展的主要因素分析

城市起源假说有防御说、集市说、宗教中心说以及地利说。与中国其他古代城市的发展规律相似，兰州古城也是在古聚落的基础上，依自然条件、政治、军事而筑城，又在政治、军事、人口、交通、经济贸易及农业生产的综合影响下，逐渐演化扩展，奠定了现代城市的雏形。自汉设金城郡以来，兰州从小驿站逐渐成为黄河上游的重要渡口，此后随着交通、军事地位的上升，传统聚落向城市的转变也拉开了序幕。近代开埠前，兰州一直保持着中国传统封建城市的空间格局。

1. 政治、军事因素

在城市发展历史中，兰州曾多次被匈奴、吐蕃、西夏等外族占领，是兵家争夺的要地，突显了兰州重要的战略地位——处于连接中原与西域的交通线上，是西出东进、南来北往的枢纽。由于兰州地处中国地理版图几何中心，它的西北和西南是中国内陆边疆省份，战略地位的重要性成为历代中原王朝管控西域广大国土重要据点。据《汉书・地理志》载："称金，取其坚固也，故墨子曰'金城汤池'"，"控河为险，隔阂羌戎，自汉以来，河西雄郡，金城为最，岂非以介戎夏之间，居襟喉之地，河西陇右安危之机，常以金城为消息哉"。汉武帝元狩二年（前121年），武帝令大行李息在今西固城一带筑城，分榆中县西部，设金城县，通过黄河渡口，作为开拓、经营河湟乃至西域的前哨基地。汉昭帝始元六年（公元前81年）以边塞辽远，从张掖、天水、陇西郡3郡各取2县，设置金城郡（"初筑得金，故名金城"，"称金，取其坚也"），郡治允吾县（今青海民和古鄯乡）。金城郡的设置，使河湟地区由游牧民族驻守地变为西汉的郡治区。之后尽管朝代更迭，兰州地区都成为中原王朝控制羌人、通西域并斩断匈奴右臂的稳固后方，对后世河西四郡的设置、丝绸之路及茶马古道都起到重要的影响。

宋代时，兰州成为北宋与西夏对峙的"前沿阵地"，两个政权隔河而立，虎视眈眈，兰州的军事防御功能十分突出。明代时，肃王移驻兰州，使兰州的政治地位陡然提升。清代时，兰州成为中央经营西北地区的前哨，在平定西北少数民族的叛乱方面发挥了重要作用。陕甘分治又使兰州成为甘肃省的政治、经济和文化中心。民国时期，兰州成为抗战的大后防，国际援华物资在此集散，从而也导致了日机的多次轰炸。

2. 农业发展的影响

黄河水自有人类活动以来就贯穿兰州盆地，这为农业灌溉创造了良好的水源条件。兰州兴修水利，发展农田灌溉始于汉代，距今已有2000多年历史。《汉书》中记载"汉渡河，自朔方以西至令居往往通渠，置田官，吏卒五六万人"。清代是西北地区农业大发展时期，"甘肃治法律，以均赋役，兴水利为首务"。在此背景下，兰州地区一批水利工程如阿干河水利工程，湟惠渠、兴隆渠自明朝到清逐渐修筑完成。除水渠的修成外，兰州地区因地制宜，采用一种特殊的水利灌溉工具——水车。"兰州水车"的历史文化很好地诠释了历史时期兰州地区发达的农业灌溉技术。水利工程及农业灌溉技术的发展，为古代兰州地区创造了良好的农业发展条件。

3. 交通区位的影响

兰州在历史上一直是我国汉族及羌族文化主要的融合区。从秦汉至今，兰州一直是通往西域重要的交通通道，丝绸之路、茶马古道都途径兰州。兰州地区在历史上便成了重要的商品交易场所，这也是促使兰州古城市发展的另一重要因素。

自汉代以来，兰州历来是黄河上游的重要渡口。汉唐两代，我国的政治、经济、文化中心在以长安为中心的关中地区，其与西部地区的主要交通线即为丝绸之路，兰州正当丝绸之路要冲。自汉至唐宋来，随着丝绸西去、天马东来的盛况，兰州逐渐成为丝绸之路重要的通道和商埠重镇。与丝绸之路交通线紧密联系的是渡口位置，渡口和交通线的变迁对兰州城址变迁影响重大。早在西汉时期，今城关区还是黄河河道及河心滩广布的地方，不宜建城，而当时的渡口在城关区以西约 20 千米的城北部的钟家河，故西汉金城县治设在西固城。后来，黄河河道北移，城关区所在的东盆地南岸陆地渐宽。金城关渡口日趋重要，成为丝绸之路干线的必经之渡。西魏时，县治随渡口东移也转移到东盆地。北宋时，黄河河道已移至今金城关下，为了巩固兰州古城和金城关渡口，于金城关对岸地势较高的原河心石质岛屿上另筑新城，即北城，也就是现在兰州城的前身。宋以后，黄河河道未发生较大变动，渡口从此固定下来。虽然丝绸之路趋于衰落，但历宋、元、明、清上千年，兰州在渡口基础上形成的区域性交通中心的地位没有改变，且逐渐衍生出经济、政治中心的职能。新中国成立以后，陇海、兰新、兰青、包兰四大铁路干线和兰新、西兰、兰银、兰青等主要公路干线在此交汇，多处铁路桥和公路桥跨黄河，以古渡口起源的交通中心发生了质变，成为大西北"坐中四联"的交通枢纽。随着新欧亚大陆桥的开通，特别是西部大开发战略的实施，兰州作为我国东西合作交流和通往中亚、西亚、中东和欧洲的重要陆上通道，战略地位更加突出，正发挥着承东启西、联南济北的重要作用。可见，有利的地理位置不仅是兰州形成、变迁和发展的重要因素，也是带动城市交通、经济发展及政治地位提升的重要条件。

4. 自然条件与资源的影响

从古至今，城市的选址大多是倾向于河流沿岸或靠近河流，逐水而居。明代以前的兰州是一个军事渡口城镇，而之后逐渐成长为西北重镇，与境内充沛的水资源和黄河两岸盆地地形提供的土地资源有很大的关系。目前，兰州境内有许多河流，最大的一条是黄河，兰州也是我国唯一一个被黄河穿城而过的城市。黄河自西固的达川乡由南流入兰州市区，到榆中北乌金峡出境。兰州境内其他河流均流入黄河，如大夏河、洮河、湟水等。而古代兰州的河流数量和流量都要远大于现在，如明朝时期，湟水、黄河以北四十华里以上的河沟就有十六条；除大通河及其支流水磨沟，以及庄浪河及其支流金咀沟外，在红古川岗子与人和之间还有条大沙沟，魏晋时期叫龙泉水，后来干涸。这些丰富的水资源给兰州带来了丰富的物产和便利的交通，使兰州具有巨大的经济潜力。除此而外，兰州盆地内具备的河流阶地面和坪台，为兰州市的发展提供了优质的土地资源。

兰州是西部少数民族聚居地之一，具有多元的文化特色。由于地形所限，兰州古城布局形态由规整到不规整，但就格局而言，兰州古代城市布局仍然遵从了中国传统府城布局模式，如清代兰州城由内城、外城组成，内城规整有 4 门，外城由于地形所限呈不规则形式，有 9 门，内外皆有护城河环绕，除北城以黄河为天然屏障外，东、西、南各有一座关城以及棋盘式路网等。同治元年，增修 4 座瓮城重门，瓮城大小不统一，所以外城凸凹曲折。

5. 近代工业的发展

晚清时期，随着西方势力的不断侵入，虽然地处西北内陆的兰州并没有直接受到殖民侵略，但政府内部的改革已经悄然萌动。洋务运动开始后，1880 年甘肃机器织呢局的产生拉开了兰州近代工业发展的序幕。工业的发展带动了新经济形式的出现，传统的自然经济逐步瓦解，新的城市功能要素不断出现，城市内部开始从政治、军事、文化、教育、商业、手工业等方面出现变化，出现了官办工厂、劝工陈列所、新式教育机构、西医、邮局、电报局、教会学校等近代城市要素。虽然这些变化没有从根本上改变旧的城市结构，但是其在原有城市空间格局基础上逐渐形成、发展、变化的过程，是城市内部空间结构自发式变化由量变到质变的过程。

晚清洋务运动开始后，同治七年（1868 年）左宗棠在兰州南关外畅家巷筹建了兰州制造局制造枪炮，于同治十一年（1872 年）正式建成投产，主要从事近代武器的制造，以镇压回民起义。同治十四年（1875 年）建立了兰州火药局，制造各种枪弹使用的火药。以 1872 年左宗棠在外城畅家巷所创建的兰州制造局为始，新式机器工业被引入兰州，1880 年开办的兰州机器织呢局开创了兰州近代民用工业的先河。新政开始后，1906 年陕甘总督升允任命彭英甲为省农工商矿总局总办，负责主持在兰州兴办新式工矿实业。在彭英甲的积极经营下，先后在西关举院建成了劝工厂、官铜厂、官铁厂、洋蜡胰子厂、石印书局等一批新式工厂，并恢复了因停产多年的机器织呢局。宣统元年（1909 年）黄河铁桥建成通车，为黄河北岸的发展打开了道路。宣统二年（1910 年）创办了官商合办的甘肃地区最早的火柴工业——光明火柴公司。

除工业发展外，文化教育上出现了明显变化。1905 年甘肃成立学务处，教育改革的序幕自此展开，新成立的学务处下设专门教育、普通教育、实业教育、审计、文案、会计六处。1906 年学务处改设为提学使司，进一步推广新式教育。这一时期陆续设立了幼级师范学堂、初级师范学堂、文高等学堂、陆军学堂、农林学堂、矿务学堂、法政学堂及中小学堂，新式教育逐渐取代旧式教育。

近代是兰州城市发展的重要时期。一方面政治体制的改变产生了新的社会经济条件，推动了城市功能要素的改变。另一方面由于近代工业化的不充分，城市发展处于向近代化过渡发展的状态，没有实现完全的近代化。反映到具体的城市空间发展过程中，就是从自组织演替占主导的内在发展和演变逐渐向以城市空间扩展占据主导的演变过程，这一过程到 1949 年都未完成，表现出了明显的近代时期转型特征。

近代工业的发展让兰州初显工业城市的端倪。战争的影响、城市级别的提升使城市空间格局发生了结构性的改变。城市空间在工业内迁、人口迁入等各种因素作用下，开放性进一步增强，内城和郭城发展进一步均衡。在近代工业布局的带动下，兰州城市空间从集中块状向分散组团发展。民国时期兰州城市空间发展所表现出的，主要是近代社会转型作用下城市空间的重构，传统封闭的城市空间随着近代化要素的更新而变得更加开放。

总之，两千多年来，古代兰州城由于农业发展、人口增长、商品贸易，以及交通的影响，由最早的一个简单的军事防御堡塞逐渐演变成为一个集军事防御、农业重镇、商品贸易集散地为一体的古代城堡，并以其险要的地形地貌和天险黄河，多次阻挡了外民族的入侵。据《兰州市志·城建综合志》记载，从秦汉时的边塞城市、咽喉城市、西北地区的依托城市，到隋唐时期的内地城市，宋代宋与西夏的交界城市，进而到元明以后的腹地城市，兰州在每个历史阶段都在稳定西北、屏蔽中原，增进中西交流和历次大开发、大开放中发挥了巨大作用。兰州也因此演变成了以中原文化为主、多民族文化融合共处的复合性区域。

4.4　兰州城市现代扩展及其变化特征

4.4.1　城市边界扩展规模和强度

利用收集到的遥感资料，提取了 1961—2015 年间共 16 个年份的城市边界，其结果如图 4.2 所示。图 4.3 为这 16 期建成区边界叠加显示的效果，反映了 1961—2015 年间城市扩展的过程。

表 4.2 是 1961—2015 年间 16 个年份的建成区统计量表，包括了面积、两相邻年份间的面积增长量、面积增长率，以及年均扩展速度和扩展强度指数等。

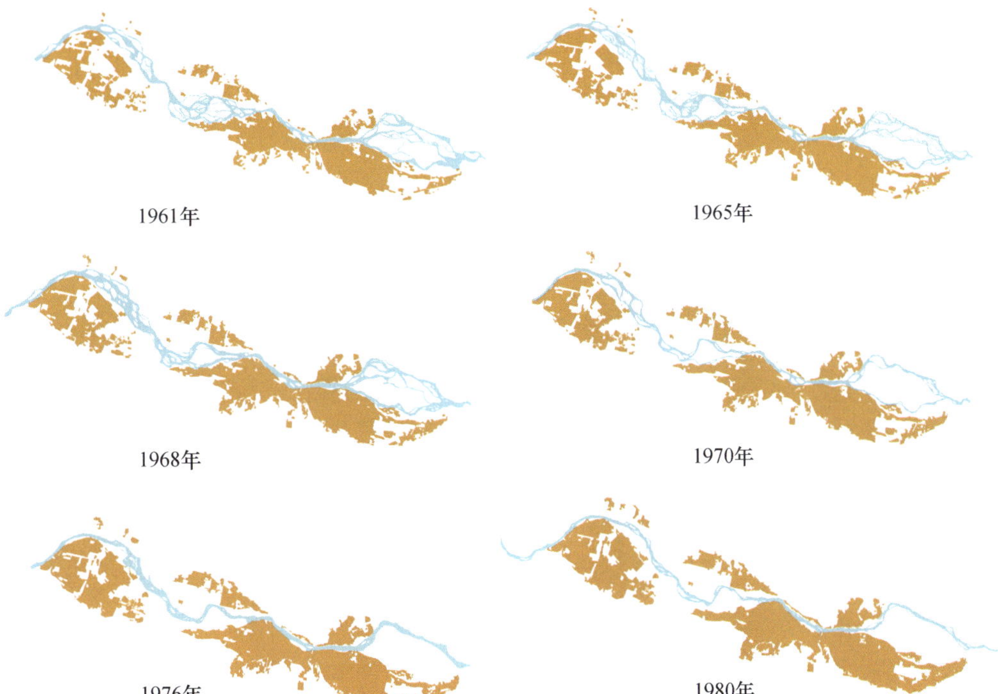

图 4.2　1961—2015 年兰州市建成区边界变化

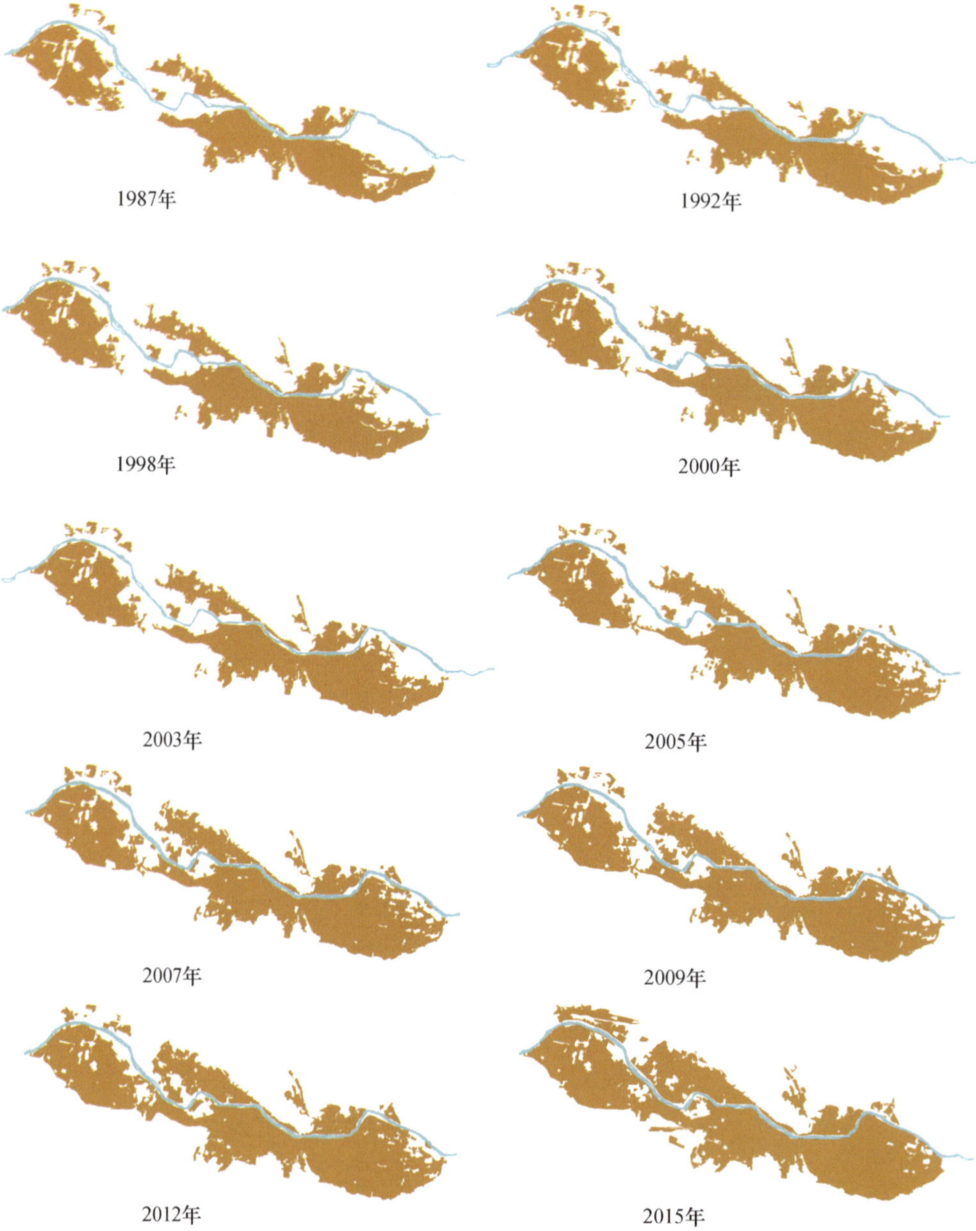

图 4.2（续） 1961—2015 年兰州市建成区边界变化

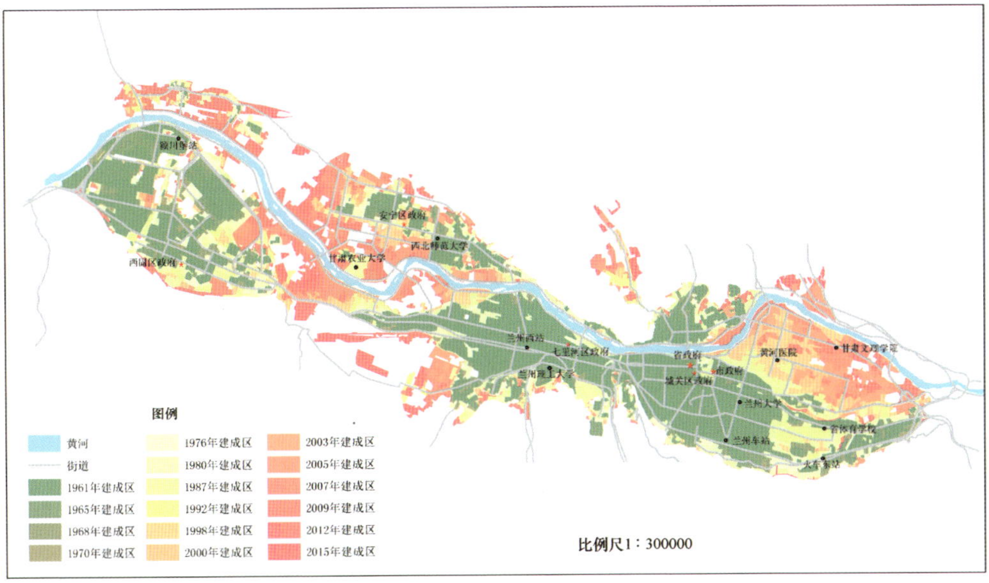

图 4.3　1961—2015 年兰州市城市建成区边界扩张

表 4.2　1961—2015 年城市建成区边界扩展统计

年份	面积(平方千米)	面积增长量(平方千米)	面积增长率(%)	年均扩展速度(平方千米/年)	扩展强度指数(%)
1961	51.66	—	—	—	—
1965	57.78	6.12	11.85	1.53	1.07
1968	61.43	3.65	6.32	1.22	0.85
1970	62.56	1.13	1.84	0.57	0.40
1976	69.44	6.88	11.00	1.15	0.80
1980	76.58	7.14	10.28	1.79	1.25
1987	84.29	7.71	10.07	1.10	0.77
1992	91.66	7.37	8.74	1.47	1.03
1998	98.35	6.69	7.30	1.12	0.78
2000	103.53	5.18	5.27	2.59	1.81
2003	104.73	1.20	1.16	0.40	0.28
2005	109.99	5.26	5.02	2.63	1.84
2007	119.14	9.15	8.32	4.58	3.21
2009	121.65	2.51	2.11	1.26	0.88
2012	127.12	5.47	4.50	1.82	1.28
2015	142.70	15.58	12.26	5.19	3.64

由表 4.2 可知，兰州市的建成区面积从 1961 年的 51.66 平方千米扩展到 2015 年的 142.70 平方千米，54 年间增加了近 2 倍，年均扩展 1.69 平方千米。因此，从整个时段上看，兰州市一直处于扩张的状态。

图4.4是1961—2015年的兰州市建成区面积变化柱状图，为了能更好地展示面积变化的规律，此图将年份制成刻度均匀的图。图4.5为相邻年份的年平均扩展速度变化折线图。根据图4.4和图4.5可以发现，根据城市建成区的增长特征，城市空间增长可划分为4个阶段，即1961—1970年的缓慢增长期、1970—1998年的平稳增长期、1998—2005年的快速增长期和2005—2015年的高速增长期。

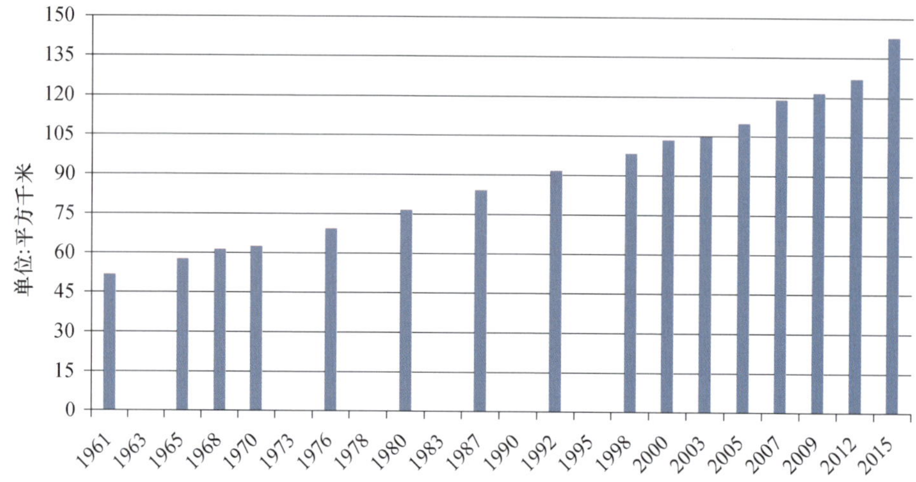

图4.4 1961—2015年兰州市城市面积变化趋势

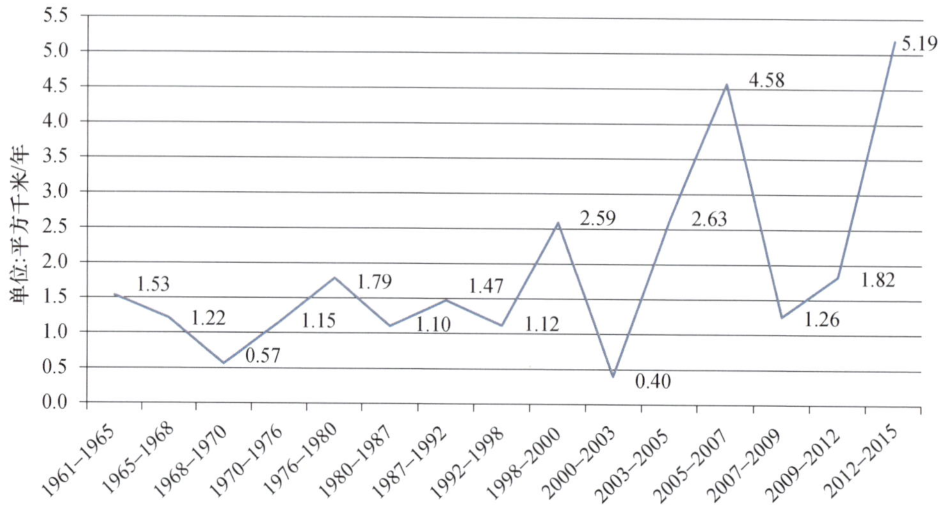

图4.5 1961—2015年兰州市城市边界年均扩展速度

首先，从城市建成区面积增长量上来看，1961—1970年间，城市建成区面积由51.66平方千米增长到62.56平方千米，9年间增长了10.9平方千米，平均每年增长1.21平方千米。1970—1998年的28年间，共增长了35.79平方千米，平均每年增长1.28平方千米。1998—2005年，每年以1.66平方千米的速度扩展，到2005年建成区面积已达109.99平方千米。从2005年起，兰州城市扩张速度加快，以年均速度3.27平方千米，在短短 10 年间增长了 32.71 平方千米。

其次，从年均扩展强度（图 4.6）来看，1961—1970 年间，年均扩展强度呈下降趋势，且在 1968—1970 年时，下降到 54 年间扩展强度第二低位。从 1970 年开始，城市建成区年均扩展强度波动上升，直至 1998—2000 年间，达到了 1.81。之后在 2000—2003 年间建成区面积年均扩展强度到了最低点。2003 年之后，城市面积年均扩展强度在波动中呈现整体上升趋势，在 2012—2015 年间达到年均扩展强度最大值。

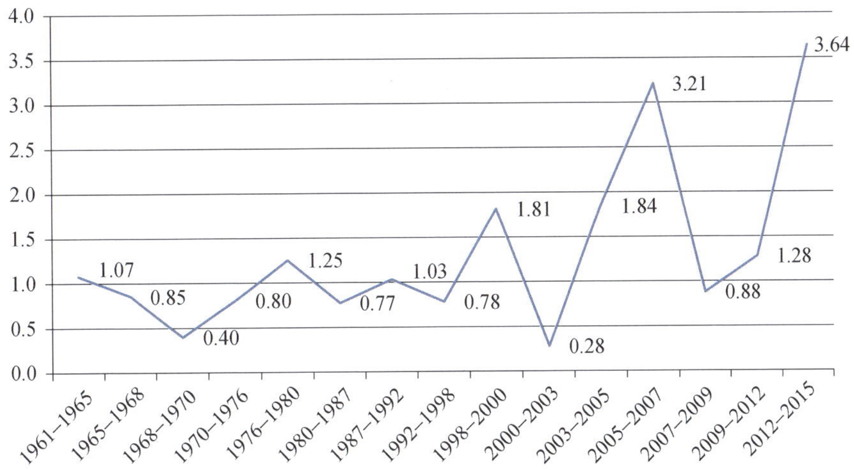

图 4.6　1961—2015 年兰州市城市边界年均扩展强度

通过对城市建成区增长规模和强度的分析，发现从 1961 年至 2015 年，兰州市城市增长比较符合线性增长模型，即 $y=5.776x+43.567$，$R^2=0.99$。y 代表城市建成区面积（单位：平方千米）；$x\in$（1，16），即 1961—2015 年间的实际年份。按照城市发展的 Logistic 模型，兰州市仍处于城市发展的上升期，未来城市发展还有较大的潜力。然而受地形的限制，兰州市河谷盆地已无法容纳城市的进一步发展，跳出河谷盆地向外扩展已势在必行。

从兰州市的各个分区来看（图 4.7），4 个区的建成区面积在 54 年间都呈现出持续增长的状态，但各区的增长规律却不尽相同。相对于其他区域而言，城关区的增长一直处于较高的水平，年均增长面积为 0.63 平方千米，其增长速度是安宁区的 1.6 倍，是七里河区和西固区的近 2 倍。作为面积基数最小的区域——安宁区，其面积增长的速度越来越快，其高速发展期的年均增长速度为 1.24 平方千米，10 年间面积增加了 12.38 平方千米，占整个 54 年区域增长面积的近 60%。从区域面积增长阶段性来看，4 个区都基本符合前面划分的 4 个阶段，个别区域有一些不同。1961—1970 年间，其他 3 个区都处于缓慢发展期，而西固区却以 0.46 平方千米/年的速度平稳增长着，其缓慢增长期与稳定增长期对调了；而在 2005—2015 年间，西固、七里河和安宁区都处于高速发展期，而城关区的高速发展期却出现在 1998—2005 年间，其高度发展期与快速发展期对调了。

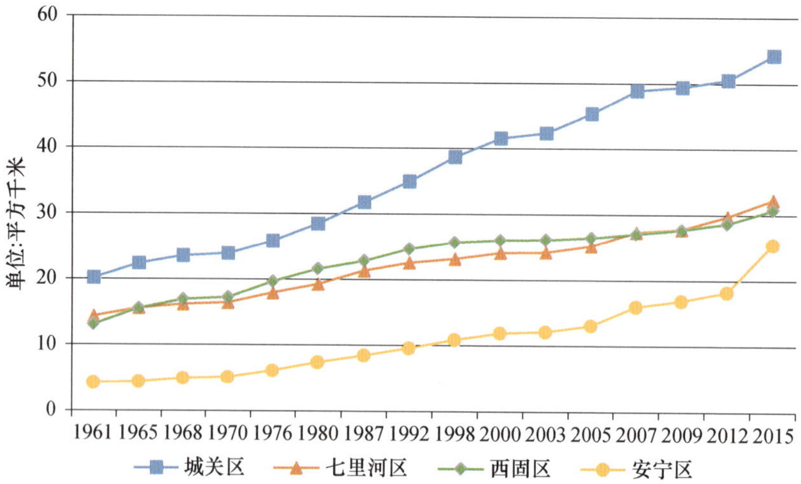

图 4.7　1961—2015 年兰州市 4 个行政区建成区面积增长趋势

4.4.2　城市空间形态演变

图 4.8 和图 4.9 分别是将紧凑度和分维数制成折线图的显示结果。从这两个图可以看出，从 1961 年至 2015 年，紧凑度在总体上是上升的，相应的分维数总体下降，说明了兰州市的城市结构趋于紧凑，边界趋于规则。

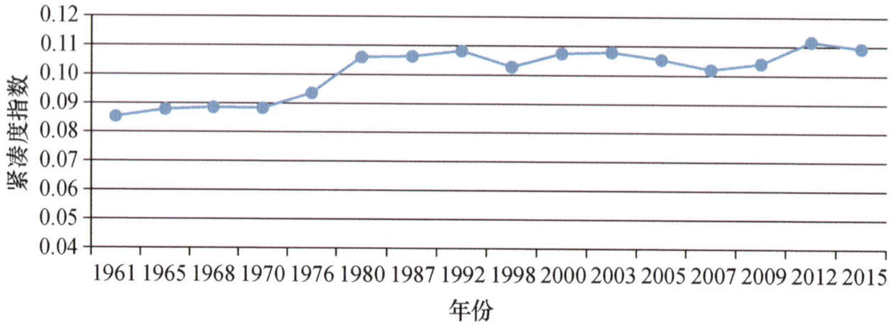

图 4.8　1961—2015 年城市紧凑度变化

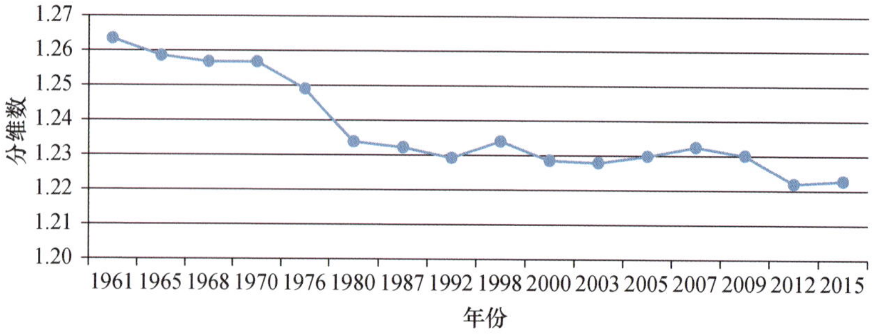

图 4.9　1961—2015 年城市分维数变化

根据紧凑度和分维数变化的规律，将兰州市城市形状变化分为 4 个不同的阶段。这 4 个阶段在空间上分别对应于图 4.10、图 4.11、图 4.12、图 4.13。

第一阶段为 1961—1970 年。这一阶段紧凑度指数由 0.0854 上升到 0.0886，然后下降为 0.0884，整个过程有微弱的上升，对应于分维数是微弱的下降。结合图 4.10 可看出，这一阶段城市扩展以内部填充为主。

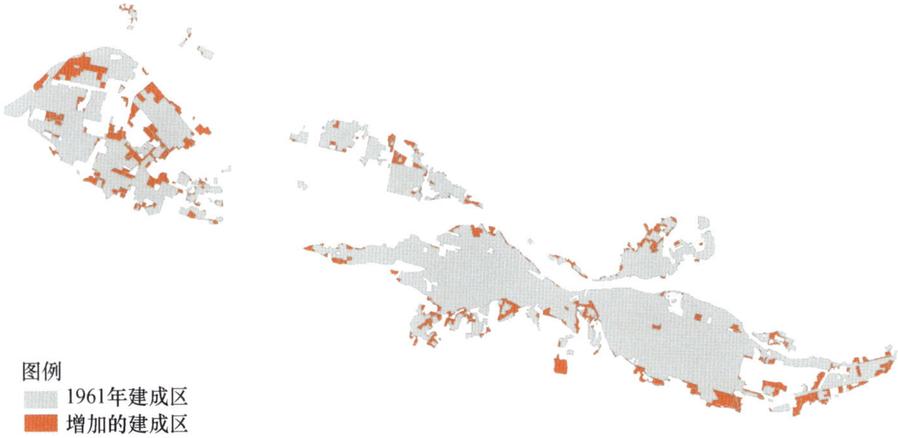

图 4.10　1961—1970 年城市扩展的区域

第二阶段为 1970—1980 年。这一阶段紧凑度和分维数有了明显的上升和下降，城市紧凑度由 0.0884 上升到 0.1060，增长了 0.0176，增幅为 19.91%。而分维数由 1.2568 下降到 1.2339。说明这一时期城市内部变化比较显著，扩展方式主要为内部填充，在图 4.11 中也有明显的体现。

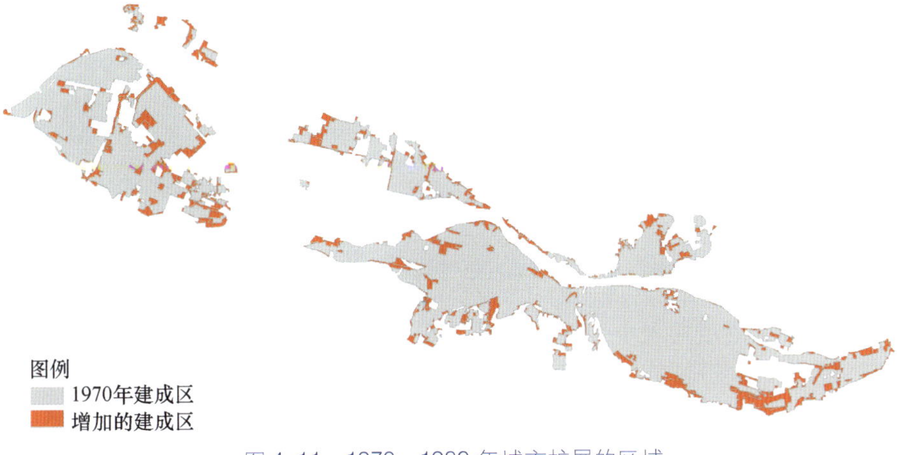

图 4.11　1970—1980 年城市扩展的区域

第三阶段为 1980—2007 年。这一阶段的波动性比较显著，紧凑度线段呈现“M”形，而分维数呈现“W”形，城市发展经历了“聚集—分散—聚集—分散”的过程。由于波动幅度不大，这一阶段城市的扩展方式是内部填充和外部延伸兼而有之。当紧凑度上升或分维数下降时，城市扩展以内部填充为主，外部延伸为辅。反之，当紧凑度下降时，城市扩展以外部延伸为主，内部填充为辅，如图 4.12所示。

图 4.12　1980—2007 年城市扩展的区域

第四阶段为 2007—2015 年。这一阶段紧凑度总体上是上升的，而分维数是降低的。只有在 2012—2015 年间，紧凑度和分维数有轻微的下降和上升。这一阶段整体是以内部填充为主，外部延伸主要发生在 2012—2015 年间，如图 4.13 所示。

图 4.13　2007—2015 年城市扩展的区域

从分维数和紧凑度的大小来看，兰州市城市分维数维持在 1.2 左右。当周长是面积的 2.6 倍左右时，分维数在 1.2 左右。由此推测出自 1961 年以来，兰州市城市边界和面积的定量化关系，即城市边界大约是面积的 2.6 倍且有微弱降低的趋势。可见，目前兰州市的城市结构还不够紧凑，其边界形状还较复杂。

4.4.3　城市边界扩展的方向性

扇形分区统计通过以 1961 年城市中心，即在 ArcGIS 中提取多边形几何质心为圆心，然后将不同时期的城市空间增长划分在 8 个不同的方向上，通过统计不同时期各方向上城市增长面积以显示城市在不同方向上的扩展量。

如图 4.14 所示，总体看来，城市面积在东、西、西北和东南方向均有扩展，其中以西、西北方向最为明显。说明在 1961—2015 年，城市最主要的扩展方向是向西，其次是西北，再次是向东、东南与东北，而在南北方向上扩展很小。从行政区划上来说，安宁区、七里河区以及西固区的城市面积扩展要明显大于城关区，致使在空间上表现为城市重心逐渐由老城区向七里河区方向转移。

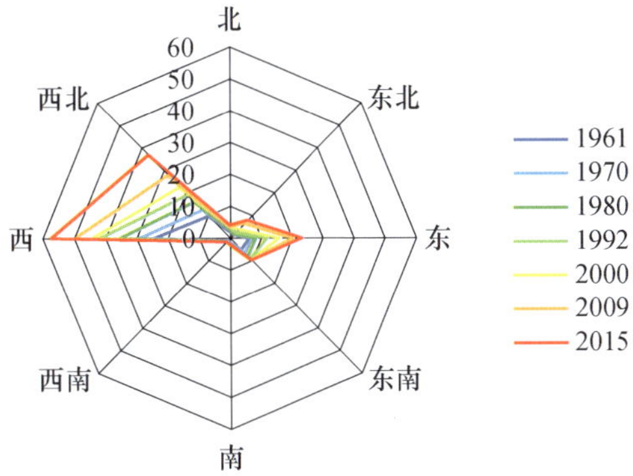

图 4. 14　1961—2015 年城市空间扩展

4. 4. 4　建成区景观格局变化

利用 Fragstats 软件，计算得到兰州市建成区整体景观水平的 6 种景观格局指数，如图 4. 15 至图 4. 20 所示。

由周长面积分维数（图 4. 15）看出，各斑块景观类型的分维数都在 1 ~ 1. 5 之间，这说明建成区景观在最规则的状态与最不稳定的状态之间摆动。其中 2005 年的分维数最高，为 1. 3833，接近 1. 50，说明斑块形态的镶嵌结构处于最不稳定状态，原因可能是 2003—2005 年间建成区面积突变所致。2005 年之后，分维数呈递减趋势，这一阶段城市内部结构趋于稳定，复杂程度减小。

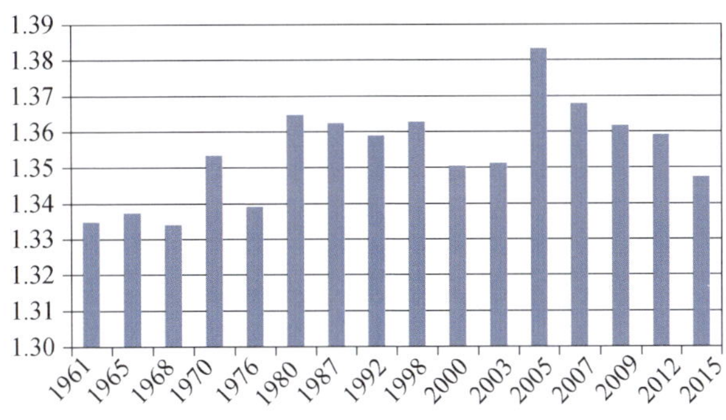

图 4. 15　建成区周长面积分维数（*PAFRAC*）的变化

从斑块密度图（图4.16）可以看出，1961—2015年间，建成区整体景观水平上，斑块密度呈递减趋势，1961年斑块密度为1.7626，说明该年城市发展水平低，城市结构零散，破碎化程度高。2012年，斑块密度最小，主要原因是由于城市发展到一定程度，分布比较集中，且该年未利用土地增加，而未利用地受地形限制不利于开发，破碎化程度较小。2015年斑块密度减低为0.2383，54年间降幅为86.48%。

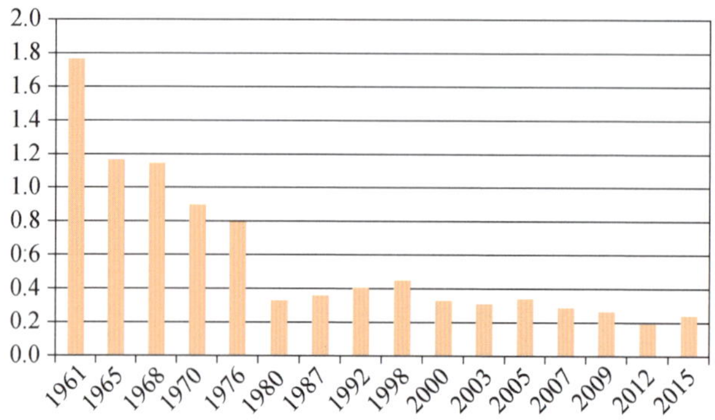

图4.16　建成区斑块密度（*PD*）的变化

景观凝结度指数表明了斑块的空间连通性情况，值越大，连通性越高，反之亦然。从图4.17可以看出，兰州市建成区在54年间凝结度指数由98.2194升至99.619，总体增长了1.3996，增幅为14.23%。城市景观连通性程度经历了3个阶段。第一阶段为1961—1965年，斑块凝结度指数出现陡升趋势，这可能是由于在1968年之前兰州市西固区重工业的布局，使得城市面积迅速扩大，城市空间由此进入连通性比较好的时期。第二阶段为1968—2003年，斑块凝结度指数在波动中缓步上升。第三阶段为2003之后，这一阶段的特点是整体的斑块凝结度指数变化微弱，较前两阶段的值大，这说明经过多年发展，兰州市建成区整体连通性已经比较稳定。

图4.17　建成区斑块凝结度（*COHESION*）的变化

香农多样性指数是比较不同景观或同一景观不同时期多样性变化的一个重要

手段。反映兰州市建成区不同时期多样性变化的香农多样性指数（图 4. 18），在研究时期分为 3 个阶段。第一阶段为 1961—1980 年，这一阶段香农多样性指数不断下降，降幅为 37. 98%，这说明兰州市景观经过 19 年的城市建设，破碎化程度降低，城市斑块联系越来越紧密，空间结构初步呈现均值化。第二阶段为 1980—2003 年，这一阶段香农多样性指数变化微弱，这说明在前期发展的基础上，城市景观中斑块改变了先前的非均衡分布。第三阶段为 2003—2015 年，比第二阶段香农多样性指数更小，整体波动也不大，这说明城市景观分布均衡性已经比较稳定。

图 4. 18　建成区香农多样性指数（*SHDI*）的变化

从聚集度指数图（图 4. 19）可以看出，兰州市建成区聚集度指数经历了 4 个阶段。第一阶段为 1961—1976 年，聚集度指数有轻微的上升，但幅度不明显。第二个阶段为 1976—1992 年，聚集度指数由 94. 3149 上升到 95. 914，上升较为明显。因聚集度指数表示的是同类型斑块的邻近程度，聚集度指数的上升说明了兰州市在这 16 年间，同类型斑块不断集中、合并，城市分布越来越集中。第三个阶段为 1992—2009 年，这一阶段建成区聚集度指数呈现出波动的状态，波动范围为 95. 7535 ~ 96. 0084。第四个阶段为 2009—2015 年，这一阶段的趋势与第二阶段的趋势相似，呈现持续上升的状态，并在 2015 年建成区聚集度指数达到最高值，这说明随着城市发展，兰州市的城市结构逐渐紧密，空间结构均值化。

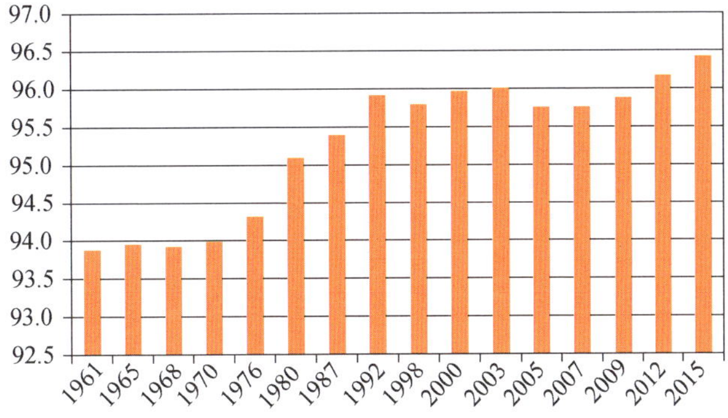

图 4. 19　建成区聚集度指数（*AI*）的变化

从斑块多度指数结果（图 4.20）看出，城市斑块多度呈下降的趋势，总的可以分为 3 个阶段。第一阶段为 1961—1980 年，这一阶段建成区斑块多度指数不断下降，从 84 减低到 22，降幅为 73.81%，可见这一阶段城市景观破碎度不断降低，异质性减弱，城市景观有形成一个功能集成体的趋势。第二阶段为 1980—1998 年，这一阶段斑块多度指数有上升的趋势，由 22 上升到 36，增幅为 63.64%，这表明景观组分及空间异质性增大，这对一些生态环境过程（如虫灾、火灾等）产生了抑制作用。第三阶段为 1998—2015 年间，这一阶段斑块多度指数呈波动状态，整体变化不大，这说明城市景观异质性水平已比较稳定。

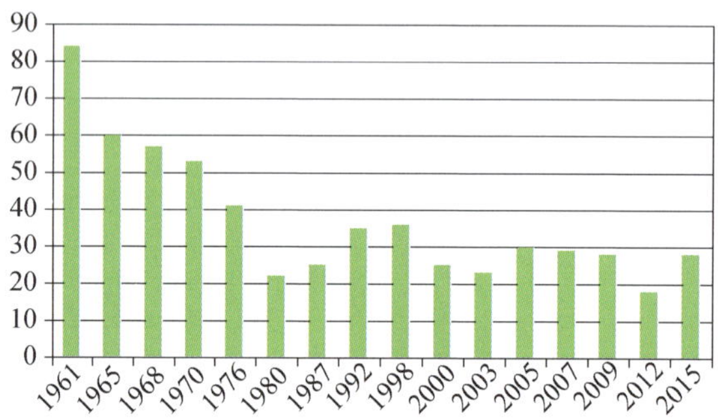

图 4.20　建成区斑块多度（*PR*）的变化

综上，在选取的 6 类景观指数中，表现最为明显的是斑块密度指数和聚集度指数，城市建成区单位面积上斑块数越多，表明城市结构越零散，各组成结构之间的聚集度越小，聚集度指数 *AI* 和斑块凝结度指数 *COHESION* 都反映了同样的变化趋势。从 1961 年至 2015 年，斑块密度逐渐降低而聚集度逐渐升高，很好地反映了斑块联系逐渐紧密、空间结构均值化、城市聚集度也逐渐升高的态势。

城市土地利用类型中，香农多样性指数（*SHDI*）整体呈现降低趋势，说明景观多样性在逐渐减少。该指数在 2003 年和 2005 年之间产生较为剧烈的断点，与这两年间城市面积快速增长有关。2003 年是城市面积增长的转折点，从这一年开始，兰州市呈现出较以往更快的城市建成区面积增长趋势。这种趋势在周长面积分维数上也有明显的表现。

4.5　路网和黄河河道变化

4.5.1　城市道路网扩展

城市道路交通是城市基础设施建设的主要内容之一，它不仅影响人们的通行，更影响城市经济发展和城市化的进程。兰州市由于地形限制和城市人口的快速增长，交通问题越来越突出。本书研究按时间序列采集了 1961 年、1980

年、2000年、2015年的建成区范围内的城市道路数据（图4.21），并采用道路密度评价指标，对兰州市历年来路网密度变化进行分析，以揭示道路网变化特征。

从图4.22可以看出，1961—2015年建成区街道总里程呈现稳定增长的态势；城区道路初期增长平稳，后期增长加快，这与兰州市城市化发展状况相一致。道路总里程由原来的229千米增加到603千米，年均增长6.9千米。

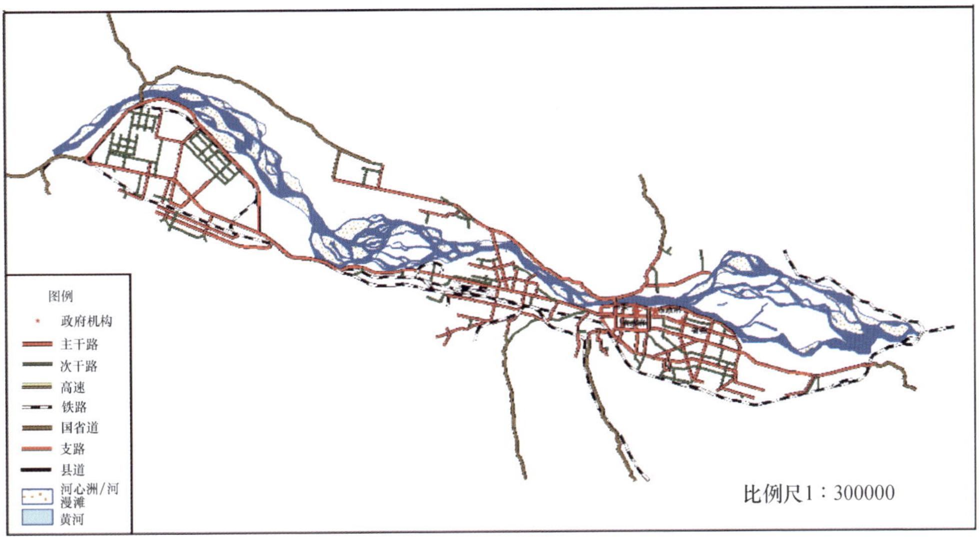

(a) 1961年的城市道路网

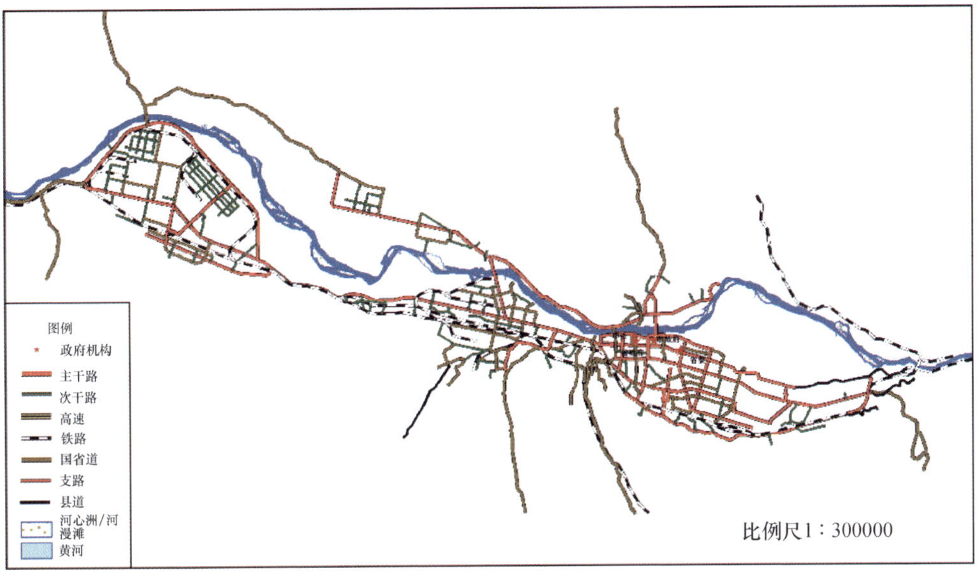

(b) 1980年的城市道路网

图4.21　兰州市建成区路网的变化

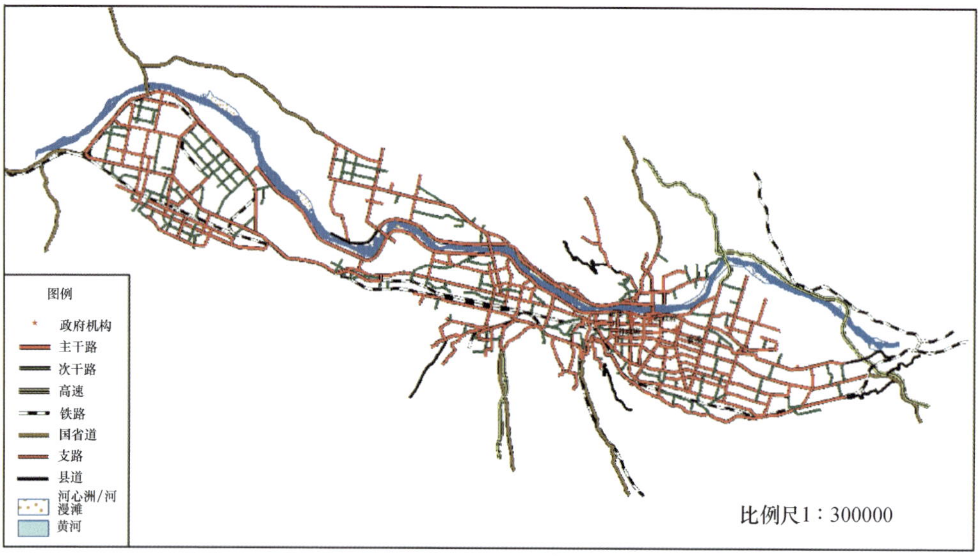

(c) 2000年的城市道路网

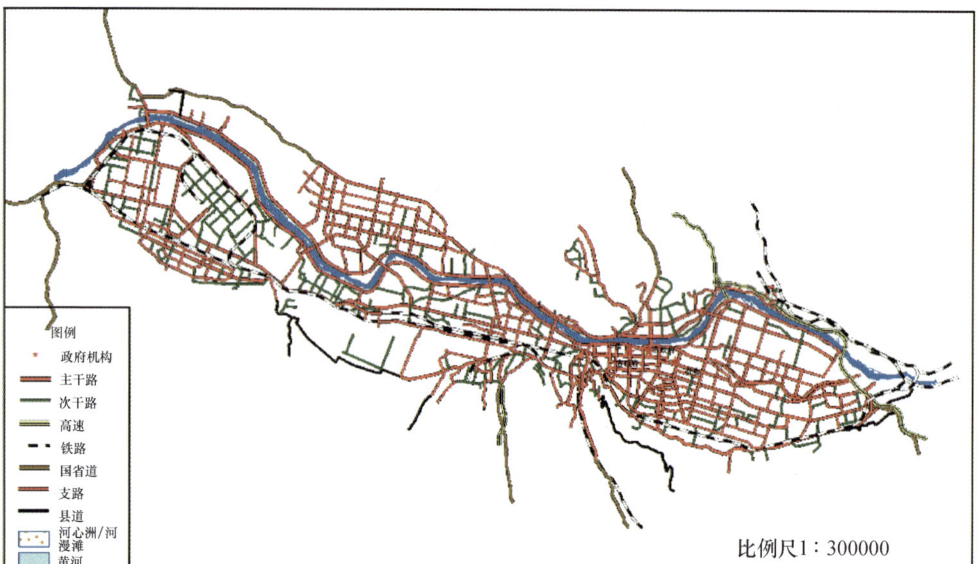

(d) 2015年的城市道路网

图 4.21（续） 兰州市建成区路网的变化

从建成区道路的密度变化（图 4.23）可以看出，城区道路密度在 1961 年维持在高位，1965 年以后波动下降，到 1992 年达到最低点，1992 年后开始台阶式上升。城市主干道密度在初期较高，然后一路缓慢下降，到 1976 年达到最低，1976 年以后开始波动上升。这是由于研究初期道路增长速度小于建成区面积增加，使得城区道路和主干道总密度下降，研究中后期特别是改革开放后，经济大发展，建城区扩展小于道路的增长，使得道路密度增加。

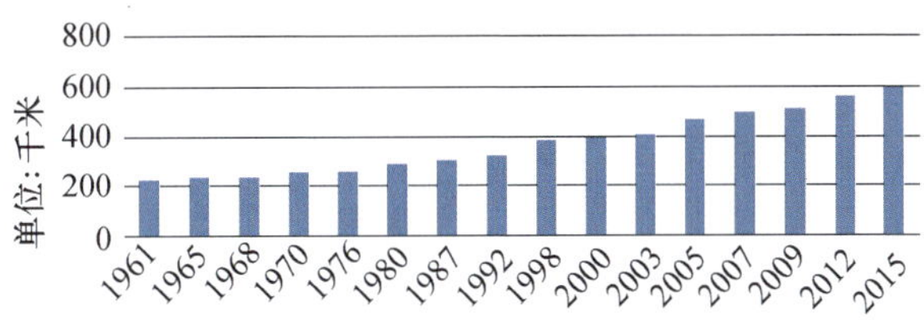

图 4.22　1961—2015 年兰州市建成区道路里程变化

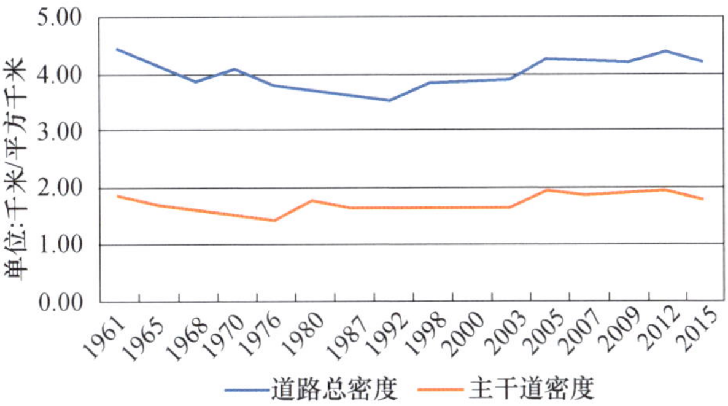

图 4.23　1961—2015 年兰州市建成区道路密度变化

1961—2015 年，兰州市建成区道路密度由每平方千米 3.6 千米增加到每平方千米 4.4 千米，远小于《城市道路交通规划设计规范》（GB 50220—1995）中规定的 5.4～7.1 千米/平方千米的标准。其主要原因是对次干路和支路的采集不够全面；另一方面是由于路网还不够发达，“断头路”较多，道路通达性不高。兰州市快速路的缺乏和过境交通系统未成形，人口的增加和机动车数量剧增更增加了兰州市交通压力。但随着兰州地铁以及北环路和绕城高速的建设，上述现象将会得到有效缓解。

4.5.2　黄河河道演变

黄河是中国第二长河，是中国的“母亲河”，也是中华民族文明的发祥地之一。兰州市是黄河唯一穿城而过的省会城市，兰州的发展离不开黄河，并随着黄河的演变而发展。近年来，兰州市社会经济迅速发展，黄河兰州城区段河道要兼顾城市防洪排涝、供水、航运、生态、娱乐、开发等多种功能要求，已逐渐成为城市环境的心脏，对城市发展发挥着越来越重要的作用。

明代以前兰州地方志今已无存，而清代以后的地方志又极少记载黄河变迁等自然现象，故给古河道研究带来很大困难。兰州大学原地理学教授鲜肖威根据兰州古城的变迁、历史遗迹及钻层记录推断，隋唐时期，今兰州东岗一带都是黄河古河道，今白银路、定西南路以北的大片地区都是黄河洪水淹没的地方，仅中山桥南到中央广场等地是一小片基岩出露的岛屿。而唐代后，黄河不断北移，直到明代，今兰州东郊一带还是低湿的地方。虽然历史时期的古河道至今还未完全确认，但从兰州现有的地名如臭河沿、一支船、宁卧庄（泥窝庄）、泥高庄及个别地层资料看，现在兰州东盆地在历史时期存在黄河古河道已是无疑。

黄河兰州市区段西起西柳沟，东到桑园峡，全长约45千米，穿越西固、安宁、七里河和城关4区，约占兰州段上游干流的2.124%。兰州段汇水面积约1800平方千米，占兰州段以上黄河汇水面积的0.8%。兰州段主河槽宽度为120～600米，河床平均比降为0.94%，河床基本上由砂卵石组成，全河段河道纵向稳定、河床冲淤变化小，基本处于稳定状态。据兰州（中山桥）水文观测：黄河兰州段平均流量为1070立方米/秒，多年平均径流量为337.9亿立方米。因受季风的影响，兰州黄河段的径流具有明显的季节变化，12—4月为枯水季节，7—9月为洪水季节，洪水季节径流量占年径流量的47.3%。

由于古代黄河难以定量研究，结合资料情况将现代黄河研究起点定位1961年，以大致5年的时间间隔和长达55年的研究时段，研究新中国成立后黄河兰州段的历史演变特征。对黄河兰州段进行目视解译提取，结果如图4.24所示。从图可以看出，1961年黄河河道最宽，水域面积最大，河心洲和河滩面积及数量最多，整个雁滩地区和“三滩”地区（崔家大滩、马滩、迎门滩）被纵横的河道切割成大小不等的河滩和河心洲。河中主要的河滩有雁滩、均家滩、张苏滩、南面滩、骆驼滩、高滩、北面滩、张家滩、马滩、迎门滩、赵家滩、崔家大滩、北滩、刘家滩、丁家滩、河湾滩等，沙滩凌乱、河流回曲，黄河处于自然的漫流状态。黄河在雁滩片区一分为二，主流在北，支流在南，1961年资料显示南河道流量甚至占到黄河总流量的42%。

自1968年以后人们筑坝截留、淤河造田，堵截雁滩、马滩和崔家大滩南河道口，逼河流入主流，使得1970年黄河雁滩片区、马滩-迎门滩-崔家大滩的“三滩”片区和上游的黄家滩片区等河滩归并，支流和河心洲大大减少，雁滩南河道及崔家大滩南河道流量进一步减小。随着70年代初人们淤河争地愈演愈烈，1976年黄河河道基本归并主流，河道中少有大面积的河心洲，雁滩片区与城关区连为一体，南河道进一步缩窄成为一条污水沟，迎门滩和马滩南河道也失去排水功能。由于黄河支流大量减少，使得主河道水量有所提高，黄河兰州段上游因此修建了许多蓄洪区。

改革开放后，南河沿线的开发建设，使得城市污水和生活垃圾直接排入已经成为死水的南河道，使得南河道环境恶化，成为兰州市的“龙须沟”。到1987年，黄河河道由于上游刘家峡水库的截留导致水量骤降，上游蓄洪区基本没有水，许多河滩露出水面，河道宽度变窄。马滩南河道和雁滩南河道大部分河段已被堵塞，完全失去排洪功能。1978年《兰州市总体规划》提出恢复和打通南河道以后，实施方案经过反复试验和论证以后，20世纪90年代初开始治理南河道，并于1996年10月完成南河道通水。

2000年黄河基本稳定，再无支流和较大的河心滩。1999—2004年由于人为因素和黄河径流量逐年减少，促使黄河南岸涨滩，改变河水流向，南河道不再进水，环境又趋于恶化。2005年兰州市再次全线治理南河道，通过一系列疏浚和拓宽河道、拆除违章建筑、污水截流、建设临河道路和桥梁等工程，使得南河道于2006

年 8 月再现黄河水。2009 年和 2015 年黄河河道变化不大，仅两岸的鱼池、坑塘、排洪沟数量和面积进一步减小，沿河堤坝和滨河绿化带的陆续建设使得河道进一步变窄，河心洲减小，河流泄洪能力和挟沙能力进一步增强，洪水发生的风险进一步降低。

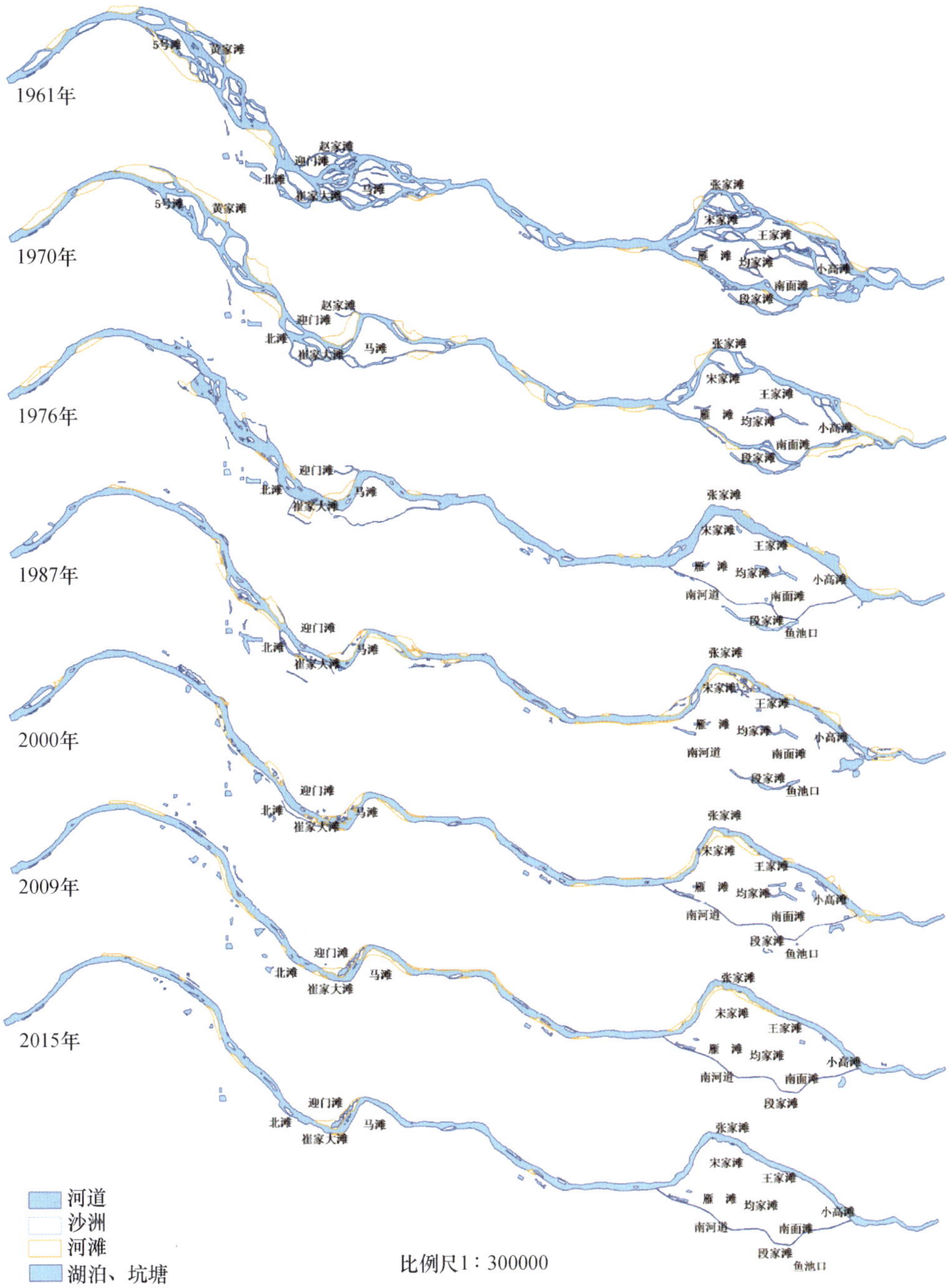

图 4. 24　1961—2015 年黄河河道演变

从图 4. 25 可以看出，1961—2015 年黄河兰州段水域面积总体上呈现先平稳下降，再剧烈下降，后保持平稳曲折下降的趋势。黄河兰州段面积 20 世纪 60 年代初期下降缓慢，河道规模在 40 平方千米以上，1965—1976 年河道规模处于急剧减小的时期，1987 年以后河道逐渐趋于稳定，河道规模始终在 10 平方千米上下浮动。

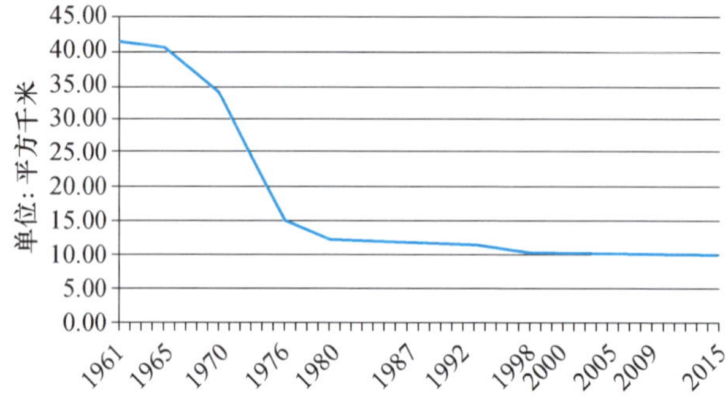

图 4. 25　1961—2015 年黄河兰州段河道面积变化

从图 4. 26 可以看到黄河兰州段平均河宽变化。其中 1965—1976 年平均河宽减小最明显，1976 年以后河道宽度基本不再变化，河道宽度趋于稳定，这与河道面积变化趋势基本一致。1970—1976 年河道宽度急剧变窄，由 750 米下降到 330 米，这主要由于雁滩南河道被人工截留，使得流量大幅减少以至于黄河水不再流经南河道，河道被开垦为农田或鱼塘，仅留下 10 余米的污水沟，雁滩与城关区连为一体，使得河道面积骤减，平均河宽相应骤降。1976 年以后，由于堤坝和上游水库调节作用，黄河河道趋于稳定，平均河宽变化缓慢始终保持在 200 多米。

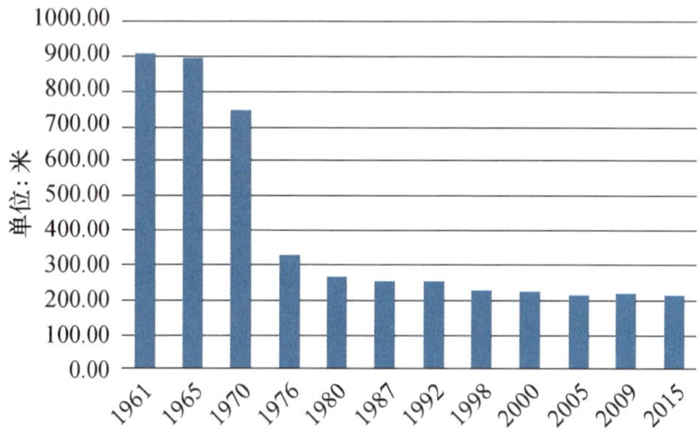

图 4. 26　1961—2015 年黄河兰州段河道平均宽度

研究发现，黄河兰州段的河道规模变化在不同区域存在差异（图 4. 27）。从行政区划上看，黄河面积缩减最为严重的是城关区，占到总缩减面积的 55. 5%，即 17. 6 平方千米；其次是七里河区；再次是安宁区；减少最少的是西固区，仅为 8. 9%，即 2. 8 平方千米。城关区面积减少最大是由于城关区黄河冲淤作用形成了包括段雁滩、段加滩、王家滩、宋家滩、均家滩、南面滩、小高滩、张家滩等面积广大的雁滩地区，面积达到 15. 6 平方千米，这些滩地在城市化过程中先变为农用地，再转化为城市用地或者直接转化为城市用地，对黄河缩减贡献率达到一半。七里河区和安宁区则形成了包括崔家大滩、马滩、迎门滩、北滩等面积次之的滩地。西固区由于河滩比较少，故河道萎缩面积最小。

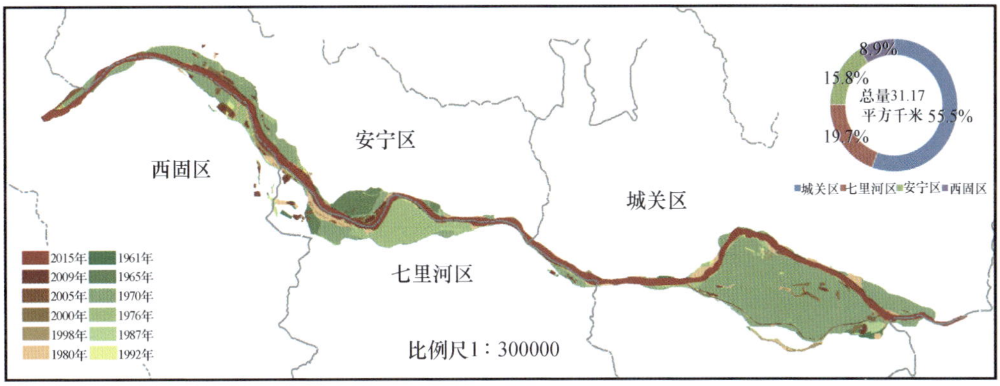

图 4.27　1961—2015 年黄河兰州段不同时期和区域缩减情况

从时段上来说，在略微下降期（1961—1965 年），城关区的雁滩东南部和七里河区小西湖公园附近的河道面积有略微下降。在剧烈下降期（1965—1976 年），安宁区的迎门滩和赵家滩及西固区的崔家大滩所在河道面积首先缩减，到 1976 年，黄河兰州段全河段严重缩减，缩减量达到 18.72 平方千米，其中以城关区的雁滩片区和安宁区的黄家滩片区为最。在平稳下降期（1976—1998 年），以七里河区的马滩和安宁区石化厂北边的蓄洪区面积下降最大（1976—1980 年），其次为七里河区的崔家大滩（1987—1998 年）。而 1998—2015 年河道趋于稳定，4 个城区之间变化差异不大。

以 2015 年和 1961 年黄河河道做叠加，得到黄河南北岸萎缩情况（图 4.28）。可以看出，黄河南岸的河道萎缩要远大于北岸，54 年间黄河南岸面积缩减了 79.2%，即 24.97 平方千米；北岸只减少了 20.8%，即 6.56 平方千米。南岸河道面积缩减斑块主要呈块状分布，小部分呈现带状分布。北岸则大面积呈带状分布，仅迎门滩片区为块状分布。现南岸河道面积减少最多，是由于面积广大的雁滩地区、崔家大滩和赵家滩逐渐被城市化；北岸由于河道紧邻山地，滩地有限，故面积缩减较小。

黄河南岸为兰州市中心城区的所在地，也是城市化最剧烈的地区，大部分的工商业、服务业和政府机构都分布在南岸。50 多年来黄河南岸大面积的黄河萎缩，为兰州的城市化提供了大量的土地，促进了城市的发展，其中又以雁滩地区最为典型，如今已发展成为集商贸、房地产、高新技术开发、居住休闲为一体的兰州市“卫星城”。兰州市专项规划中提出，在七里河、安宁、西固 3 区相交的迎门滩、马滩与崔家大滩的位置，规划兰州世纪新城，借助西固的工业基础，发挥安宁区文教、科技的优势和七里河区轻工业、交通运输便利的优势，形成一个与东部城关中心区相呼应的新的城市经济、文化与城市生活的副中心。新增的南北岸的带状区域则建立了南北滨河路的带状城市公园和绿化带，既可稳固河道又发挥了其休闲娱乐的文化功能。

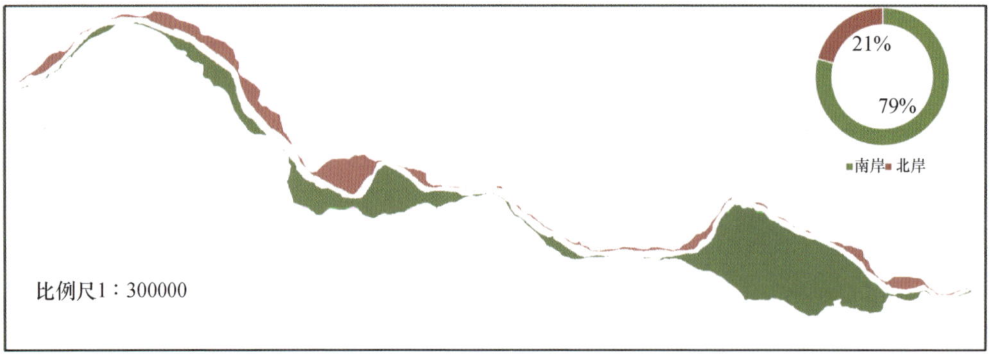

图 4.28　1961—2015 年黄河兰州段南北岸缩减情况

4.6　兰州城市扩展效应分析

4.6.1　正面效应

1. 推进了城市化进程，促进了经济增长

城市化使得城市建成区面积不断增长，促进了住房、交通、水电、通信等基础设施的发展，进而促进了相关产业的发展，又吸引了投资，形成产业集聚效应。城市化带来的聚集经济，加速了物质资本、人力资本和知识资本等要素的积累，使得剩余劳动力从农村向城市转移，推动服务业的增长，加速了产业结构的升级，从而促进了经济增长。由于城市化实现了生产要素的集聚，因而城市化具有很强的辐射力，同时也带动了巨大的基础设施投资需求，对经济增长产生了强烈的刺激作用。在一定范围内，城市的发展成本与城市的规模成反比，但效益却与城市的规模成正比。也就是说，城市的效益是随着城市规模的扩大而不断提高的。当存在规模报酬递增时，只要这种规模递增带来的好处没有穷尽，那么企业就不断地扩张生产，以便从平均成本的不断下降中获益。通过以城市发展为中心，把相关的各类产业优势集中起来，能够实现不同收益特点的产业间互补，达到生产的规模、经济和效率的提高。

城市化过程需要土地和资本。土地为城市化提供发展空间，资本则影响城市化发展水平。产业结构可直接影响资本在城市中的投入方向，城市发展可以不断利用产业更替过程中置换出来的土地和资本，使城市化走内涵型的道路，并由此实质性地提升城市的整体功能。据统计，1978 年兰州市 GDP 总产值为 21.9 亿元（全国为 3645.22 亿元），三次产业 GDP 构成中一、二、三产业值分别为 0.74 亿、11.59 亿和 4.52 亿元，人均 GDP 为 1077 元，城市建成区面积约为 73 平方千米。截至 2015 年，初步核算兰州市全年完成生产总值 2095.99 亿元（全国为 676708 亿元），其中，第一产业为 56.22 亿元，第二产业为 782.65 亿元，第三产业为 1257.11 亿元，人均 GDP 为 57190.92 元，城市建成区面积为 142.7km²。

从产业结构上看，1978 年三次产业结构比为 3.39：75.97：20.64，工业对经济的贡献值最高。2015 年三次产业结构比为 2.68：37.34：59.98，服务业成为主导产业。从中可以看出，第一产业由占比 3.39 下降到 2.68；第二产业由 75.97 下降到 37.34，下降幅度较大；第三产业由 20.64 上升到 59.98，上升幅度较快。根据相关研究，区域产业结构发展转化的一般规律是由第一产业向第二、第三产业转移，第三产业随着经济的发展比重逐步提高。兰州市经过多年的发展，农业和工业比例下降，服务业比例大幅增长，产业结构由落后的粗放型向集约型转化。

从规模上看，改革开放后兰州市建成区面积由 1978 年的约 73 平方千米增加到 2015 年的 142.7 平方千米，面积增加了约 1 倍。经济总量由 1978 年的 21.9 亿元增加到 2095.99 亿元，增加了 94.7 倍，人均 GDP 则增长了 52 倍，人民生活水平大大提高，城市居民消费结构发生变化，进而推动相关产业的发展。城市向外围扩展使得许多高新区、开发区成为兰州市经济新的增长点，为培育城市的新兴支柱产业和带动区域经济发展作出了重要贡献。兰州市逐渐发展成为西部具有雄厚工业基础、繁荣商业市场、便利交通优势的经济中心城市。兰州市的城市化进程对兰州市乃至整个甘肃省的经济发展和社会进步具有至关重要的意义。城市化是经济发展的必然结果，而经济发展也会促进城市化，两者是相辅相成的。

2. 打破了城乡壁垒，促进了城乡流动

城市化是工业化的必然结果。一方面，工业化会加快农业生产的机械化水平，提高农业生产率，为农村剩余劳动力提供了大量的就业机会。另一方面，农村的落后也会不利于城市地区的发展，从而影响整个国民经济的发展。而加快农村地区工业化大生产，对于农村区域经济和整个国民经济的发展都是有着积极意义的。城市化就是一个国家或地区的人口由农村向城市转移、农村地区逐步演变成城市地区、城市人口不断增长的过程。在此过程中，城市基础设施和公共服务设施不断提高，同时城市文化和城市价值观念成为主体，并不断向农村扩散。此外，农村中城市特质的增加也属于城市化。城市化就是生产力进步所引起的人们的生产方式、生活方式及价值观念的转变过程。

兰州市具有典型的“大城市、大农村”特征，发达的城市和落后的农村形成巨大反差，城乡二元结构矛盾非常突出。兰州市的城市化开启了城乡交流的大门，浩浩荡荡的人口流动大军彻底改变了城乡社会固化的藩篱。2016 年兰州市实际在册的流动人口为 68 万人，其主体是来自本省其他地区的人群，从事的是以劳务、服务为主的低技术和低报酬行业。虽然非正式移民在融入城市中还面临着诸多的障碍，存在被边缘化的危险，但与留在农村的居民相比，在整个社会中的地位无疑有了很大的提高，而且少数人也成为城市中产阶层乃至上层阶层。城镇化带动的人口城乡迁移把“城”和“乡”紧密地联系了起来，不仅能够促使广大农村和农民改变观念，而且也推进城市居民观念的转变，例如农村人的勤劳吃苦精神、熟人相助的精神等。

城镇化中人口素质的提高以及农村地区基础教育的城镇化，是农村人口生产方式和生活方式发生变化的过程。随着工业化生产在农村地区的普及和发展，与此相适应的是农业劳动力素质的提高及社会化服务的完备。人是城市的主体，是城市化的出发点和归宿。人的城市化，关键是人的现代化。我们不仅要加快农民进城、农业人口转变为非农业人口，而且更重要的是，通过培训就业以及加强社区文化建设，加强思想道德教育、科学文化教育和法制教育，提高人口综合素质，使村民转变为真正意义上的市民。

3. 改善了基础设施，增强了服务能力

社会福利和居民的公共服务都是通过城市为核心发散出去的，城市的扩张有助于社会生活的普遍改善。在城市人口高度集中的情况下，城市基础设施和公共环境的微小改善，都会带来更多居民生活质量的提高，带来人民衣食住行和就业、就学、医疗、保障的很大改善。

在改革开放以前，中国实行计划经济体制，兰州市城市居民住房是以“国家配给制”为主要特征，而国家配给是以单位为单元进行分配。单位职工主要靠福利分配方式来承租公房，自己不用花钱买房，虽有房住，但是面积小、条件差、无产权，住房需求受到压制。由于住房供给普遍小于需求，住房处于短缺状态。

改革开放以后，随着 1987 年城市土地有偿使用制度和 1998 年后实行的货币分房制度，国有单位全部停止实物分房，实现住房货币化分配，房屋成为家庭财产的重要组成部分。住房制度的改革，使住宅建设成为新的经济增长点和新的消费热点。改革开放以来，兰州市社会经济发展明显加快，城市化速度加快使得城市人口急剧膨胀，使城市住宅需求大幅上升，进而导致城市居住用地的增长。1961—2015 年，兰州市居住用地增加了 47.93 平方千米，占新增建成区的一半。

在城镇居民住房面积增长的同时，居民的生活居住条件也发生了变化。20 世纪 70 年代，兰州市城镇居民的住房大多为平房、筒子楼，没有独立的卫生间、厨房、上下水道，取暖、做饭烧煤炉，窄小的楼道内经常被煤烟和做饭的油烟所笼罩。现在，不仅是居者有其屋，同时成套住房内独立的卫生间、厨房、淋浴房、供暖、供气、供水设备等及各项生活服务设施应有尽有，居民居住条件大大改善。

随着建成区的扩张，城市道路也在不断增加。兰州市区 1979 年建成道路 195 条，道路长度 311 千米，道路面积 3.10 平方千米，道路密度为 3.40 千米/平方千米，人均拥有道路面积 3.56 平方米。2015 年，兰州市区道路总长度达到 1119.74 千米，道路用地面积 19.58 平方千米，道路网密度为 7.85 千米/平方千米，人均道路面积 8.02 平方米。城市道路里程和面积的增加将会极大地方便人们的出行，降低能源消耗和生活成本，提高工作效率和城市宜居性。

2004 年兰州市绿地面积为 27.89 平方千米，城区绿化覆盖率为 28.17%，人均绿地 8.93 平方米；2015 年城市建成区绿地面积累计达到 66.15 平方千米，绿地率从 25.07% 增长到 33.2%，绿地覆盖率从 28.17% 增长到 39.1%，人均公园绿地面积从 8.93 平方米增加到 11.08 平方米。兰州市着力构建城市生态屏障，全力实施“增容扩绿”工程，先后建成了龙源园、水车博览园、百合公园等主题公园，桐荫休闲路、彩色景致路等 6 条特色景观道路以及总长 31.4 千米、宽 3 米的滨河健身步道，沿城区黄河两岸新增绿地 150 多万平方米，成为全国最长的沿河开放式公园和绿色生态长廊。目前，兰州市两山绿地达到 58 万亩，建成森林公园 20 多处，休闲游览基地 80 多处，已形成比较完善的人工生态体系、基础设施体系、管理管护体系和生态文化体系。兰州市城市绿地的不断增加对于防风抵沙、净化大气污染、改善城市热环境及人们休闲娱乐有重要生态价值，同时对创建宜居性园林城市具有重要意义。

4.6.2　负面效应

兰州市城市扩张极大地推动了城市发展和社会进步，在给人民生活带来巨大实惠的同时，也存在不少负面效应，需要我们去正视和解决。

1. 对生态环境的破坏

生态环境是人类赖以生存和发展的基础，是维系城市可持续发展的重要条件。从理论上讲，城市是最典型的生态经济系统，它是在地球表层某些特殊区域上布局的人工形成的经济系统和以人为本的生态系统结合而成的具有一定结构和功能的有机整体，是人类改造自然能力提高的重要标志。但是随着城市规模的扩大，人类大幅度地改变了人类生存的生态环境的组成与结构，改变了生态系统的物质循环与能量转化的功能，带来了严重的生态环境危机。

1）城市扩张占用耕地现象严重

城市的急剧扩张，首先占用的就是郊区的耕地。在一定时期内，我国还必须保证相对充裕的耕地，以解决众多人口的吃饭问题。1961—2015 年，兰州市城市化过程中共有 21.04 平方千米的耕地被占用，被占用的耕地绝大多数都是位于黄河河滩且地势平缓的优质耕地资源。其中 1961—1980 年的 20 年间，约有 13.8% 的城市扩张面积来自耕地，到 1980—2000 年间，这个数字上升到 21.9%，而 2000—2015 年为 25.9%。从绝对量上看，第一个 10 年是 3.56 平方千米，第二个 20 年是 6.27 平方千米，而 2000 年后的 15 年间则达到了 11.21 平方千米，比前 40 年的总和还多。

随着兰州城市化水平的不断提高，城市人口增长需要相应的土地供应，从而占用部分耕地，并由此产生失地农民，这是符合经济发展规律的。但是，是否能够节约高质量的农地、避免高质量耕地被城市化，关系到国家的粮食安全和社会稳定。因此，应慎重考虑各种建设用地对耕地的占用，尤其应重视城市进程中可能出现的盲目性及出现新的圈地、占地热，应采取有效措施加强耕地管理与利用，减轻城市化对耕地的压力，保证粮食安全。

2）不合理的开发方式造成土地的浪费甚至污染和退化

兰州市是一个河谷型城市，四周被群山环绕，可利用的土地本来就十分有限。但长期以来城市化过程中的土地利用率不高，土地利用结构处于不合理状态，存在单一追求短期经济效益的利用方式。市区长期存在一定数量的闲置地和废弃地，而这些土地并非毫无可用之处，只是其使用难度大、成本高，但对这些土地的利用相对于削山造地仍不失为一种可行的方式。

兰州市区土地受利益分配机制不合理、制约手段不得力、政策引导不到位等因素的影响，土地资源浪费的现象很严重。不少政府部门一味追求 GDP 增长指标，以牺牲耕地资源为代价，大量招商引资，扩大城市规模，设立开发区、经济园区。然而部分园区并未招来足够的厂商投资，创造不了预期的经济效益和就业，导致大量土地闲置浪费，土地利用率降低，单位面积的 GDP 有所降低。兰州市随着经济发展和城市扩张，一方面面临着基础设施不足；另一方面部分地区基础设施建设规模超前，而人口规模偏小，基础设施浪费严重。如兰州新区规划面积多达 806 平方千米，2015 年规划人口 30 万，实际人口 15.2 万。目前，兰州新区核心区 100 平方千米的基础配套设施已基本建成，大批楼盘尽管早已建设完成，销售情况却不理想，部分小区沦为空城。这不仅造成资源浪费和低效利用，而且不利于商业、教育、医疗、餐饮、娱乐等服务设施和功能的进入以及商业规模的壮大，难以形成持续扩大和升级的消费需求和服务需求，造成新区在很长时期内缺少人气和商气，违背新区设立的目标，经济发展迟缓。

城市化过程中的土地利用长期处于不合理状态。一方面不同部门的用地比例差距较大，表现为工业用地比重比较大，公共设施和绿地占地面积较小，而且多年来增长缓慢，城市基础设施短缺且不配套，不利于提高人民生活水平。另一方面土地过度利用和土地闲置并存，不合理的工业用地占据大量耕地，部分工业布局不合理，集约化程度不高，造成土地闲置，浪费了土地资源。同时，不合理的工业生产活动和高强度的利用开发导致一些地区天然植被退化、土地退化、土壤污染，如地下水过度开采导致塌方、城市地面硬化改变土壤机理、开山采矿造成土壤侵蚀、工业废水的滥排滥放造成土壤污染等。

3）城市建设用地增长对水资源的超量使用和严重污染

地下水的过度开采造成对地下水摄取超过补给。由于城市化的快速扩张，城市用地规模不断扩大，人口不断涌入城市，造成对水资源局部集中的大量需求。部分工业生产也需要大量的地下水，导致地下水被大量开采，地下水位下降，引发水荒、地表沉降，还会使地下水水质下降，硬度提高。兰州市虽有黄河水的补充，但长期的过度开采也会降低黄河的补给能力和补给范围。城市地面的硬化使不透水面积增大，地下水得不到有效补给，地面降水大多以污水形式进入下水道，造成水资源的浪费，遇到暴雨时还会对城市排水系统造成巨大考验。

对水体的污染日趋严重。兰州是黄河穿城而过的工业城市，工商业单位、市政单位和民居都依河而建，每天产生大量的生活污水和工业废水，有些未经处理直接排放到排水系统中，最终进入黄河中，导致黄河水污染。随着城市化步伐加快，城市人口急剧增加，工业活动日趋加强，这些污水废水的排放速度超过了黄河的自洁能力，导致水质降低。

兰州市部分河道坑塘因城市扩展而消失。兰州市几十年发展过程中，建设用地的增加使许多河流、湖泊面积减小或者完全消失。据统计，自 1961 年以来，有 0.83 平方千米的河流、坑塘和湖泊消失。60 多年前黄河还未治理时，河流处于漫流状态，河流经常发生改道。其中以雁滩和马滩河段河流最为宽阔，滩多水缓，芦苇丛生，河流纵横。六七十年代起，政府对黄河河道进行了治理，筑坝防止水患，疏通河道，填河造地，使“两滩”河流纵横的现象不复存在，黄河河道也进一步变窄，50 年来黄河河道面积减少了大约 7 平方千米。这些措施使人们不再受黄河水患骚扰，多出的土地也能够缓解兰州市土地紧缺的状况，但大量水域的消失和黄河面积的减小对兰州市的生态景观有一定影响，使兰州市的环境调节作用和灾害防控能力有所减弱，也减少了生物多样性。

4）城市建设用地增长加重了大气污染

兰州市是一座以石油、化工为主的工业城市，是一个黄河穿河而过、四周高山环绕的河谷型城市。其复杂的地形特征，形成了特殊的气象条件：年静风频率高达 75%，尤其冬季高达 87% 以上，城市逆温层常年存在，这样稳定的大气层结构极不利于盆地内污染物的扩散。城市中生产、生活释放出大量废热以及 SO_2、氮氧化物等有害气体和各种气溶胶颗粒物，不仅造成大气污染，而且对城市气候有很大影响，会造成城市气候效应中的热岛效应和阳伞效应。

城市热岛效应是一种城市气温比郊区高的现象。随着城市规模的迅速扩大，城市的热岛效应越来越明显。概括起来，城市热岛的形成主要有 4 个原因：

首先是人工建筑物的影响，如混凝土、柏油路面及各种建筑墙面。这些人工建筑物热容量和导热率大，下垫面保水差，水分蒸散发少，在相同的太阳辐射条件下，其表面温度明显高于绿地和水面，加之城区密集的建筑群使得下垫面粗糙，对风的阻力大，热量不易散失，增温明显。兰州城市的快速扩张，势必会增大城市不透水面积，从而改变下垫面情况，加剧大气升温情况。

其次是城市大气污染。城市中机动车辆、工业生产及人群活动产生了大量的氮氧化物、二氧化碳、煤灰和粉尘等，这些物质可以吸收环境中热辐射的能量，产生众所周知的“温室效应”，从而引起大气的进一步升温。兰州市是一个重工业城市，工业废气排放比较普遍，加上快速增长的人口和机动车辆，导致城市大气污染情况不容乐观。

再次是人工热源的影响。日益增加的工厂、汽车、空调、冰箱等人工排热器在消耗掉大量能源的同时，还在不停地向外“倾泻”着热量，使城市的“体温”一再升高。

最后是城市绿地和水体的减少。随着城市中建筑、广场和道路的大量增建，绿地、水体等自然因素却相应减少，吸热少了，缓解热岛效应的能力被削弱了。

这 4 个造成城市热岛效应的因素会随着城市规模的扩张得到加强，从而加剧热岛效应。热岛效应会危害人的身体健康甚至生命，给人们工作生活带来诸多不便，还会影响到城市宜居性和竞争力。所以，城市热岛效应已成为兰州市城市发展中应正确面对、亟待解决的问题。

2. 对交通的压力

兰州市城区地形受河谷地形限制，形成了东西狭长、南北阻峙的带状地形，加上中间横贯的黄河和铁路的阻隔，使得城市交通状况存在着天然的短板，即“东西拥挤，南北不畅”。受独特地形限制，兰州市形成了东西向多为主干道、南北多为支路、路网密度低、断头路多的道路特点，城市交通布局不合理。

随着城市规模不断扩大，兰州市人口增长迅速，机动车保有量持续增加，加剧了交通拥挤状况。长期以来兰州市人均道路面积一直处于低水平状态，近十几年来才有所发展，但仍赶不上城市交通量的增长。2015 年，兰州市区道路总长度达到 1119.74 千米，道路用地面积 19.58 平方千米，道路网密度为 7.85 千米/平方千米，人均道路面积为 8.02 平方米，道路用地面积仅占建成区用地面积的 13.7%。兰州市区的道路网建设尚未形成完整的路网体系，市区带状形态的地形影响路网利用率的提高，造成了市区道路交通拥挤的矛盾。同时国民经济加速发展，机动车保有量和交通量迅猛增长，而道路交通设施增长缓慢也加剧了上述矛盾。截至 2015 年年底，全市的民用汽车保有量达到了 80.46 万辆，比 2014 年末增长了 30.87%，兰州市交通密度达到了 719 辆/千米，超越了香港的 301 辆/千米。

随着城区的发展，城市中心土地价格越来越高，开发利用的代价提高导致城市开始向兰州近郊发展。越来越多的居住区远离市中心，但相关的配套设施仍未健全，就业、就医、教育设施主要仍在市中心，于是大量人口每天往返于市中心和居住区，导致交通越来越拥挤。

3. 对传统文化的冲击

近几十年来，城市扩展给兰州市的方方面面带来巨大的变化。一方面，城市化在推动着城乡要素的融合共生，促进社会生产水平和社会文明程度的共同提高。但是另一方面，由于人口不断向城市迁移和城市规模的不断扩张，原有的农业生态系统迅速地被城镇生态系统所取代，不可避免地加剧了城市各方面资源和文化传承保护的矛盾，给民俗文化事业的延续带来了极大冲击，出现了一些亟待解决的矛盾。例如城市化过程中，一些兰州市郊区的农村居民地变成城中村或者城市，原有的农业人口逐渐转化为非农业人口，导致一些传统的农耕文化和习俗的延续受到影响。为了扩大建筑面积，一些古老的具有悠久历史文化的建筑物遭到一定的破坏，在片面追求经济效益的同时，忽视了城市文化效益。城市化过程中，随着外来人口大量增加，本地文化同样也受到外来文化的影响。如果不能很好地与外来文化融合，势必造成文化隔阂。

要想城市化发展，首先是需要这个地方的人开放思想。在开放思想的同时要摒弃一些与发展相互冲突的传统文化。一个有责任的政府应该在发展的同时能有效地保护原有的文化，并让这些传统文化成为未来城市的生命力，如民族习俗、历史古迹、自然奇观等物质和非物质文化。一个有文化的城市才有价值，才有生命力。城市不等于高楼大厦，也不等于多少人口的汇集，城市是有过去，也有现在和未来的。只有这样的城市，才有可以延续的生命力，才有发展的前景。

4. 其他城市病的出现

除了人地矛盾突出、交通拥挤、水资源紧缺、环境污染、文化特色淡化等城市病外，兰州市还存在着人口膨胀、就业压力大、社会资源紧张等问题。随着经济不断发展，兰州市聚集了很多产业，创造了大量的就业岗位，相应地会吸纳大量的人口来市区发展。2009 年的兰州城区人口只有 209 万左右，建成区面积为 121.4 平方千米，到 2015 年兰州城区常住人口达到 251.7 万，建城区面积为 142.7 平方千米，人口比 5 年前增加了 43 万，建成区面积仅增加了 19.7 平方千米，进一步加重了土地的承载，造成人口拥堵。城市人口的不断增加虽然会加速城市建设步伐，促进经济发展和社会进步，但也带来了城市拥堵，给交通、医疗、治安、住房、就业、养老等带来压力，增加了城市治理的复杂性。

城市人口增加使得对土地、水、能源等自然资源的需求与日俱增。据统计，兰州市水资源可利用量为 19.61 亿立方米，人均占有量为 542 立方米，约占全国平均水平（2200 立方米）的 25%，远低于国际警戒线（1700 立方米）。兰州市水资源总量少，且矿化度高，可开采量为 1.59 亿立方米，经过 50 年的开发利用，局部地区已经出现超采现象。因此，兰州市虽有黄河流经，但水资源依然十分匮乏，是一个缺水的城市。随着人口增多和工业活动加剧，水资源供需矛盾将成为兰州市社会经济发展需要面对的重要问题。

4.7　本章小结

本监测以信息数据处理、遥感影像解译等为主要手段，结合实地考察，通过对几百年来城市扩展的重建，得到兰州市城市演化的时空过程数据，借助 GIS 空间分析方法获得其变化特点；通过对人口、社会、经济等影响因素的分析，揭示其变化成因。主要结论有以下几点：

（1）兰州古城的演变过程为：汉至隋前，金城古城屹立于西固；隋唐时期，兰州古城奠基；北宋时期，军事防御功能突出；明清时期，城市功能逐步完善；近代时期，城市格局基本成型。同时，兰州古城是在古聚落的基础上，依自然条件、政治、军事而筑城，又在政治、军事、人口、交通、经济贸易及农业生产的综合影响下，逐渐演化扩展，奠定了现代城市的雏形。

（2）1961—2015 年，兰州市一直处于扩张的状态，建成区面积由 1961 年的 51.66 平方千米扩展到 2015 年的 142.70 平方千米，54 年间增加了近 2 倍，年均扩展 1.69 平方千米。目前，兰州市仍处于城市发展的上升期，未来城市发展还有较大的潜力。由于受地形的限制，兰州市河谷盆地已无法容纳城市的进一步发展，跳出河谷盆地向外扩展已势在必行。

（3）1961—2015 年，城市空间形态演变，紧凑度在总体上有所上升，相应的分维数总体下降，表明了兰州市的城市结构趋于紧凑，边界趋于规则。

（4）1961—2015 年，城市最主要的扩展方向是向西，其次是西北，再次是向东、东南与东北，而在南北方向上扩展很小。从行政区划上来说，安宁区、七里河区及西固区的城市面积扩展要明显大于城关区，在空间上表现出城市重心逐渐由老城区向七里河区方向转移。

（5）通过对路网的变化分析表明，建成区街道总里程呈现稳定增长的态势，道路总里程由原来的229千米增加到603千米，年均增长6.9千米，且城区道路初期增长平稳，后期增长加快。

（6）1961—2015年黄河兰州段水域面积总体上呈现先平稳下降，再剧烈下降，后保持平稳曲折下降的趋势；黄河兰州段的河道规模变化在不同区域存在差异，黄河面积缩减最为严重的是城关区，占到总缩减面积的55.5%（17.6平方千米），其次是七里河区，再次是安宁区，减少最少的是西固区，仅为8.9%（2.8平方千米）；黄河南岸的河道萎缩要远大于北岸，54年间黄河南岸面积缩减了79.2%（24.97平方千米），北岸只减少了20.8%（6.56平方千米）。

（7）兰州城市的扩展，推进了城市化进程，促进了经济增长，打破了城乡壁垒，促进了城乡流动，改善了基础设施，增强了服务能力。但同时也存在不少负面效应，城市扩张占用耕地、不合理的开发方式造成土地的浪费、污染和退化等生态环境的破坏、对交通的压力、对传统文化的冲击，以及人口膨胀、就业压力大、社会资源紧张等其他城市病的出现。

第 5 章

兰州新区空间格局变化监测

5.1 兰州新区地理国情监测概况

5.1.1 背景与意义

2014 年，“兰州新区地理国情普查综合统计分析试点项目”被国务院第一次全国地理国情普查领导小组办公室列为全国 7 个综合统计试点项目之一，以实现对兰州新区的普查成果进行深度应用。项目从兰州新区的定位与建设目标出发，结合兰州新区的发展现状与特点，基于多期遥感影像数据、地理国情普查试点成果、基础地理信息数据等，利用影像解译和变化检测的方法，获得了新区 1993 年至 2014 年间核心区 6 期地表覆盖分类数据及多期重要地理国情要素数据。通过多期数据的变化分析，掌握了兰州新区近 20 年来地表类型变化的时序特征，以及兰州新区在城市道路、房屋建筑、重要基础设施等方面的建设成就。在此基础上，结合从兰州新区国土、规划、林业、水利、环保、招商、教育、卫生等部门收集的专题数据资料，围绕国土空间开发、产业布局、建设现状与规划对比等内容，综合利用空间分析、地理统计、指数计算等方法，对兰州新区的建设进程与建设效果进行综合评价。通过监测与分析，兰州新区综合统计分析成果内容丰富、形式多样，可为新区建设的长期监管提供地理信息支撑，助力新区实现信息化和科学化管理。

2015 年 6 月 4 日，“兰州新区地理国情普查综合统计分析试点项目”通过国家测绘地理信息局组织的验收，并举行了兰州新区地理国情普查与监测成果移交暨推广发布会，将首批成果移交兰州新区管委会。会上，兰州新区地理国情普查与监测成果得到了验收专家组及兰州新区各行业部门的认可。同年，在兰州新区地理国情监测所形成的技术路线与监测经验的基础上，按照国家发展和改革委员会的需求，国家测绘地理信息局下发了《关于下达 2015 年地理国情监测项目生产计划的通知》（国测国发〔2015〕3 号），立项对全国 11 个国家级新区开展建设变化监测，确定由中国测绘科学研究院牵头组织，国家级新区所在省级测绘主管部门参与完成。按照国家发展和改革委员会的具体要求，2015 年国家测绘地理信息局在地理国情普查的基础上，结合已有的基础地理信息成果资料和优于 1 米的高分辨影像数据，组织开展了 11 个国家级新区自设立前后至 2015 年在建成区面积、地表覆盖、建设用地、重要基础设施建设、重要生态用地等方面进行变化监测，并结合国家级新区规划、相关的专题数据和社会经济资料，开展新区建设进程和效果分析评价，最后基于监测和分析成果形成国家级新区建设变化监测报告和图件成果，为政府决策提供了参考依据。为了及时掌握各新区的建设和发展状况，2016 年、2017 年，按照国家测绘地理信息局部署，“国家级新区空间格局变化监测”在 2015 年监测的基础上持续开展，并形成了年度监测报告、图集、数据等系列成果。

作为国家级新区的一员，兰州新区地理国情监测按照“国家级新区空间格局变化监测”的要求，在综合统计分析试点的基础上每年持续开展，目前已形成 2014—2017 年 4 期监测成果。本章内容将对兰州新区地理国情监测中所形成的年度监测成果汇总整理，反映兰州新区自确立以来的巨大变化，以及兰州新区的建设进程与建设效果。

5.1.2 监测目的

基于兰州新区地理国情普查与基础性监测成果、兰州新区空间格局变化年度监测成果，以及已有的基础地理信息成果资料和优于 1 米的高分辨影像数据，对兰州新区在建成区范围、地表覆盖、建设用地、重要基础设施建设、重要生态用地等方面的现状进行监测，掌握新区发展现状。结合新区规划、相关的专题数据和社会经济资料，进行监测成果的年度对比和变化分析，开展新区建设进程和效果分析评价，并形成年度变化监测报告，为政府决策提供依据和服务。

5.1.3 监测内容

1. 基础性监测

对 2010—2017 年兰州新区在建成区范围、建设用地、地表覆盖、重要基础设施、生态用地等方面的现状及变化进行动态监测，掌握新区城市建设、土地开发、基础设施建设、生态环境等内容的开发状况及时空变化特征。

2. 专题性监测

根据兰州新区的发展特征，选取“平山造地”作为专题监测内容，对兰州新区 2013 年至 2017 年平山造地的范围、平山造地前后高差变化、工程土方量等进行监测与分析，掌握新区的城市空间拓展情况。

3. 新区空间格局与建设效果分析

以监测成果为基础，结合新区行业专题数据资料，综合利用地理统计、空间分析、指数计算等方法，对兰州新区的建成区扩张趋势、建设用地空间结构及实施情况、产业布局及发展态势、重要基础设施空间布局、生态环境等内容进行综合分析，掌握新区的空间格局及建设效果，为兰州新区的规划建设提供重要参考依据。

5.2　监测数据资料与技术方法

5.2.1　监测数据资料

1. 地理国情普查数据成果

兰州新区地理国情普查成果，现势性为 2015 年 6 月 30 日，内容主要包括地表覆盖分类和地理国情要素两类数据。其中，地表覆盖分类包括种植土地、林草覆盖、房屋建筑（区）、道路、构筑物、人工堆掘地、荒漠与裸露地、水域等 10 个一级类、56 个二级类及 135 个三级类。地理国情要素主要包括道路、水域、构筑物、地理单元等 4 个一级类、13 个二级类及 46 个三级类。

2. 遥感影像数据

多源航空航天高分辨率遥感影像数据是信息提取、地类解译、变化检测的基础数据，多期遥感影像序列可客观、真实地反映地表的变化特征，如图 5.1 所示。监测中所用的各期遥感正射影像数据，分辨率为 0.5 米，RGB 彩色模式。其中，2010 年影像为 ADS80 航空正射影像，2013 年影像为 Pleiades 影像，2015 年影像为 GeoEye-1 影像，2017 年影像为 WorldView-2 影像。

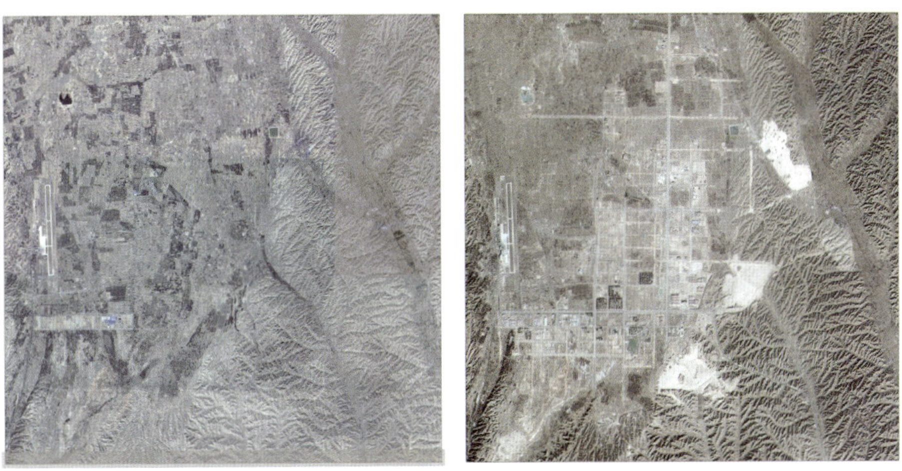

(a) 2010年10月　　(b) 2013年4月

图 5.1　兰州新区影像数据

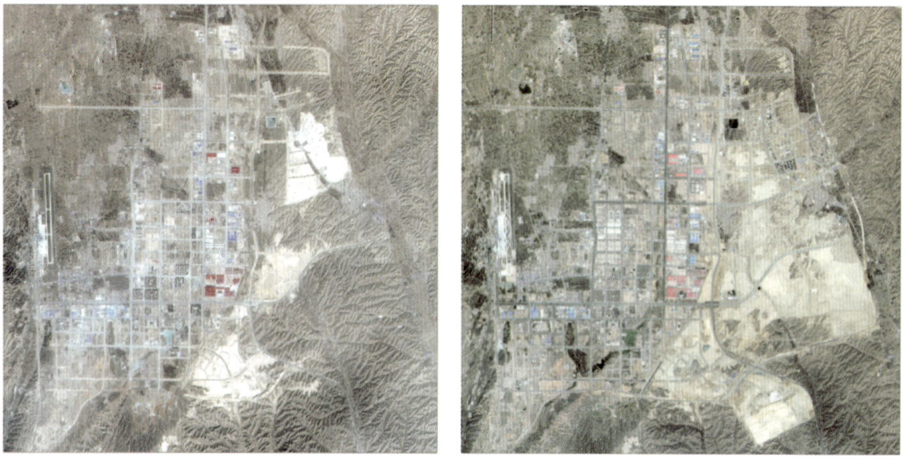

图 5.1（续） 兰州新区影像数据

3. 专题数据资料

1）兰州新区总体规划

本次监测中所依据的总体规划为 2014 年修改版的《兰州新区总体规划（2011—2030）》，内容包括用地规划图、用地现状图、工业与物流用地规划图、道路交通系统规划图等（图 5.2），是新区道路更新、城市建设用地采集与分析、产业布局分析等内容的重要参考资料。

2）产业园区资料

包括各产业园区入驻产业项目的名称、位置、用地类型、建设状态等资料，用于城市建设用地采集与产业布局分析。

3）社会经济统计数据

如兰州新区教育、医疗、人口、经济等各类统计数据，是监测数据更新与专题分析的重要参考资料。

5.2.2 监测技术方法

1. 数据资料整理整合

根据各类专题数据的类型，实现统计数据的空间化、专题空间数据归一化。对于人口、经济、交通信息等统计数据，建立匹配空间模型，实现面、线状统计数据的空间化。对于点状统计数据，建立统一的地理编码和地物编码，实现点状统计数据的空间化。对于专题空间数据，进行格式转换、坐标系统一和实体化整合。按照地理国情信息普查、监测的内容和指标，制定空间统一要素编码，实现要素一致性管理。

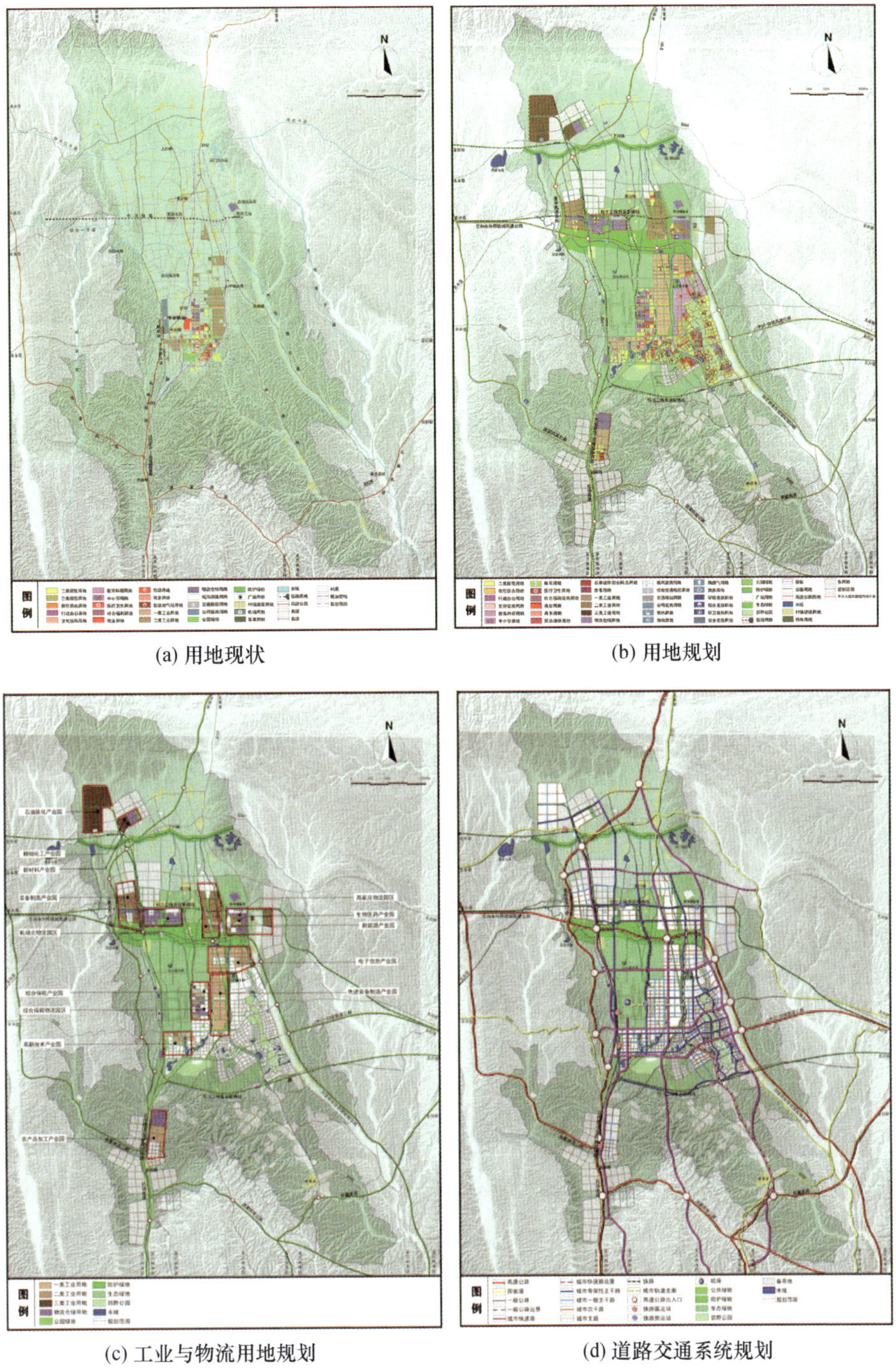

(a) 用地现状　　(b) 用地规划

(c) 工业与物流用地规划　　(d) 道路交通系统规划

图 5.2　兰州新区总体规划

2. 遥感影像解译

按照地理国情普查的指标体系，对监测年份的遥感影像进行判读解译，生成历史年份的地表覆盖分类数据。将 2015 年兰州新区监测成果数据作为基底数据，利用

2016 年基础测绘高分辨率航空影像数据和 2016 年资源三号遥感影像数据，分别采集区域内 2016 年的种植土地、林草覆盖、房屋建筑（区）、道路、构筑物、人工堆掘地、荒漠与裸露地、水域等地类的界线，生成覆盖全区域的地表覆盖分类数据，作为兰州新区空间格局变化监测的数据基础。

3. 基本统计与分析

基于 2015 年兰州新区监测数据成果，对兰州新区 2016 年的建成区范围、建设用地、地表覆盖分类、道路交通、建成区内城市建设用地、生态功能用地、建筑工地、重要基础设施、社会经济区域单元等基本情况进行统计，分析其长度、面积、数量、占比及空间分布、空间结构等情况。

4. 变化监测分析

基于 2015 年兰州新区监测成果数据，提取 2016 年兰州新区建成区范围、建设用地、地表覆盖、道路交通、生态功能用地、重要基础设施等在数量、结构、空间分布等方面的变化情况，分析其时空变化过程及规律。

5. 综合统计与分析

基于基本统计及变化监测成果，结合兰州新区各行业部门的社会经济数据，从新区平山造地情况分析、建成区空间形态及扩张分析、城市建设用地空间结构分析、产业布局和发展态势分析、基础设施空间布局分析、宜居适宜度分析等多个方面开展兰州新区空间格局及建设效果的分析。

5.3 兰州新区建设现状

5.3.1 建成区范围

建成区为“城市建成区”的简称，是指城市行政区内实际已成片开发建设、市政公用设施和公共设施基本具备的地区。

截至 2017 年 6 月，兰州新区建成区面积为 77.0 平方千米，占新区总面积的 4.37%，共包括 3 个片区，分别为核心区、职教园区和新能源产业片区，具体范围见图 5.3。

5.3.2 地表覆盖分类现状

2017 年兰州新区各地表覆盖类型的面积及占比情况如表 5.1 所示。

2017 年兰州新区地表覆盖结构如图 5.4 所示。可以看出，兰州新区范围内面积占比最大的为草地，占新区总面积的 64.47%；其次是耕地，占新区总面积的 12.89%。面积占比最小的为荒漠与裸露地，占新区总面积的 0.11%；其次是水域，占新区总面积的 0.33%。

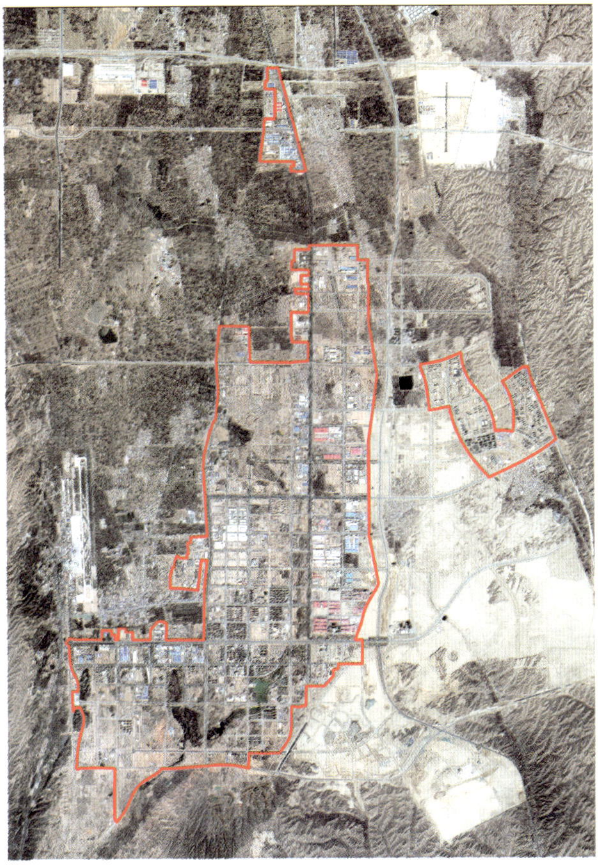

图5.3　2017年兰州新区建成区范围（图中红线区域）

表5.1　2017年兰州新区地表覆盖信息统计

地类名称	总面积(公顷)	占比(%)
耕地	22731.08	12.89
园地	6220.54	3.53
林地	4245.62	2.41
草地	113669.77	64.47
房屋建筑（区）	4562.90	2.59
道路	3913.42	2.22
构筑物	5265.36	2.99
人工堆掘地	14918.58	8.46
荒漠与裸露地	197.28	0.11
水域	584.28	0.33
总计	176308.83	100.00

2017年兰州新区范围内地表覆盖一级类的分布情况见图5.5。

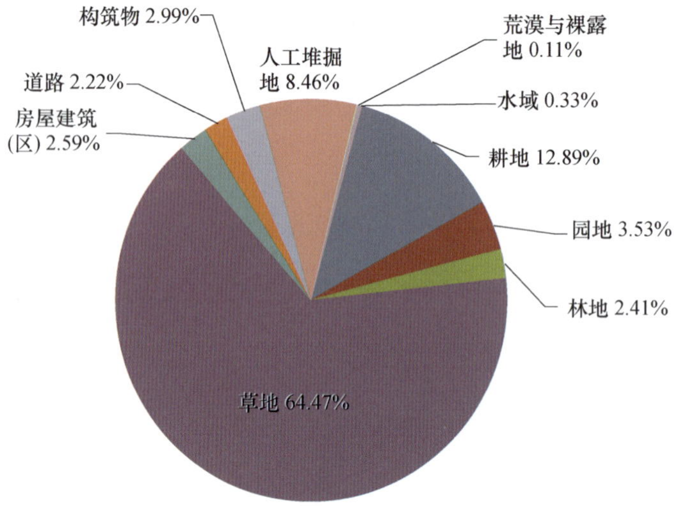

图 5.4　2017 年兰州新区地表覆盖结构

1. 耕地

兰州新区范围内耕地面积为 22731.08 公顷，全部为旱地，主要分布于秦王川盆地内及周边山地间的平川地。

2. 园地

园地中果园 1721.88 公顷，占园地总面积的 27.68%；苗圃 1620.49 公顷，占园地总面积的 26.05%；花圃 9.19 公顷，占园地总面积的 0.15%；其他园地 2868.99 公顷，占园地总面积的 46.12%。如图 5.6 所示，占比最大的为其他园地，果园与苗圃占比相当，占比最小的为花圃。其他园地以玫瑰种植园为主，广泛分布于兰州新区各个乡镇，是兰州新区的特色产业。

3. 林地

林地中乔木林 1122.77 公顷，占林地总面积的 26.45%；灌木林 272.96 公顷，占林地总面积的 6.43%；乔灌混合林 272.21 公顷，占林地总面积的 6.41%；绿化林地 928.33 公顷，占林地总面积的 21.87%；人工幼林 1649.34 公顷，占林地总面积的 38.85%。从图 5.7 可以看出，林地中占比最大的是人工幼林，其次是乔木林，占比最小的是乔灌混合林。

从林地的分布来看，人工幼林主要分布于新区南部的生态林业休闲区，以及机场西侧的低山丘陵区。乔木林主要分布于机场高速两侧及东一干渠两侧，是新区的重要防护林。绿化林地主要为城市道路绿化带和公园绿地，集中分布于新区建成区范围内。灌木林主要为机场高速、京藏高速等高速公路中间的隔离带。乔灌混合林主要为东二干渠及公路两侧的防护林，集中分布于新区北部。

4. 草地

兰州新区范围内草地占新区总面积的半数以上，其中，天然草地 113141.87 公顷，占草地总面积的 99.54%；人工草地 527.90 公顷，占草地总面积的 0.46%。

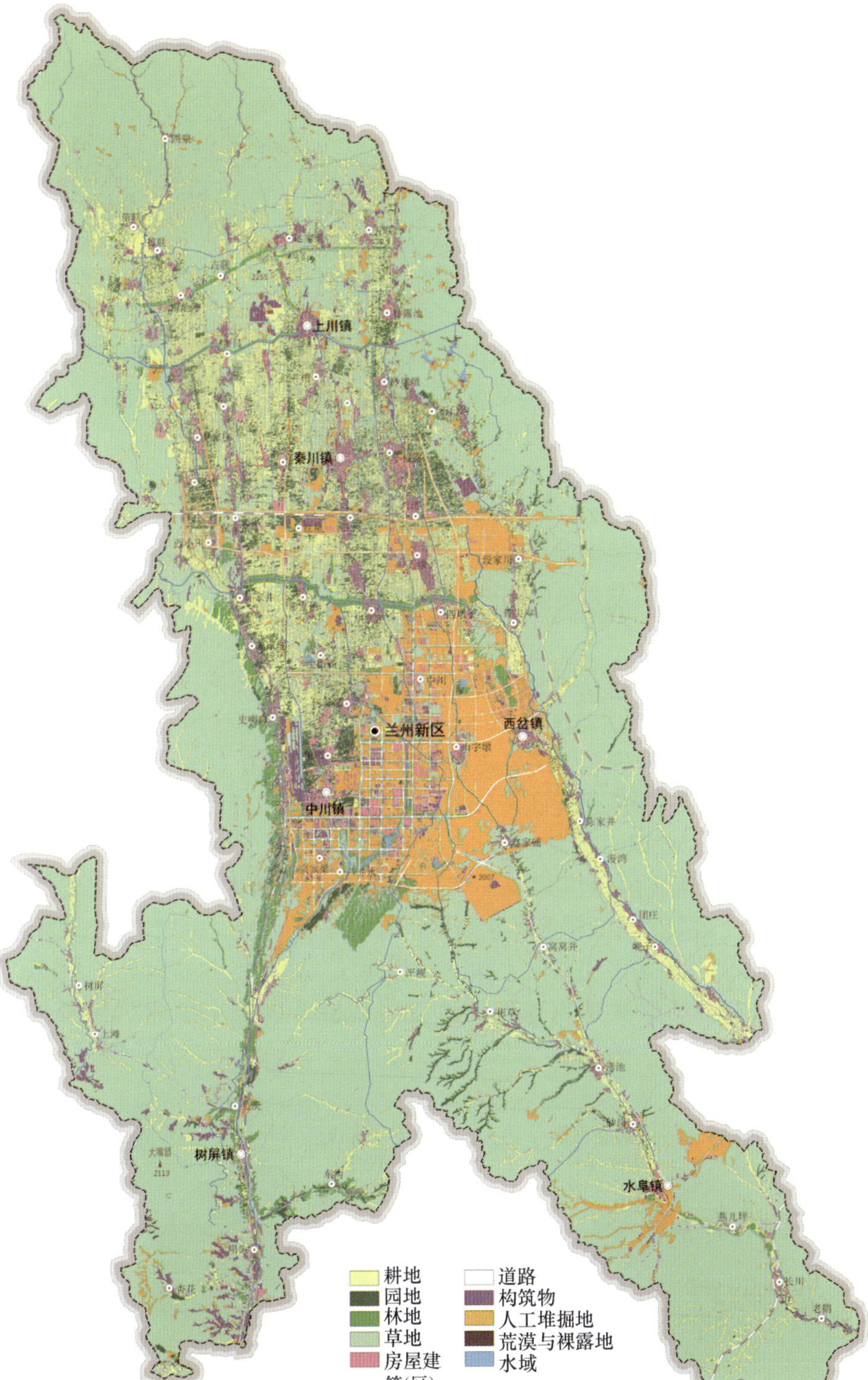

图 5.5　2017 年兰州新区地表覆盖分类现状

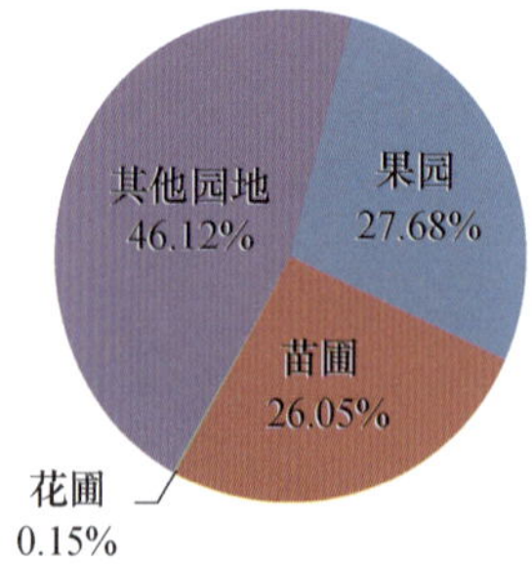

图 5.6 2017 年兰州新区园地结构

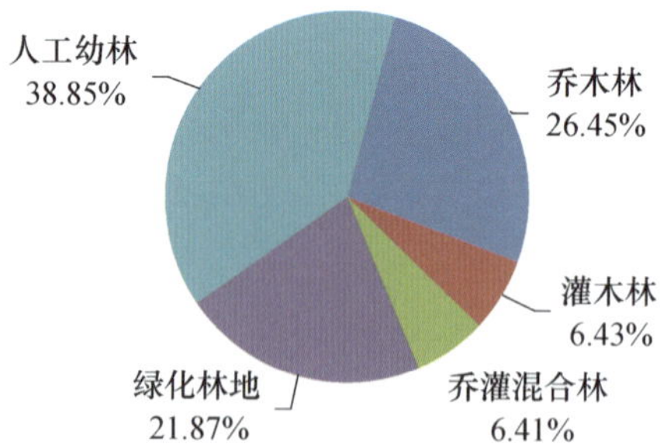

图 5.7 2017 年兰州新区林地结构

图 5.8 为天然草地的结构图。从图中可以看出，兰州新区范围的天然草地中，占比最大的为低覆盖度草地，占天然草地总面积的 81.37%；其次是中覆盖度草地，占天然草地总面积的 18.11%；高覆盖度草地占比最小，占天然草地总面积的比例只有 0.52%。

从草地的构成看，兰州新区范围内的草地以低覆盖度草地为主。低覆盖度草地主要为生长在低丘缓坡沟壑等未利用地上的荒坡草地。人工草地以绿化草地为主，主要分布于道路两旁、各单位及学校院落内。

5. 房屋建筑（区）

房屋建筑（区）中，多层及以上房屋建筑区 432.54 公顷，占房屋建筑（区）总面积的 9.48%；低矮房屋建筑区 3468.58 公顷，占房屋建筑（区）总面积的 76.02%；废弃房屋建筑区 11.90 公顷，占房屋建筑（区）总面积的 0.26%；多层及以上独立房屋建筑 78.01 公顷，占房屋建筑（区）总面积的 1.71%；低矮独立房屋 571.87 公顷，占房屋建筑（区）总面积的 12.53%。

图 5.9 是兰州新区内房屋建筑（区）的结构图。从图中可以看出，房屋建筑（区）中面积占比最大的是低矮房屋建筑区，其次是低矮独立房屋建筑；占比最小的废弃房屋建筑区，其次是多层及以上独立房屋建筑。由于兰州新区处于建设的初期，房屋建筑仍以农村的低矮房屋建筑区为主，多层及以上房屋建筑区所占比例仅为 9.48%。

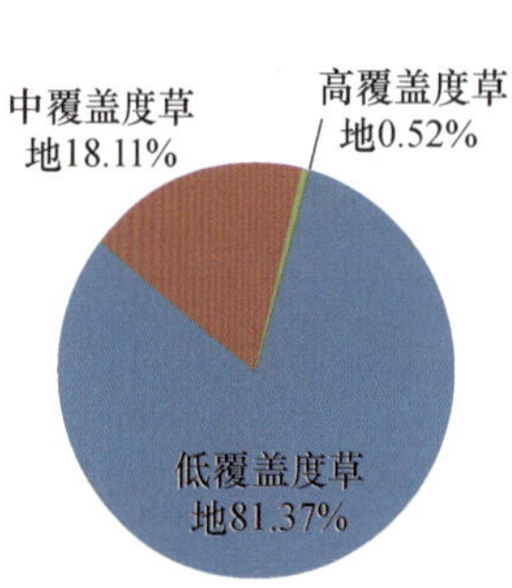

图 5.8 2017 年兰州新区天然草地结构

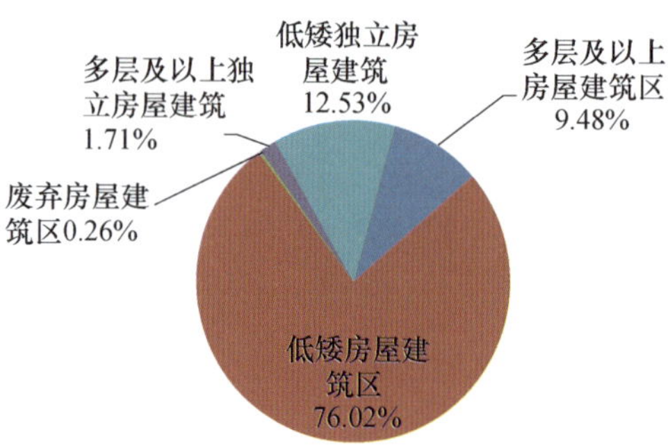

图 5.9 2017 年兰州新区房屋建筑（区）结构

6. 道路

图 5.10 为兰州新区道路面积结构图。从图中可以看出，城市道路占比最大，占道路总面积的 58.42%；其次是农村道路，占道路总面积的 27.53%；占比最小的是铁路，占总道路面积的比例为 2.89%。

7. 构筑物

构筑物中硬化地表 4618.97 公顷，占构筑物总面积的 87.72%；水工设施 16.75 公顷，占构筑物总面积的 0.32%；温室、大棚 360.06 公顷，占构筑物总面积的 6.84%；固化池 19.29 公顷，占构筑物总面积的 0.37%；工业设施 234.57 公顷，占构筑物总面积的 4.45%；其他构筑物 15.72 公顷，占构筑物总面积的 0.30%。

图 5.11 为兰州新区构筑物结构图。从图中可以看出，构筑中面积占比最大的是硬化地表，其次是温室、大棚；占比最小的是其他构筑物，其次是水工设施和固化池。

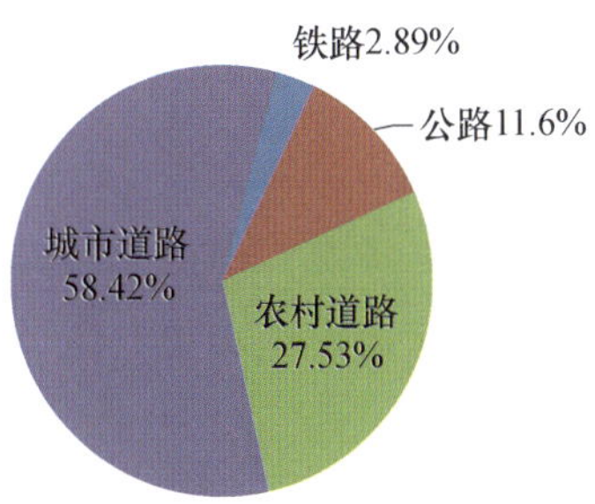

图 5.10　2017 年兰州新区路面结构

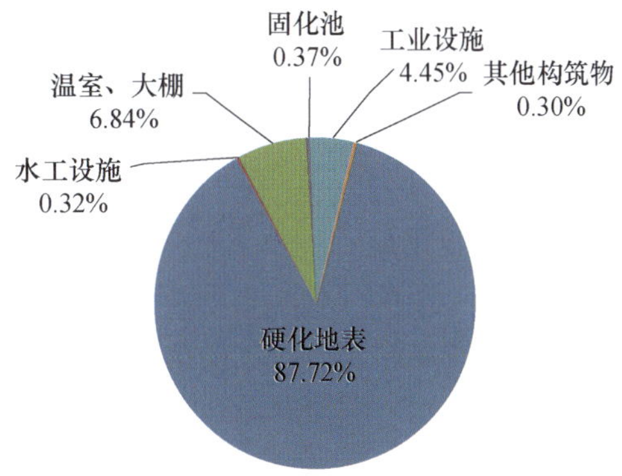

图 5.11　2017 年兰州新区构筑物结构

8. 人工堆掘地

人工堆掘地中露天采掘场 904.38 公顷，占人工堆掘地总面积的 6.06%；堆放物 96.43 公顷，占人工堆掘地总面积的 0.65%；建筑工地 11053.34 公顷，占人工堆掘地总面积的 74.09%；其他人工堆掘地 2864.42 公顷，占人工堆掘地总面积的 19.20%。

从图 5.12 中可以看出，兰州新区人工堆掘地中，面积占比最大的为建筑工地，其次是其他人工堆掘地；面积占比最小的是堆放物和露天采掘场。

9. 荒漠与裸露地

荒漠与裸露地中，泥土地表 129.24 公顷，占荒漠与裸露地总面积的 65.51%；砾石地表 68.04 公顷，占荒漠与裸露地总面积的 34.39%，如图 5.13 所示。

从空间分布来看，砾石地表主要分布于新区北部的干河床中，而泥土地表主要分布于山区和河流的河床。

10. 水域

水域中水面 408.22 公顷，占水域总面积的 69.87%；水渠 176.06 公顷，占水域总面积的30.13%，如图5.14所示。新区范围内大型水域主要有秦王川湿地、2号湖、尖山庙水库、山字墩水库、石门沟水库、东一干渠、东二干渠等。另外在东一干渠、东二干渠附近分布着较多的坑塘。

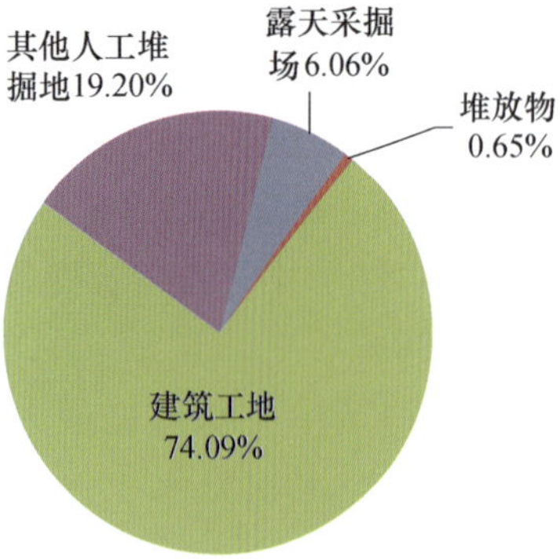

图5.12　2017年兰州新区人工堆掘地结构

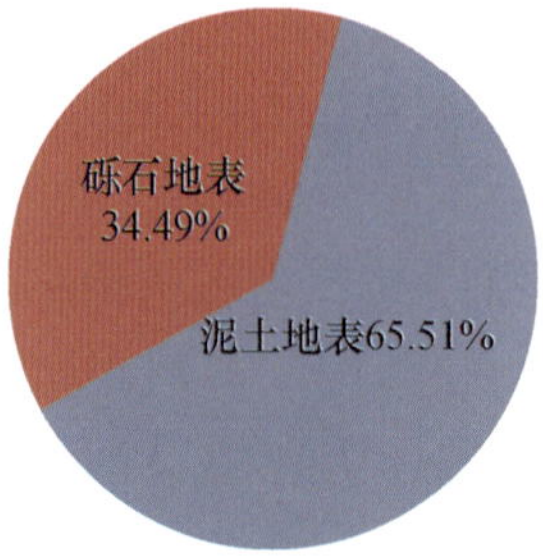

图5.13　2017年兰州新区荒漠与裸露地结构

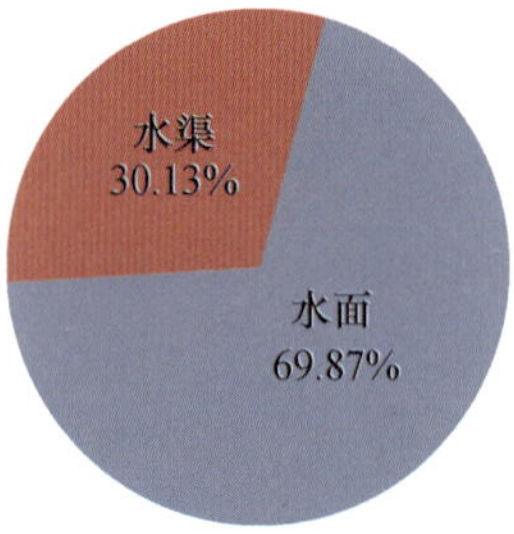

图5.14　2017年兰州新区水域结构

5.3.3　建设用地

1. 城乡建设用地

按照《城市用地分类与规划建设用地标准》（GB 50137—2011）中城乡建设用地的分类体系，城乡建设用地包括城乡居民点建设用地、区域交通设施用地、区域公用设施用地、特殊用地、采矿用地及其他建设用地等。

根据地理国情普查数据与城乡建设用地的代码对照关系，从2017年兰州新区地表覆盖数据中提取各类城乡建设用地并进行整理，生成2017年兰州新区城乡建设用地数据。经统计，截至2017年6月兰州新区城乡建设用地总面积为29285.24公顷，占新区总面积的16.61%，统计情况如表5.2所示。

表5.2　2017年兰州新区城乡建设用地统计

用地名称	2017年面积(公顷)	占比(%)
城乡居民点建设用地	20175.20	68.89
区域交通设施用地	1205.78	4.12
区域公用设施用地	269.13	0.92
特殊用地	13.51	0.05
采矿用地	1417.75	4.84
其他建设用地	6203.87	21.18
总计	29285.24	100

2017年兰州新区城乡建设用地结构如图5.15所示。可以看出，2017年新区城乡建设用地中城乡居民点建设用地所占比例最大，其次是其他建设用地。新区城乡建设用地中面积最小的为特殊用地和区域公用设施用地。

图5.16为2017年兰州新区城乡建设用地分布图。从城乡建设用地的空间分布来看，城乡居民点建设用地主要由建成区范围内的城市建设用地，以及以秦川、中川镇为主分散分布于新区内的农村居民点构成。区域交通设施用地由各级公路及配套设施、机场用地构成。其他建设用地主要为从影像上可以看出正在建设但暂时无法分辨建设类别的用地，主要由分布于新区建成区东部、北部及周边区域的大量建筑工地构成。

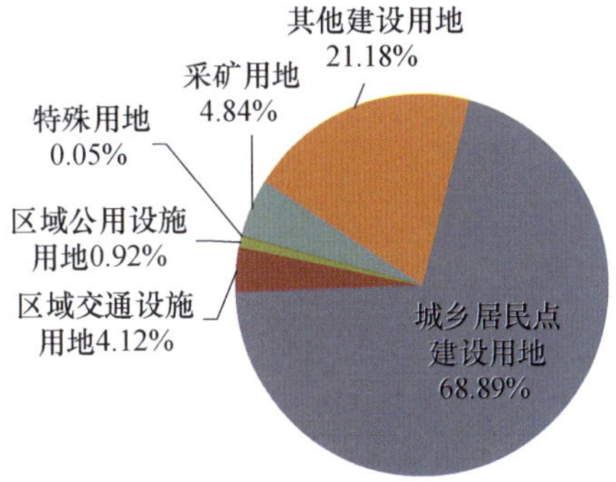

图5.15 2017年兰州新区城乡建设用地结构

2. 城市建设用地

截至2017年6月，兰州新区范围内城市建设用地面积为12874.94公顷，占城乡建设用地面积的43.96%，占新区总面积的7.30%。其中，已开工建设的城市建设用地面积为8355.88公顷，待建用地面积为4519.06公顷。各类城市建设用地面积及占比情况如表5.3所示。

表5.3 2017年兰州新区城市建设用地统计

用地名称	面积(公顷)	占城市建设用地总面积比例(%)	占城乡建设用地总面积比例(%)	占新区总面积比例(%)
居住用地	519.45	4.03	1.77	0.29
公共管理与公共服务设施用地	679.30	5.28	2.32	0.39
商业服务业设施用地	451.64	3.51	1.54	0.26
工业用地	1863.81	14.48	6.36	1.06
物流仓储用地	289.13	2.25	0.99	0.16
道路与交通设施用地	2734.61	21.24	9.34	1.55
公用设施用地	47.04	0.36	0.16	0.03
绿地与广场用地	1770.90	13.75	6.05	1.00
待建用地	4519.06	35.10	15.43	2.56
总计	12874.94	100.00	43.96	7.30

注：待建用地指已经通过审批而暂时没有开工建设的城市建设用地。

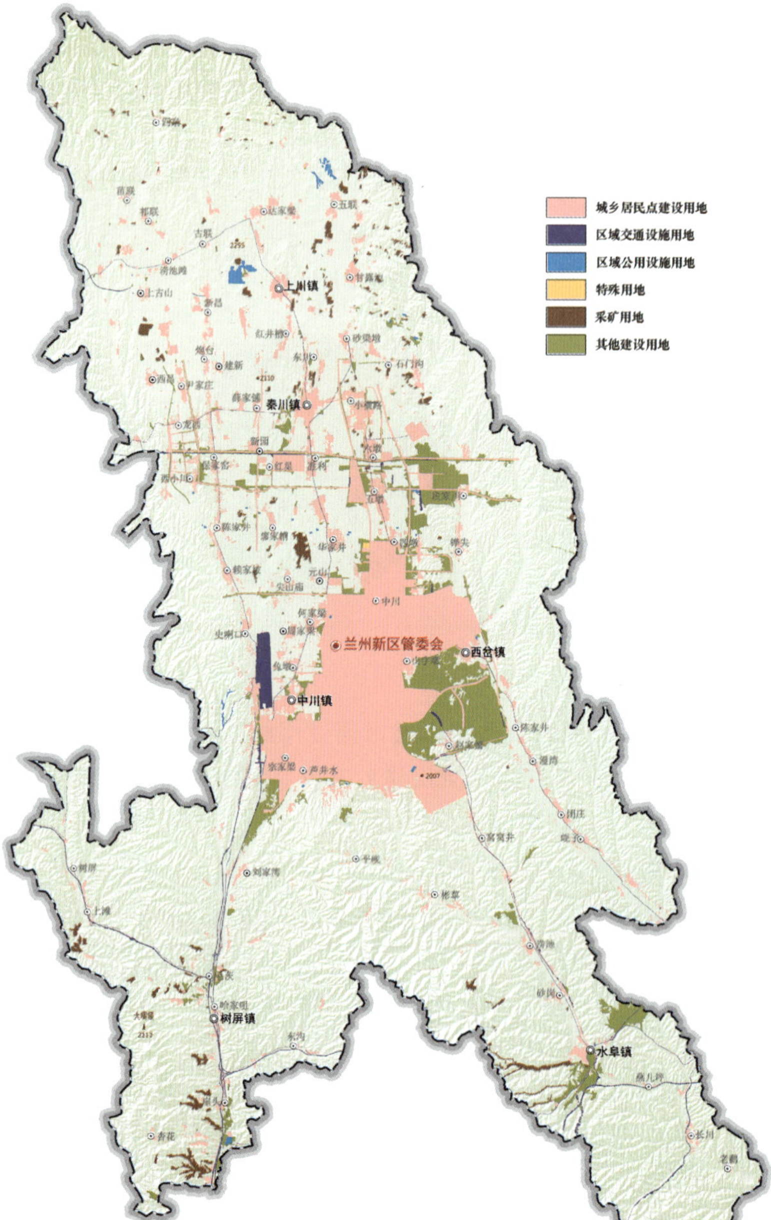

图 5.16　2017 年兰州新区城乡建设用地分布

2017 年兰州新区城市建设用地结构如图 5.17 所示。

可以看出，截至 2017 年 6 月，兰州新区范围内已开工建设的城市建设用地中，占地面积最大的为道路与交通设施用地，占城市建设用地总面积的比例为 21.24%；其次是工业工地，占城市建设用地总面积的比例为 14.48%。占地面积最小的为公用设施用地，占城市建设用地总面积的比例为 0.36%；其次是物流仓储用地，占城市建设用地总面积的比例为 2.25%。

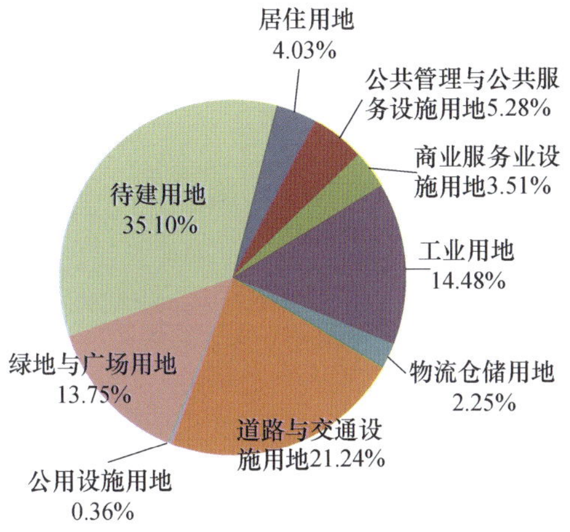

图 5. 17　2017 年兰州新区城市建设用地结构

各类城市建设用地的空间分布见图 5. 18。

5. 3. 4　生态用地

生态用地包括多功能生态用地和主导功能生态用地两类，其中多功能生态用地包括耕地（含温室、大棚）、园地、林地、草地、水域等类型，其中不含人工绿地和人工水域。主导功能生态用地包括人工绿地（如绿化林地、绿化草地）、人工水域（如人工湖、水库、坑塘、水渠等）、湿地保护区等类型。

经统计，2017 年新区内生态功能用地总计 148473. 79 公顷，占新区总面积的 84. 21%，各类生态用地统计情况见表 5. 4。其中，多功能生态用地 146179. 05 公顷，占生态功能用地总面积的 98. 45%。主导功能生态用地 2294. 74 公顷，占生态功能用地总面积的 1. 55%。可见，兰州新区生态用地以多功能生态用地为主。而从 5. 3. 2 节中可知兰州新区草地以低覆盖度荒草地为主，而林地以人工幼林为主。由此可见，虽然兰州新区范围内生态功能用地所占比例较大，但总体质量不高，新区应在后期建设中持续加大生态建设投入。

表 5. 4　2017 年兰州新区生态功能用地统计

类型	类型	面积(公顷)	覆盖率(%)
多功能生态用地	耕地	23091. 13	15. 55
	园地	6220. 54	4. 20
	林地	3317. 29	2. 23
	草地	113141. 87	76. 20
	水域	408. 22	0. 27
主导功能生态用地	人工绿地	1330. 67	0. 90
	人工水域	692. 76	0. 47
	湿地保护区	271. 31	0. 18

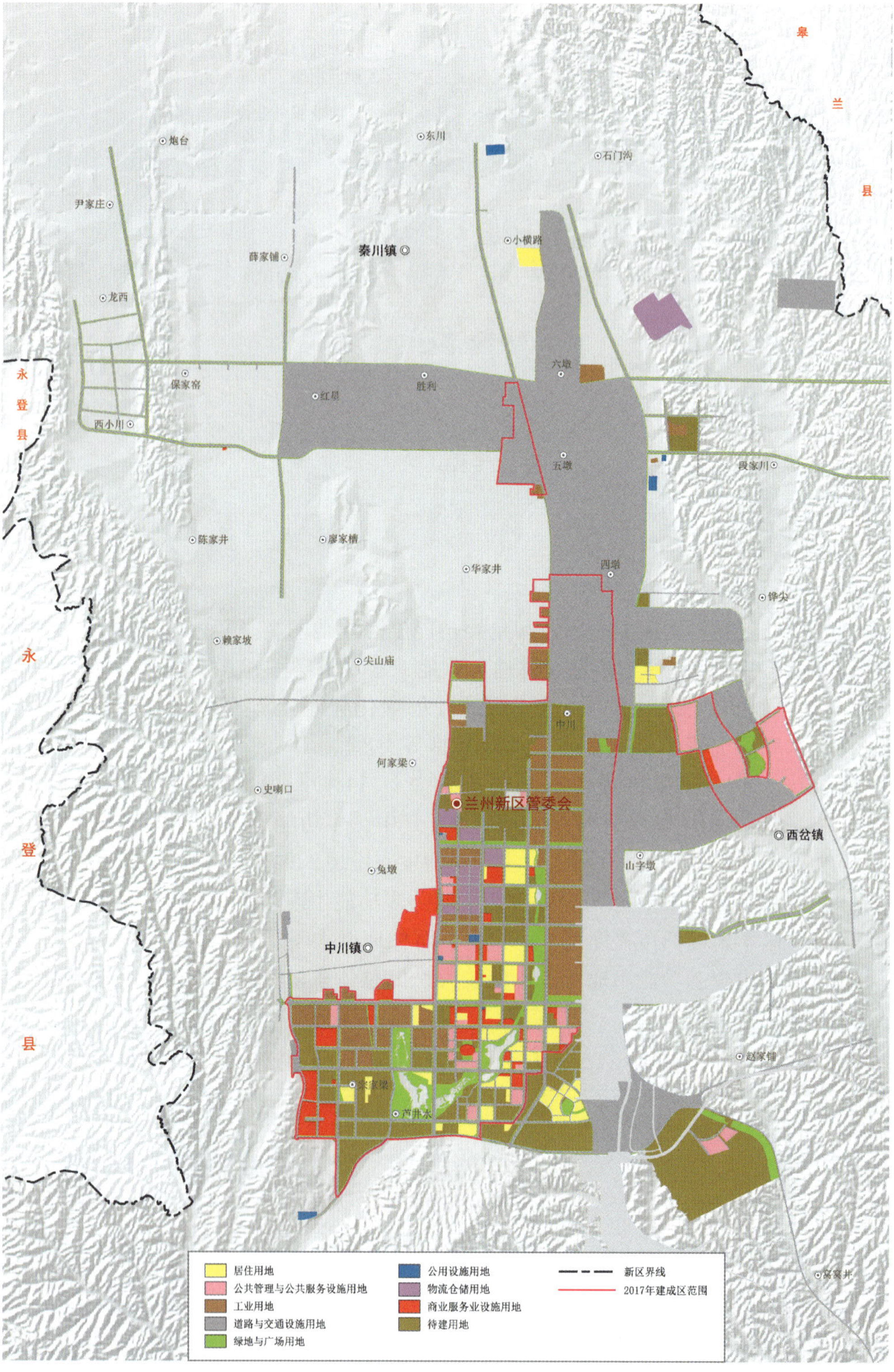

图 5.18　2017 年兰州新区城市建设用地结构

2017 年兰州新区各类生态功能用地分布情况见图 5.19。多功能生态用地中草地的减少量最大，主要原因是随着新区平山造地工程的持续开展，平整了城区周边大量的未利用低覆盖度草地作为新区的建设用地。主导功能生态用地中的人工绿地增加较为显著，说明新区的生态建设在过去的一年中取得了良好成效。

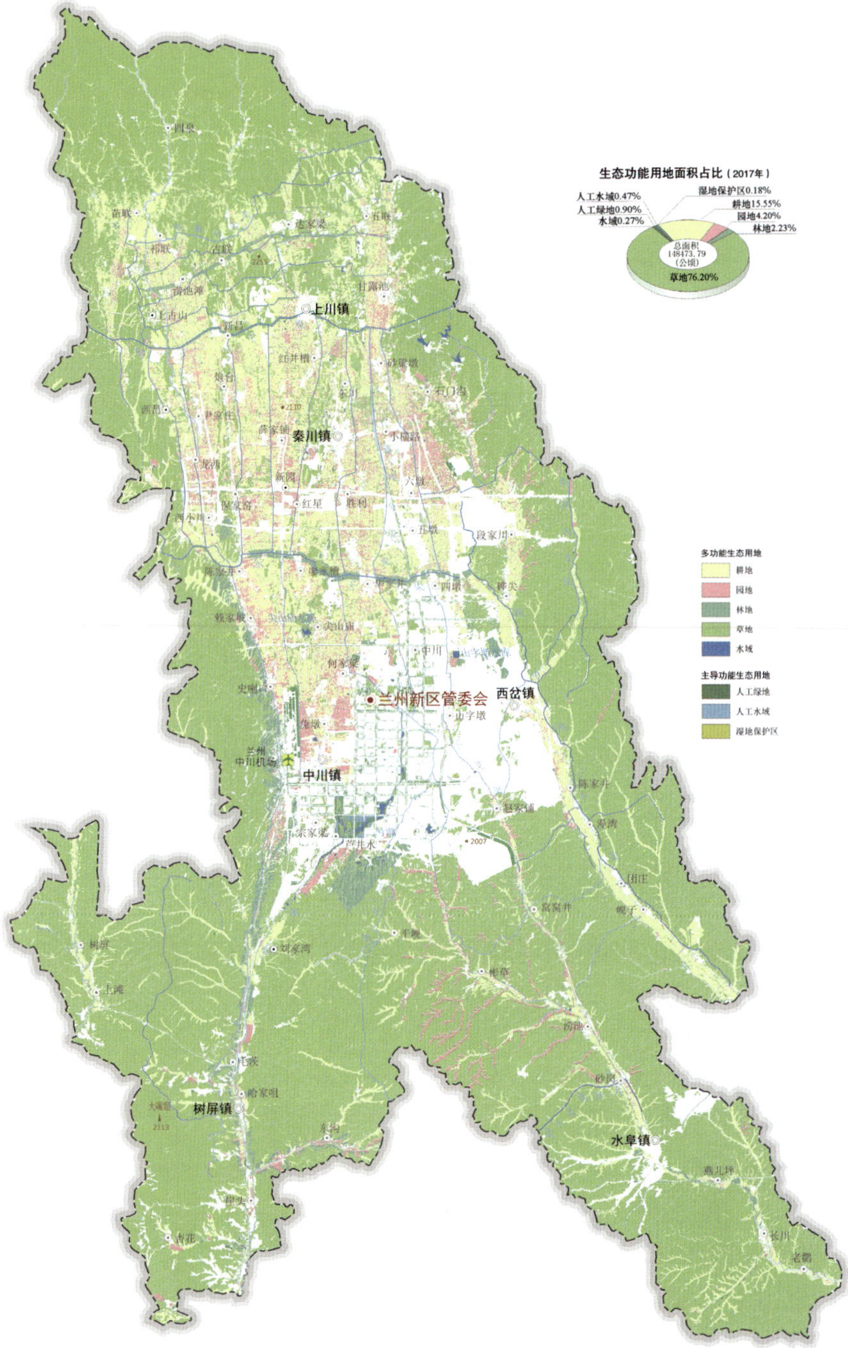

图 5.19　2017 年兰州新区生态用地分布

5.3.5 重要基础设施

基础设施是为社会生产和居民生活提供公共服务的工程设施，是保障国家或地区社会经济活动正常进行的公共服务系统。它是一个地区社会经济发展的一般物质条件。

截至2017年6月，兰州新区各类重要基础设施的基本情况如下。

1. 道路

兰州新区道路中，铁路、公路、城市道路、农村道路等各类型道路长度统计见表5.5，各类型道路的分布见图5.20。

表5.5 2017年兰州新区道路长度统计

道路类型		长度(千米)	占比(%)	总计(千米)
铁路	高速	31.78	51.06	62.24
	普通	30.46	48.94	
公路	高速	54.29	16.48	329.46
	国道	14.21	4.31	
	省道	96.07	29.16	
	县道	99.49	30.20	
	乡道	62.52	18.98	
	专用公路	2.88	0.87	
城市道路	快速路	82.41	16.36	503.81
	主干路	293.49	58.25	
	次干路	81.87	16.25	
	支路	46.04	9.14	
乡村道路	农村硬化道路	500.76	32.37	1546.87
	机耕路	538.69	34.82	
	乡村路	507.42	32.81	

新区境内的铁路有兰州城际铁路、包兰铁路，以及正在修建的包兰铁路二线。高速铁路和普通铁路占比相当，除兰中城际铁路为高速铁路外，其他全为普通铁路。

公路中，高速公路有G6（北京—拉萨高速公路）、G30（北京—拉萨高速公路）、S001（兰州—营盘水高速公路）3条，总长度54.29千米，占新区公路总长度的16.48%；国道只有G109（北京—拉萨公路）1条，长度为14.21千米，占新区公路总长度的4.31%；省道总长度96.07千米，占公路总长度的29.16%；县道总长度99.49千米，占公路总长度的30.20%；乡道总长度62.52千米，占公路总长度的18.98%；专用公路2.88千米，占公路总长度的0.87%。

城市道路中快速路包括水阜—秦川快速路、中快速路、北快速路和南绕城快速路4条，总长度为82.41千米，占城市道路总长度的16.36%；主干路包括黄河大道、长江大道、昆仑山大道、淮河大道等，总长度为293.49千米，占城市道路总长度的

58.25%，是城市道路的主要类型；次干路有峨眉山路、清水河街、庄浪河街、疏勒河街等，总长度为 81.87 千米，占城市道路总长度的 16.25%；支路总长度 46.04 千米，占城市道路总长度的 9.14%。

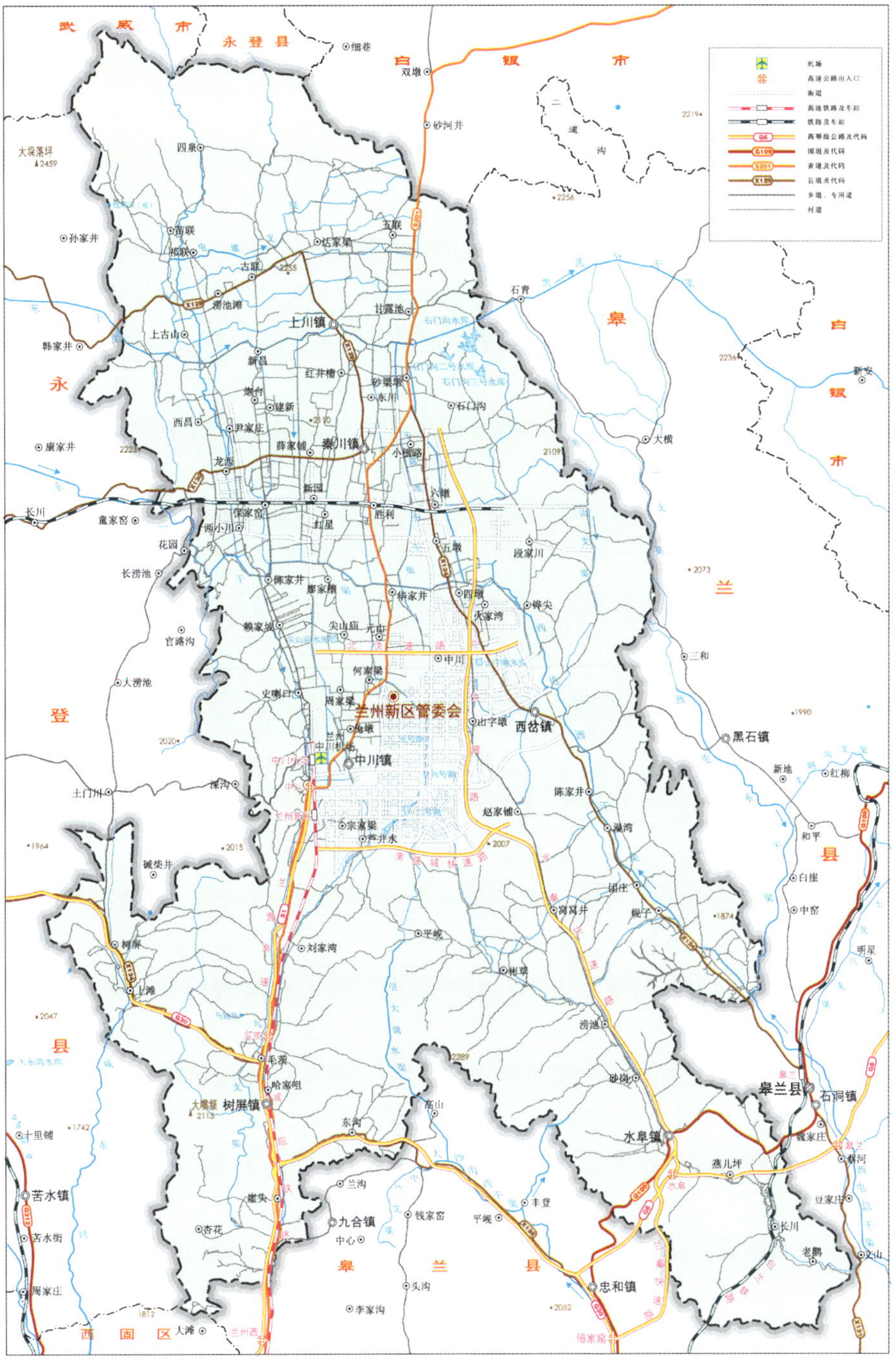

图 5.20　2017 年兰州新区道路交通

2. 交通设施

兰州新区交通设施统计情况如表 5.6 所示。

表 5.6　2017 年兰州新区交通设施统计

交通设施	数量	长度(千米)
隧道（火车隧道、汽车隧道）	11	8.58
桥梁（公路桥、铁路桥）	7	9.88
高速公路出入口	10	—
加油站、加气站	4	—

2017 年新区范围内共有高速公路出入口 10 个，其中京藏高速与水秦快速路互通处出入口共 4 个，机场高速与树屏镇互通处出入口 4 个，机场高速与黄河大道互通处出入口共 2 个。2017 年新区有加油站、加气站共 4 个。

3. 学校

兰州新区有高级中学 3 所，分别为舟曲中学、永登县第五中学和兰州一中绿地实验中学高中部。

初级中学 14 所，包括兰州新区第一初级中学、兰州新区第二初级中学、兰州新区绿地实验学校、兰州市六十一中学、兰州市第十一中学新区分校等。

小学 56 所，包括兰州新区第一小学、兰州新区第二小学、兰州新区实验小学、兰州新区第五小学、兰炼一小新区分校等。

由于职教园区的逐步建成，新区新建 5 所职业技术学院，分别为兰州现代职业学院、甘肃卫生职业学院、甘肃能源化工职业学院、甘肃财贸职业学院和兰州教育职业学院。另外有甘肃交通职业学院等职业学院在建。

4. 医院

截至监测时点，兰州新区共有医疗机构 12 所。其中，医院 5 所，分别为成康医院、民康医院、惠康中西医结合医院、兰州吴氏骨伤科医院和辅仁医院；社区卫生服务站 2 所，分别为彩虹城社区卫生服务站和省人民医院舟曲新苑社区卫生服务站；乡镇卫生院 5 所，分别为上川镇卫生院、中川镇卫生院、西岔中心卫生院、树屏卫生院和水阜中心卫生院。

另外，新区有其他医院正在加紧建设中，例如省人民医院新区分院，其主体建筑已完工，预计很快就会投入运营，省人民医院新区分院的建成运营将改变新区没有高级别医疗机构的现状。

5. 旅游休闲

兰州新区目前建成的旅游休闲之地有秦王川国家湿地公园、2 号湖公园、百花公园、亚太公园等公园，以及西部恐龙园、长城旅游文创园等旅游景点。

6. 城市绿地

兰州新区城市绿地共有 1330.67 公顷，其中绿化林地 928.33 公顷，绿化草地 402.34 公顷，主要分布于沿城市道路绿化带及公园、企事业单位内部。

7. 其他重要基础设施

兰州新区其他重要基础设施情况如下：停车场 17.44 公顷，停机坪与跑道 98.08 公顷，广场 9.92 公顷，露天体育场 58.05 公顷，垃圾堆放场 16.48 公顷。

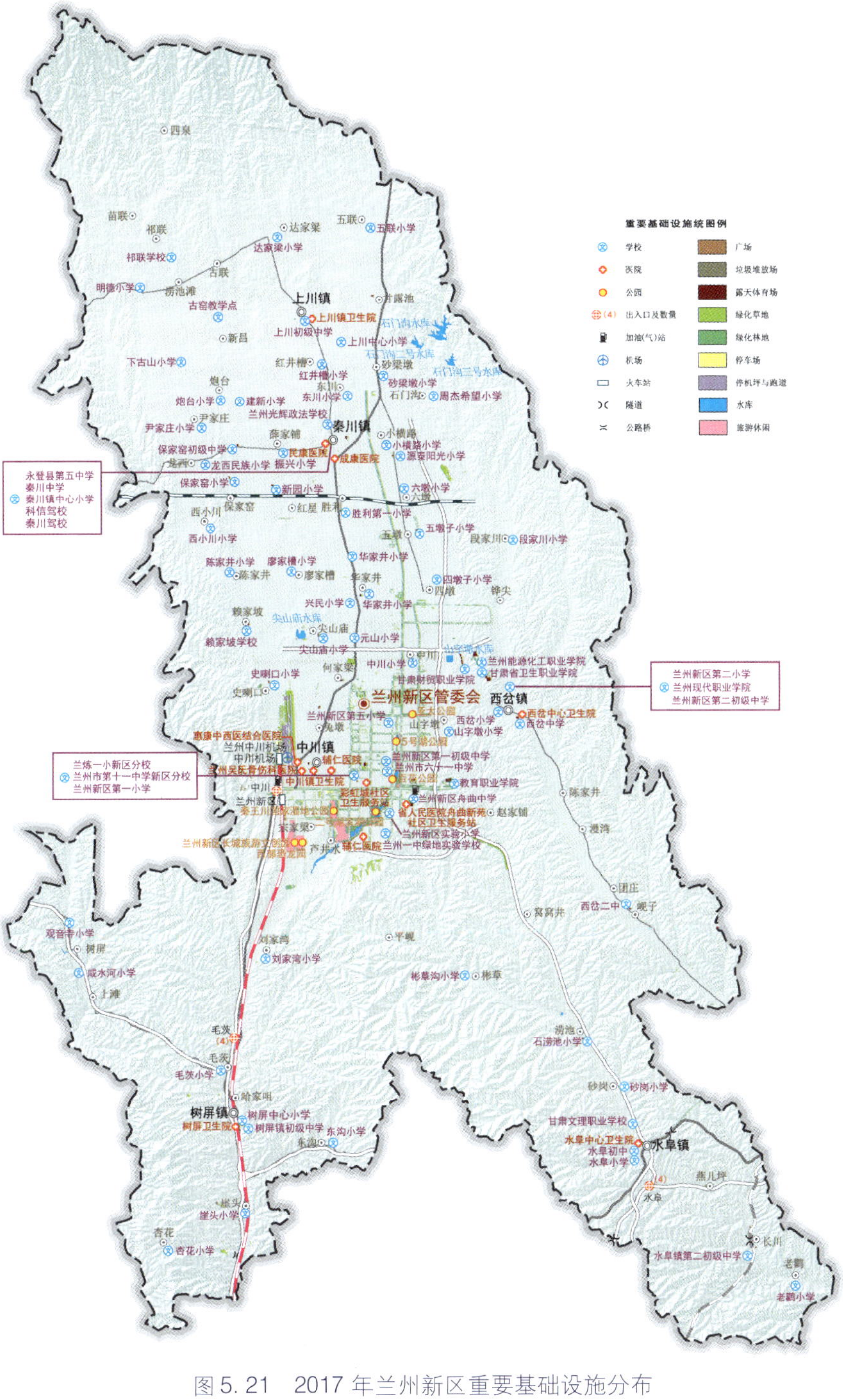

图 5.21　2017 年兰州新区重要基础设施分布

5.4 兰州新区建设变化特征分析

5.4.1 建成区空间扩张

2010 年 10 月，兰州新区被确定为国家级新区之前，建成区面积只有 2.5 平方千米，为纬一路（现名黄河大道）、纬三路（现名中川街）、迎宾大道、经七路（现名祁连山大道）所包围的区域。

2013 年 4 月，兰州新区建成区面积已增至 22.4 平方千米，为 2010 年的 10 倍，范围东至中快速路，西至迎宾大道，南至渭河街，北至长江大道。

2015 年 6 月，兰州新区建成区面积达 66.5 平方千米，为 2013 年的 3 倍，范围东至中快速路，西至迎宾大道，南至南快速路，北至正威国际集团。

2016 年 6 月，兰州新区建成区面积为 70.7 平方千米，范围东至中快速路，西至迎宾大道，南至南快速路，北至包兰二线铁路。

2017 年 6 月，兰州新区建成区面积为 77.0 平方千米，在主城区范围的基础上，扩展了职教园区片区。

2010 年 10 月至 2017 年 6 月，兰州新区建成区面积净增长 74.5 平方千米，年均增长率为 62.41%。

建成区空间重心是描述建成区空间分布的一个重要指标，是建成区保持均匀分布的平衡点，通过对各建成区地块的几何中心坐标值加权平均求得。计算公式为

$$X_t = \frac{\sum_{i=1}^{n}(C_{ti} \cdot X_i)}{\sum_{i=1}^{n} C_{ti}}$$

$$Y_t = \frac{\sum_{i=1}^{n}(C_{ti} \cdot Y_i)}{\sum_{i=1}^{n} C_{ti}}$$

式中，X_t、Y_t分别为 t 时间建成区重心坐标，X_i、Y_i为第 i 个建成区地块的几何中心坐标，C_{ti}为第 i 个地块面积。根据公式分别计算出 2010 年、2013 年、2015 年、2016 年、2017 年的空间重心坐标，如图 5.22 所示。

从图中可以看出，2010 年至 2017 年，兰州新区建成区空间重心整体上呈向东北方向转移的趋势。从 2017 年的监测结果看，建成区的东部和北部区域分布着大量的建筑工地，结合新区的规划资料，可以预测新区未来几年主要的扩展方向依然在建成区的东方向和北方向。

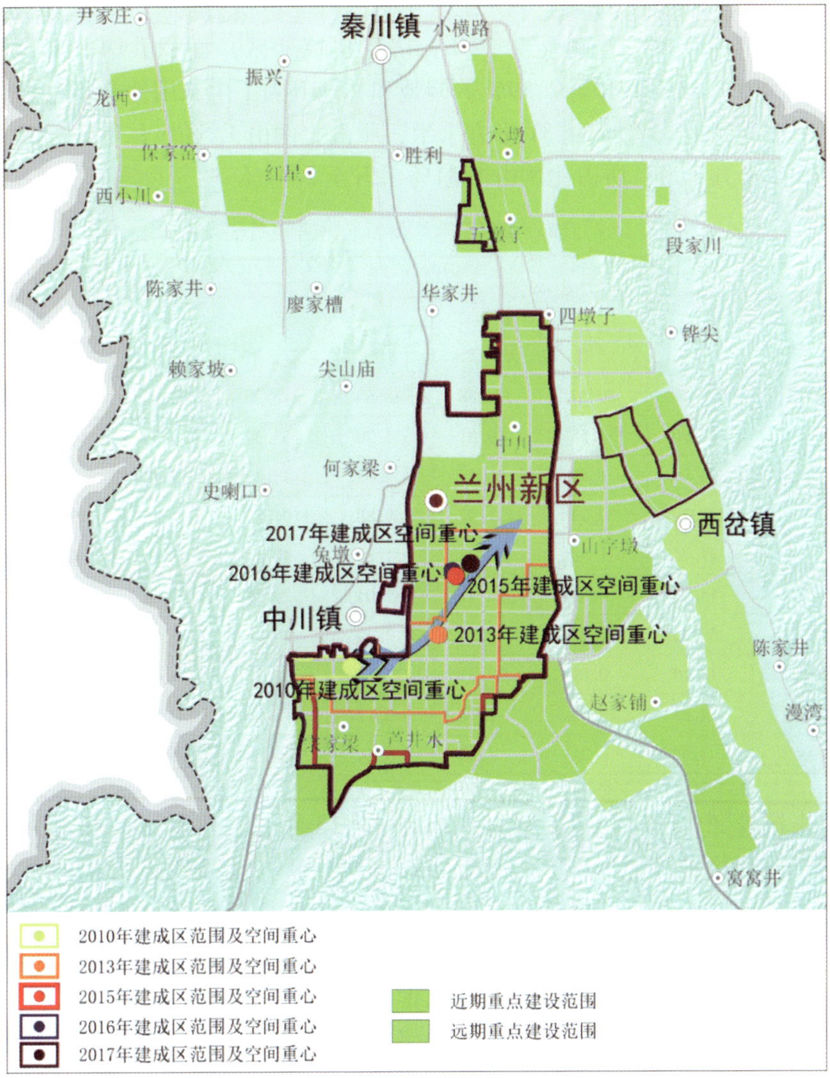

图 5. 22　各年度兰州新区建成区空间重心变化

5. 4. 2　地表覆盖时空变化

1. 地表覆盖总体变化趋势

2010—2017 年，兰州新区 5 期地表覆盖分类数据的面积统计见表 5. 7，变化量统计见表 5. 8，地表覆盖面积变化量统计见图 5. 23。可以看出，2010—2017 年间，兰州新区耕地与草地呈逐年减少的趋势。其中，耕地共减少 135. 42 平方千米，所占比例由 20. 57% 下降为 12. 89%，降低了 7. 68%；草地共减少 110. 59 平方千米，所占比例由 70. 74% 下降为 64. 47%，降低了 6. 27%。房屋建筑（区）、道路、构筑物、人工堆掘地等人工地表类型面积呈逐年增加的趋势。其中，人工堆掘地面积增加最多，共增加

137.09 平方千米，所占比例由 0.69% 上升至 8.46%；其次为道路，共增加 23.91 平方千米，所占比例由 0.86% 上升至 2.22%；房屋建筑（区）面积共增加 17.86 平方千米，所占比例由 1.58% 上升至 2.59%。园地和林地等人工生态用地面积也呈逐年增加的趋势。其中，园地共增加 34.31 平方千米，所占比例由 1.58% 上升至 3.53%；林地共增加 17.52 平方千米，所占比例由 1.41% 上升至 2.41%。

表 5.7　2010—2017 年兰州新区地表覆盖情况统计

地类名称	2010 年		2013 年		2015 年		2017 年	
	面积(平方千米)	占比(%)	面积(平方千米)	占比(%)	面积(平方千米)	占比(%)	面积(平方千米)	占比(%)
耕地	362.73	20.57	328.38	18.63	245.96	13.95	227.31	12.89
园地	27.90	1.58	29.91	1.70	53.34	3.03	62.21	3.53
林地	24.94	1.41	35.75	2.03	38.49	2.18	42.46	2.41
草地	1247.29	70.74	1231.97	69.88	1196.25	67.85	1136.70	64.47
房屋建筑（区）	27.77	1.58	32.23	1.83	40.13	2.28	45.63	2.59
道路	15.22	0.86	18.41	1.04	29.31	1.66	39.13	2.22
构筑物	39.43	2.24	42.74	2.42	46.83	2.66	52.65	2.99
人工堆掘地	12.10	0.69	37.31	2.12	105.72	6.00	149.19	8.46
荒漠与裸露地	2.08	0.12	2.08	0.12	2.03	0.12	1.97	0.11
水域	3.62	0.21	4.30	0.24	5.02	0.28	5.84	0.33

从地表覆盖变化的时间特征来看，2010—2013 年，兰州新区被确定为国家级新区之前至兰州新区被确定为国家级新区之后的第一年，地表覆盖变化相对较小，主要表现为耕地的减少和人工堆掘地的增加，但这个时段内林地面积的增加量相对其他时段较大。2013—2015 年，即兰州新区被确定为国家级新区后的两年，地表覆盖的变化量最大，主要表现为耕地的大量减少和人工堆掘地的大量增加，同时园地在这个时段内增加也相对较明显。2015—2017 年，地表覆盖的变化主要表现为草地的减少和人工堆掘地的增加，主要由于“平山造地”土地开发整理项目的推进，引起以低覆盖度荒草地为主的低丘缓坡沟壑等未利用地转变为人工平整地。道路面积的增加主要集中于 2013—2017 年，房屋建筑（区）面积的增加在 2013—2015 年间较多。

表 5.8　2010—2017 年兰州新区地表覆盖变化量统计　　单位：平方千米

地类名称	2010—2013 年	2013—2015 年	2015—2017 年	2010—2017 年
耕地	-34.35	-82.42	-18.65	-135.42
园地	2.01	23.43	8.87	34.31
林地	10.81	2.74	3.97	17.52
草地	-15.32	-35.72	-59.55	-110.59
房屋建筑（区）	4.46	7.90	5.50	17.86
道路	3.19	10.90	9.82	23.91

续表

地类名称	2010—2013 年	2013—2015 年	2015—2017 年	2010—2017 年
构筑物	3.31	4.09	5.82	13.22
人工堆掘地	25.21	68.41	43.47	137.09
荒漠与裸露地	0	-0.05	-0.06	-0.11
水域	0.68	0.72	0.82	2.22

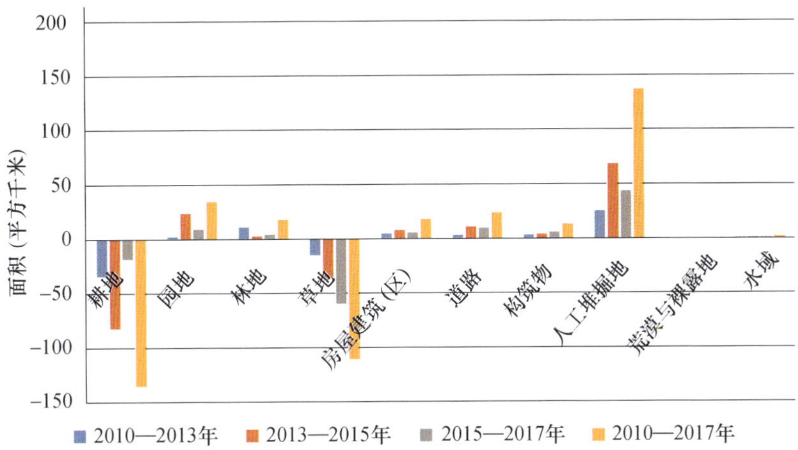

图 5.23　2010—2017 年兰州新区地表覆盖分类面积变化量统计

从地表覆盖变化的空间分布来看（图 5.24），人工堆掘地的增加最为明显，呈以黄河大道为起点，向东、南、北方向逐渐扩张的趋势。人工地表类型如房屋建筑（区）、道路、构筑物等地表的增加，集中分布于新区中部城市建设区域；园地的增加主要分布于新区中部及北部区域；林地的增加主要分布于建成区东侧和南侧的低山丘陵区、东一干渠沿线及城市道路两侧；水域的增加主要分布于新区中部农业区和建成区内部，类型为人工建造的水库、人工湖、坑塘等。

2. 地表覆盖类型转换分析

1）2010—2013 年地表覆盖类型转换情况分析

2010—2013 年间，地表覆盖转移量集中于耕地到园地、草地、人工堆掘地，以及草地到耕地、林地、人工堆掘地之间（表 5.9、图 5.25）。地类转移情况反映出以下几个问题：

（1）2013 年以建筑工地为代表的人工堆掘地主要由 2010 年的耕地与草地转移而来，表明新区在建设最初期，城市建设以占用耕地与草地为主。

（2）耕地到草地的转移量最大，表明新区在 2010 年至 2013 年间存在大量耕地撂荒的现象。

（3）草地到林地的大量转移，表明新区在建设初期加大了植树造林等生态建设工程。

（4）草地到耕地的大量转移也说明新区在建设的同时，也在开垦新的耕地，作为耕地减少的补偿。

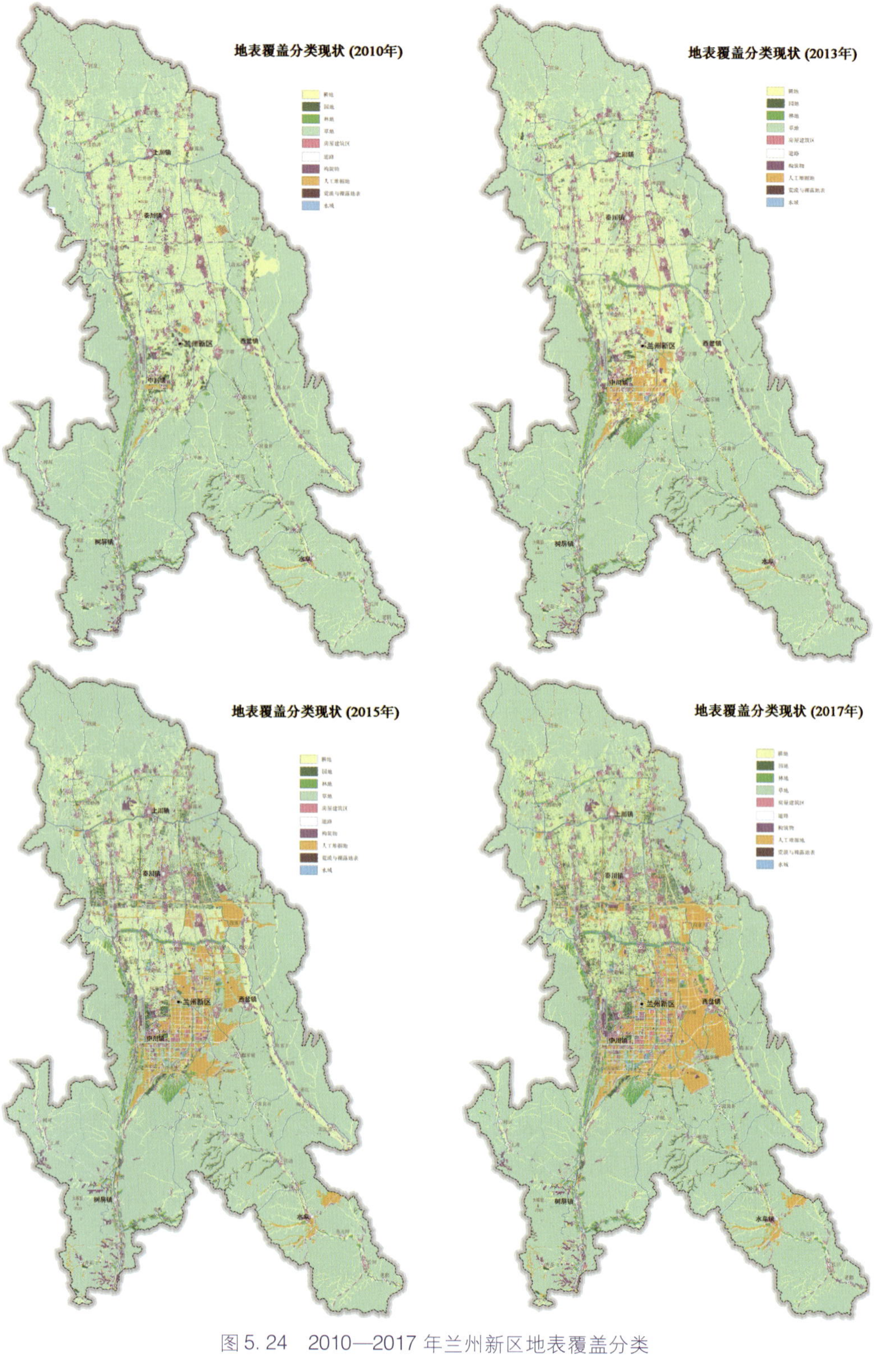

图 5. 24　2010—2017 年兰州新区地表覆盖分类

（5）耕地到园地的大量转移，表明新区以玫瑰为代表的经济作物种植面积的不断扩大。

表 5.9　2010—2013 年地表覆盖转移矩阵　　　　单位：公顷

地表覆盖		2013 年									
		耕地	园地	林地	草地	房屋建筑(区)	道路	构筑物	人工堆掘地	荒漠与裸露地	水域
2010 年	耕地	—	937.09	273.01	3357.21	95.39	152.23	126.97	1058.38	8.75	45.25
	园地	515.23	—	14.99	164.19	18.18	24.29	17.11	168.13	0.02	0.16
	林地	32.32	12.40	—	277.50	2.95	13.27	7.92	21.65	0	1.77
	草地	1991.82	161.90	1129.67	—	176.86	152.51	595.30	1439.59	21.69	64.41
	房屋建筑(区)	4.26	3.44	5.02	18.95	—	14.95	50.50	44.83	0	0
	道路	7.47	1.49	7.44	22.50	1.98	—	5.24	20.67	0.12	0.18
	构筑物	44.54	7.74	11.35	170.12	267.58	15.15	—	66.79	0.08	3.80
	人工堆掘地	21.96	1.62	7.20	118.43	26.46	12.97	120.27	—	0	6.51
	荒漠与裸露地	1.25	0.10	1.38	12.38	0	0.18	2.79	8.70	—	2.71
	水域	2.98	0.11	2.15	36.82	0.22	1.17	4.27	8.65	0.10	—

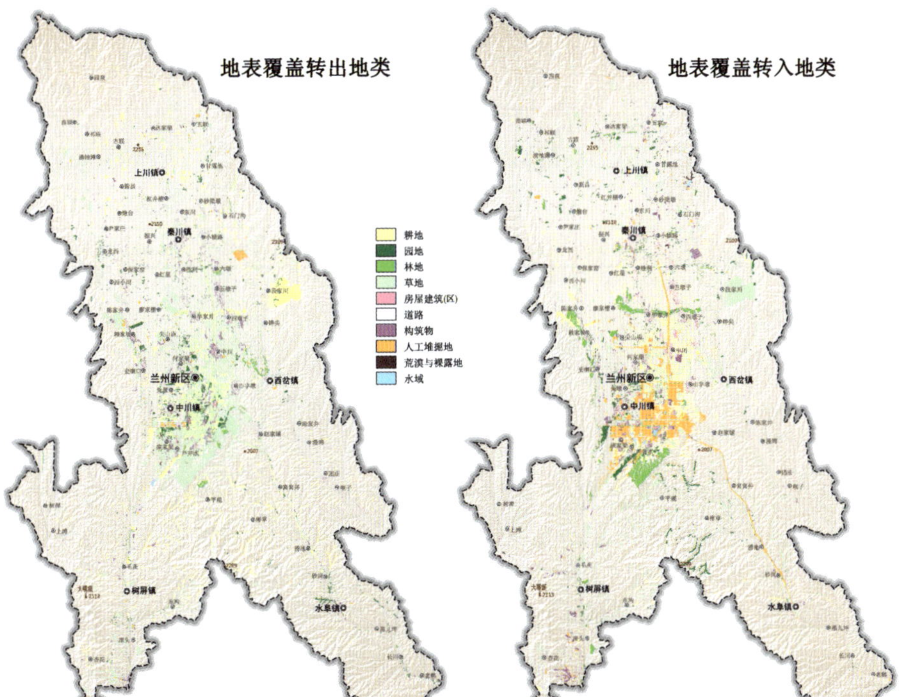

图 5.25　2010—2013 年地表覆盖类型转换

2）2013—2015 年地表覆盖类型转换情况分析

2013—2015 年间，地表转移主要集中于耕地到园地、草地、人工堆掘地，以及草地到人工堆掘地之间（表 5.10、图 5.26）。地类转移情况反映出以下问题：

（1）2013 年草地和耕地到 2015 年人工堆掘地的转移量最大，这表明新区在 2013 年至 2015 年建设期间仍以占用草地和耕地为主。2013 年至 2015 年间，“移山造地”土地整理项目大范围的开展，占用了建成区周边低山丘陵区的大量荒坡草地，导致 2013 年草地到 2015 年耕地间的转移量最大。

（2）耕地到园地之间的大量转移，进一步反映出新区在近两年间农业结构的变化。

（3）耕地到草地之间大量转移，表明伴随新区的快速建设，同样也产生了大量耕地撂荒的现象。

表 5.10　2013—2015 年地表覆盖转移矩阵　　单位：公顷

地表覆盖		2015 年									
		耕地	园地	林地	草地	房屋建筑(区)	道路	构筑物	人工堆掘地	荒漠与裸露地	水域
2013 年	耕地	—	2619.16	272.99	2335.30	287.20	422.31	289.29	2859.94	0.77	26.80
	园地	131.18	—	13.39	127.17	16.30	17.10	25.03	119.36	0	0.77
	林地	14.51	13.54	—	350.25	5.25	12.42	16.66	159.40	0.03	2.17
	草地	699.08	129.78	266.03	—	250.68	285.03	663.38	4810.71	6.26	50.95
	房屋建筑(区)	2.02	1.84	7.76	38.58	—	33.75	51.92	142.46	0	0.07
	道路	0.56	0.97	5.31	15.45	3.07	—	3.67	49.37	0.08	2.46
	构筑物	20.44	8.36	19.94	188.52	258.58	39.36	—	238.65	0.46	5.09
	人工堆掘地	3.67	18.13	260.87	513.63	244.11	349.75	133.18	—	4.05	17.38
	荒漠与裸露地	0	0	0	11.87	1.94	0.27	1.51	4.68	—	0.63
	水域	0.84	0.46	1.20	15.50	0.77	2.08	2.80	8.40	3.04	—

3）2015—2017 年地表覆盖类型转换情况分析

2015—2017 年间，地表覆盖转移量集中于耕地到园地、人工堆掘地，以及草地到耕地、林地、人工堆掘地之间（表 5.11、图 5.27）。地类转移情况主要反映出以下几个问题：

（1）2015 年大量的耕地转移为 2017 年的园地，说明兰州新区农作物的种植对象发生了变化，农业产业结构有了一定的调整，很多种植传统农作物的耕地转变为种植玫瑰等经济苗木的园地。2015 年的耕地还存在较大面积转化为 2017 年人工堆掘地的情况，说明新区征用了部分种植土地作为建设用地。同时 2015 年有大面积的草地转化为 2017 年的耕地，说明一部分撂荒耕地在 2017 年又重新恢复了耕作且有新的耕地被开垦，但总体上看，兰州新区耕地的总面积依旧呈减少的趋势。

（2）2015 年大量的草地转移为 2017 年人工堆掘地，这表明新区建设仍以占用草地为主。2015 年至 2017 年间，随着“平山造地”土地整理项目的持续推进，占用了建成区周边低山丘陵区的大量荒坡草地，造成 2015 年草地到 2017 年人工堆掘地间的转移量最大。

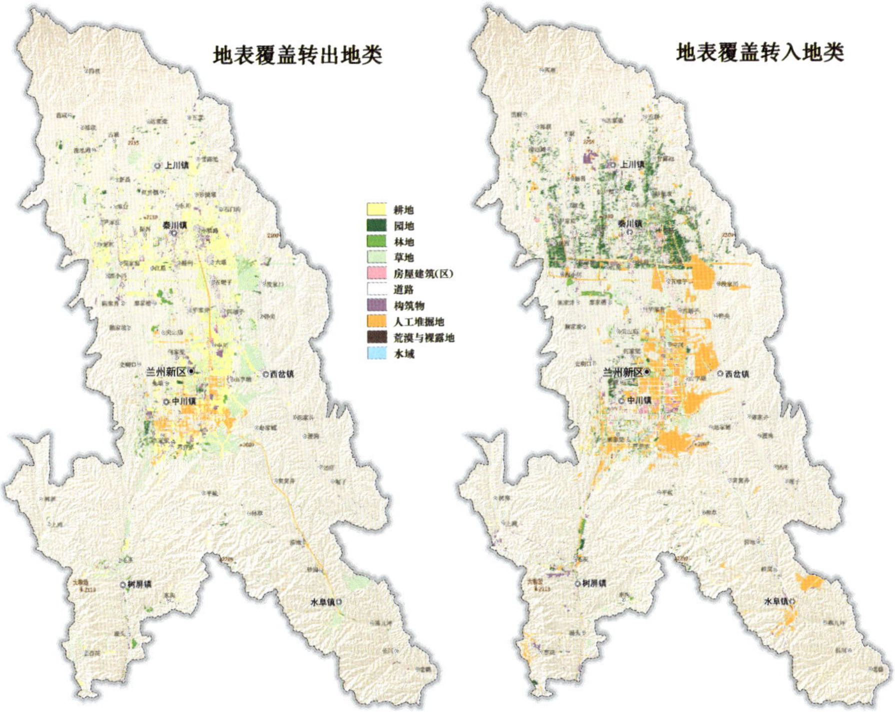

图 5. 26　2013—2015 年地表覆盖类型转换

（3）2015 年大量的人工堆掘地转化为 2017 年房屋建筑（区）、道路、构筑物、林地等类型，有大面积的房屋建筑（区）、道路、构筑物、绿化林地等基础设施已经建设完成，从一个侧面反映出兰州新区的基础设施建设在过去的一年取得了较好的成效。

表 5. 11　2015—2017 年地表覆盖转移矩阵　　单位：公顷

地表覆盖		2017 年									
		耕地	园地	林地	草地	房屋建筑(区)	道路	构筑物	人工堆掘地	荒漠与裸露地	水域
2015 年	耕地	—	1273. 52	7. 28	88. 54	76. 64	100. 29	86. 85	877. 16	—	7. 49
	园地	123. 55	—	3. 98	28. 87	19. 69	43. 94	14. 13	249. 49	—	2. 09
	林地	9. 62	14. 90	—	15. 26	5. 07	24. 89	21. 69	110. 49	—	3. 63
	草地	442. 00	65. 64	141. 12	—	150. 92	185. 70	426. 96	5022. 84	0. 75	47. 21
	房屋建筑(区)	3. 33	1. 18	3. 20	14. 00	—	17. 49	45. 98	92. 18	—	0. 43
	道路	0. 58	0. 54	19. 28	24. 34	5. 05	—	4. 73	61. 18	0. 15	0. 98
	构筑物	19. 69	3. 22	13. 07	52. 72	146. 34	31. 97	—	163. 51	0	5. 17
	人工堆掘地	53. 29	12. 55	413. 41	298. 61	322. 89	693. 06	410. 82	—	0. 24	44. 28
	荒漠与裸露地	0	—	—	0. 13	0. 02	0. 29	2. 68	2. 90	—	0. 71
	水域	0. 64	0. 41	0. 52	5. 50	0. 71	1. 62	4. 08	15. 73	0. 15	—

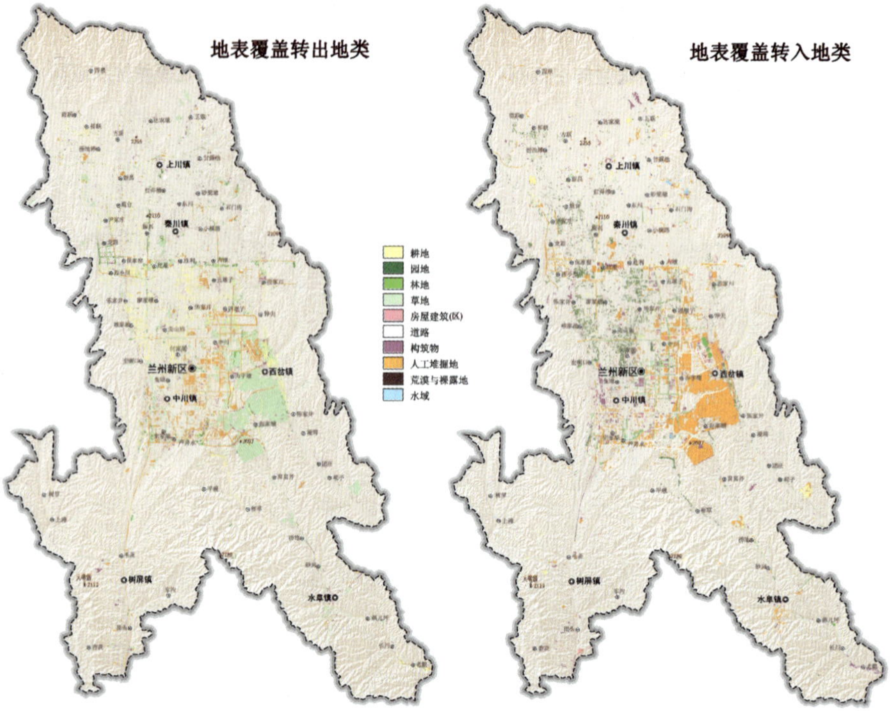

图 5.27　2015—2017 年地表覆盖类型转换

5.4.3　道路交通变化

兰州新区范围内 2010 年至 2017 年铁路、公路、城市道路、农村道路等各类道路信息统计见表 5.12 和图 5.28。

表 5.12　2010—2017 年兰州新区道路信息统计

监测年份及指标	铁路	公路	城市道路	农村道路
2010 年现状(千米)	12.06	351.83	27.16	1657.66
2013 年现状(千米)	12.06	341.25	116.30	1602.72
2015 年现状(千米)	43.17	339.42	304.94	1557.25
2017 年现状(千米)	62.24	329.46	503.81	1546.87
2010—2013 年变化(千米)	0	-10.58	89.14	-54.94
2013—2015 年变化(千米)	31.11	-1.83	188.64	-45.47
2015—2017 年变化(千米)	19.07	-9.96	198.87	-10.38
2010—2017 年变化(千米)	50.18	-22.37	476.65	-110.79
2010—2013 年年均增长率(%)	0	-1.01	62.39	-1.12
2013—2015 年年均增长率(%)	89.20	-0.27	61.93	-1.43
2015—2017 年年均增长率(%)	20.07	-1.48	28.54	-0.33
2010—2017 年年均增长率(%)	127.18	-3.23	330.69	-3.40

从变化趋势上来看，2010—2017 年间，兰州新区范围内的铁路和城市道路呈逐年增长趋势，而公路和农村道路呈逐年减少的趋势。其中，城市道路的变化最明显，在 2010 年仅 27 千米，到 2017 年已达 503.81 千米，年均增长率为 330.69%。

铁路在 2010 年至 2013 年间无变化。在 2013 年至 2015 年间，由于兰中城际铁路的建设与开通，铁路的增长比较明显。2015 年至 2017 年，由于包兰铁路二线的建设，铁路的总长度达 62.24 千米。2010 年至 2017 年，铁路年均增长率为 127.18%。

公路呈逐年减少的趋势，但变化不明显。公路的减少主要处于 2010 年至 2013 年间，主要原因是部分公路路段被改建为城市道路，例如何家梁—牛路槽公路被改建为祁连山大道；部分公路段因城市建设而废弃，例如兔墩—墙圈公路。

农村道路因大范围城市建设的占用，呈逐年减少的趋势。减少的农村道路集中分布于城市建设区域。

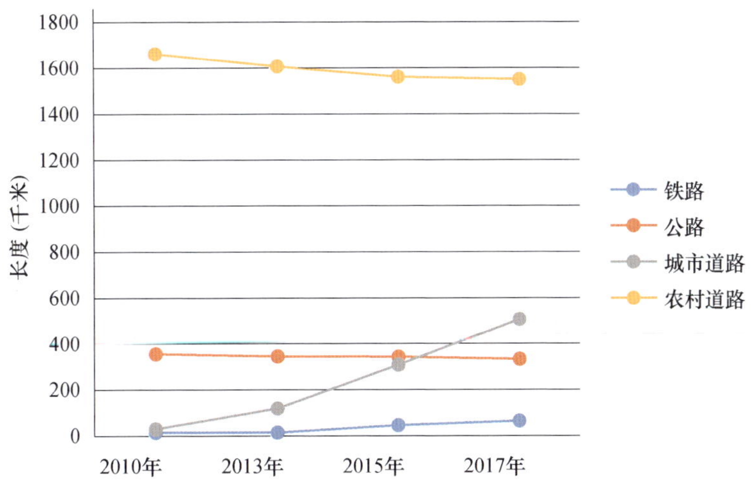

图 5.28　2010—2017 年兰州新区各类道路变化趋势

图 5.29 为 2010 年至 2017 年间，各类道路的变化量统计图。从各类道路的变化量上来看，2010 年至 2015 年间，因新区的建设，各类道路中变化量最大的为城市道路的增长量，其次是农村道路的减少量。变化量最小的为公路的减少量。

图 5.30 中分别为 2010 年、2013 年、2015 年、2017 年兰州新区道路交通网。从图中可以明显看出 2010 年至 2017 年间各类道路的变化情况。其中，城市道路的增加主要集中于建成区及建成区北侧。公路和农村道路的减少也主要位于建成区。新增的兰中铁路与兰营高速相伴，位于新区西南部，穿越树屏与中川两个乡镇。

5.4.4　“平山造地”范围空间扩展

兰州新区属典型的黄土高原丘陵地貌类型，东西两面是低矮黄土山丘，在新区建设发展的过程中，通过“平山造地”工程对核心区周边的低丘、缓坡、荒滩等未利用地开发整理，平整出大面积平地，作为新区的可建设用地，如图 5.31 所示。

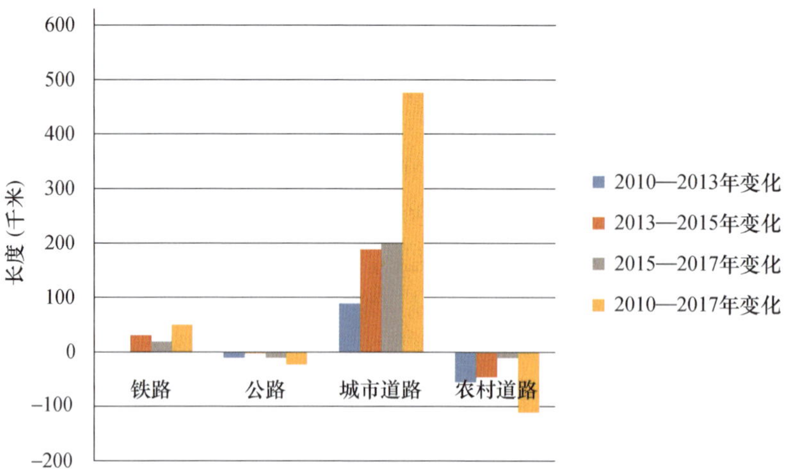

图 5. 29　2010—2017 年兰州新区各类道路长度变化量统计

在 2013 年、2014 年、2015 年、2016 年、2017 年兰州新区地表覆盖数据基础上，结合各时期新区影像数据，提取出各年度新区平山造地范围，如图 5. 32 所示。从图中可以看出，兰州新区平山造地的范围主要分布在现有建成区的东部和东北部区域，且持续向东扩展。根据规划，新区现有建成区东部和北部的土地是以科教园区为首的多个产业园区用地，从各年度新区的平山造地空间分布看，其范围与新区的规划相符合。

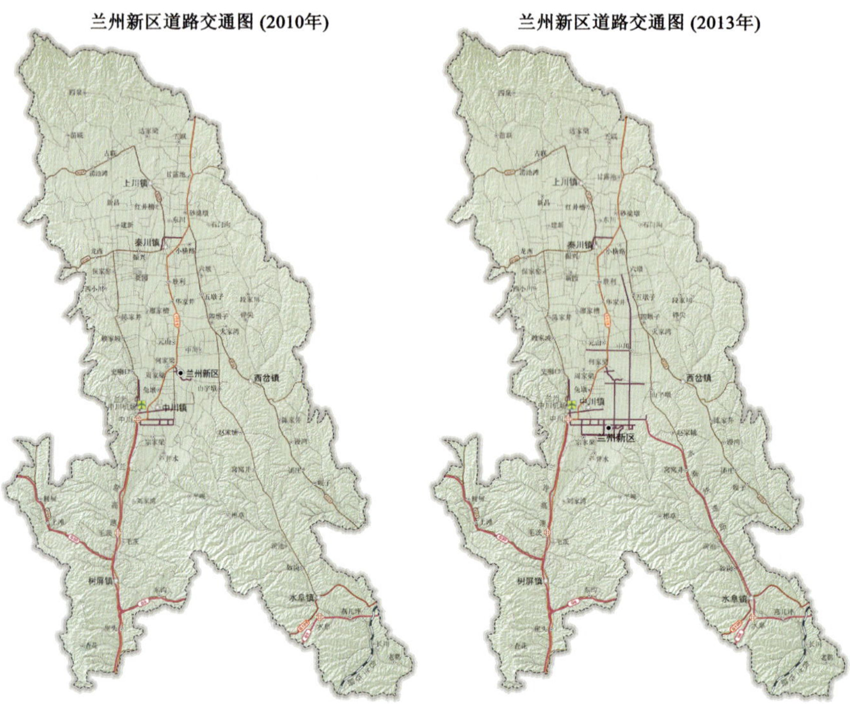

图 5. 30　2010—2017 年兰州新区道路交通网

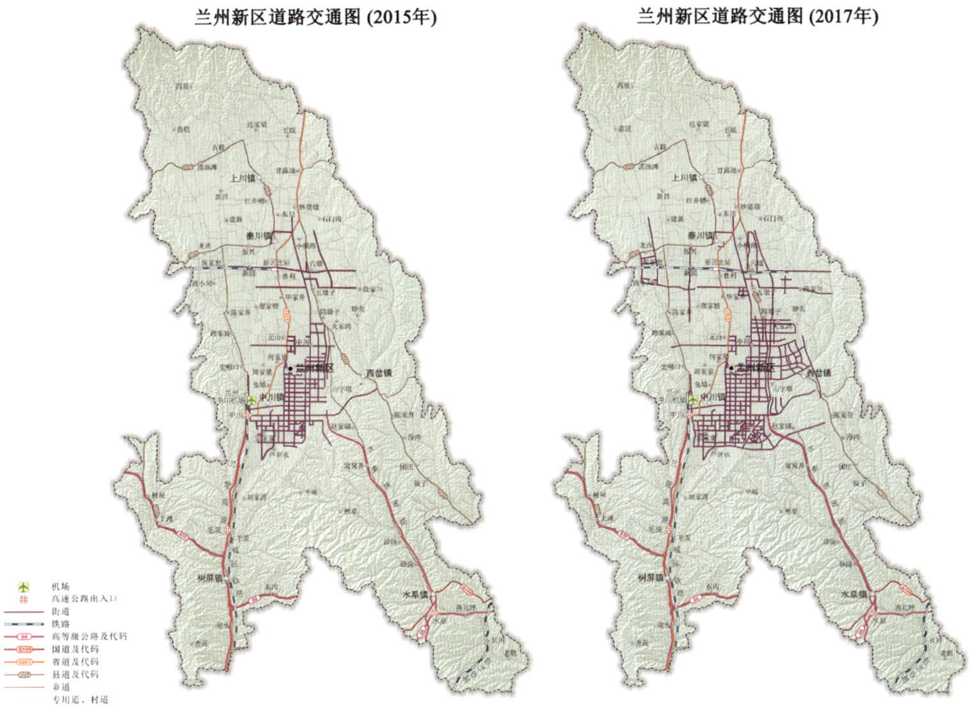

图 5. 30（续）　2010—2017 年兰州新区道路交通网

图 5. 31　兰州新区平山造地效果

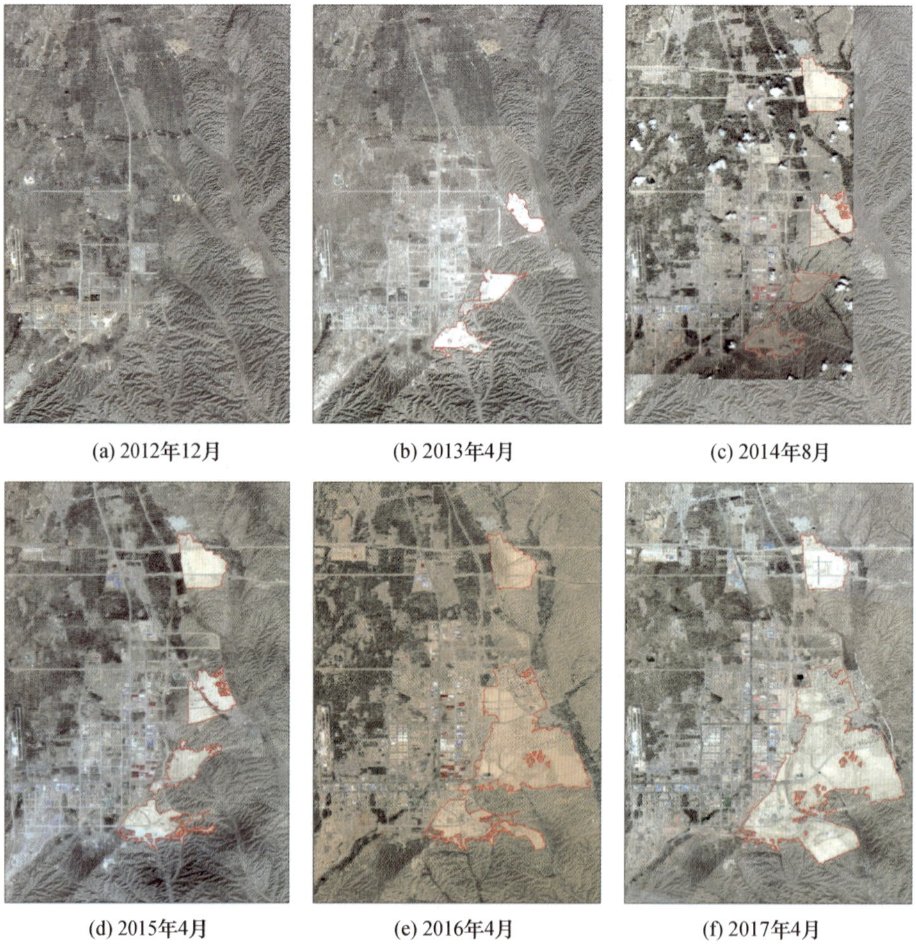

图 5.32　各年度平山造地范围空间分布（红线范围）

图 5.33 为兰州新区各年度平山造地范围面积统计。可以看出，兰州新区平山造地面积呈逐年增长的趋势，至 2017 年平山造地面积达 63.27 平方千米，2013 年至 2017 年年均增长率为 54.69%。从年度增长量（图 5.34）来看，2015 年至 2016 年间平山造地面积增长最大，达 24.3 平方千米；2014 年至 2015 年间增长最小，仅 3.52 平方千米。

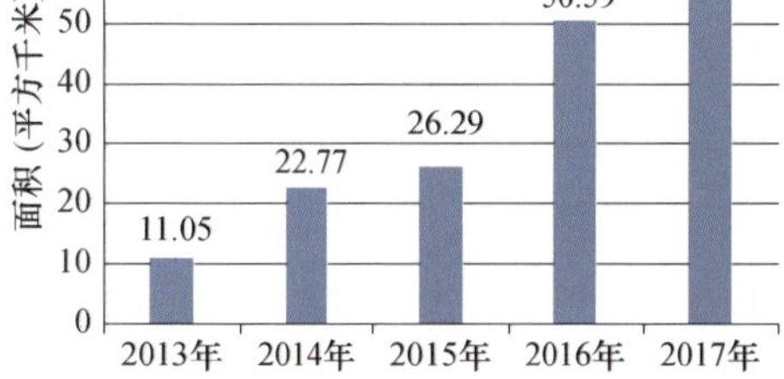

图 5.33　兰州新区平山造地面积统计

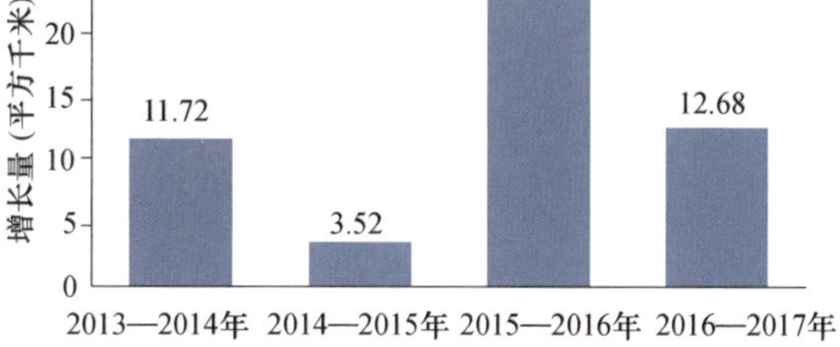

图 5.34　兰州新区平山造地面积增长量统计

5.5　新区空间格局及建设效果分析

5.5.1　城市建设用地空间结构分析

1. 规划符合度分析

以 2017 年建成区作为对比分析的范围，对 2017 年的现状城市建设用地与《兰州新区总体规划（2011—2030）》（2014 年修改）中规划的城市建设用地进行对比，将 2017 年新区城市建设用地现状数据与新区用地规划数据进行对比分析，计算出新区建成区范围内城市建设用地现状与规划不符的总面积，为 314.5 公顷，占建成区内城市建设用地总面积 7477.47 公顷的 4.21%。由此可知，2017 年兰州新区建成区范围内城市建设用地现状与规划的符合度为 95.79%。

从空间分布来看，截至 2017 年 6 月，兰州新区建成区范围内用地现状与用地规划不符的区域（图 5.35）主要有以下几个：电子信息产业园内武警交通第一支队，规划为工业用地，实际为特殊用地，面积为 13.49 公顷；高新技术产业园西南角兰州新区长城旅游文创园，规划为居住用地和绿化用地，实际为商业用地，面积为 62.69 公顷；新区西部恐龙园按照规划应为居住用地，实际为商业服务业设施用地，面积为 37.70 公顷；兰州新区电子信息产业园按照规划应为绿化与广场用地，实际为工业用地，面积为 7.95 公顷。

2. 规划实施情况分析

1）兰州新区总体规划实施情况

新区的用地规划实施率可以反映新区的建设进度和发展程度，其计算公式为：用地规划实施率 = 城市建设用地总面积/规划的城市建设用地总面积。

根据《兰州新区总体规划（2011—2030）》（2014 年修改），兰州新区规划的城市建设总面积为 17044.84 公顷。而截至 2017 年 6 月，新区范围内城市建设用地总面积为 12874.94 公顷，由此计算出兰州新区城市建设用地的总体用地规划实施率为 75.54%。从本年度的监测结果可以看出，兰州新区的城市建设用地总面积和城市建设用地总体的规划实施率在过去的一年都有了大幅度的增加，也从一个侧面反映出新区在过去一年的建设规模和建设力度之大。

2）兰州新区建成区内规划实施情况

选取 2017 年 6 月兰州新区建成区作为分析范围，对兰州新区建成区内各类城市建设用地按照建设状态类型分别统计面积，生成表 5.13。根据总体规划，将各类城市建设用地的建设状态划为规划待建、在建、已建成三类："规划待建"表示按照总体规划还未开工建设的土地，城市建设用地中"待建"状态的用地按照城市建设用地总体规划图分割并整理生成；"在建"表示从影像上看正在施工中的土地，包括土地平整、楼体建设等各类建设状态，对应城市建设用地中的“已平整”和“在建”状态的用地；“已建成”表示从影像上看建筑物、构筑物、绿化等已经完成建设的土地，对应城市建设用地中“已建成”状态的用地。

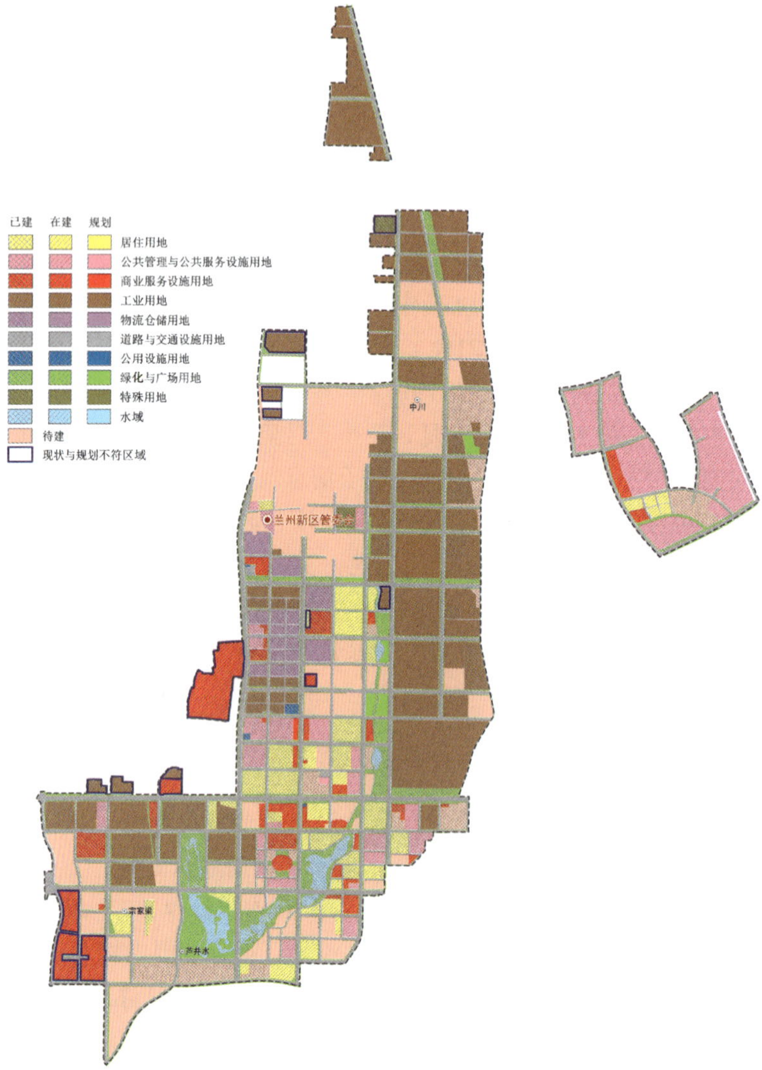

图 5.35　兰州新区规划实施情况分析

将规划中的城市建设用地数据与 2017 年兰州新区建成区范围数据进行叠加分析，得出 2017 年建成区内所规划的城市建设用地面积，为 7477.47 公顷。从表 5.13 中可以看出，规划待建用地所占建成区内城市建设用地规划总面积的比例为 26.54%，代表城市建设成就的在建用地和已建成用地分别占建成区内城市建设用地规划总面积的 42.24% 和 31.22%。

表 5.13　建成区内各类城市建设用地规划实施情况统计

用地类型	规划总面积（公顷）	规划待建		在建		已建成		规划实施率(%)
		面积（公顷）	占比（%）	面积（公顷）	占比（%）	面积（公顷）	占比（%）	
居住用地	792.05	400.66	50.59	189.62	23.94	201.77	25.47	49.41
公共管理与公共服务设施用地	755.99	145.53	19.25	521.87	69.03	88.59	11.72	80.75
工业用地	2231.57	511.21	22.91	1517.43	68.00	202.93	9.09	77.09
道路与交通设施用地	1355.17	114.85	8.47	57.17	4.22	1183.15	87.31	91.53
绿化与广场用地	1461.56	536.54	36.71	371.9	25.45	553.12	37.84	63.29
公用设施用地	29.42	21.63	73.52	2.10	7.14	5.69	19.34	26.48
物流仓储用地	213.11	56.84	26.67	121.66	57.09	34.61	16.24	73.33
商业服务设施用地	638.60	197.48	30.92	376.64	58.98	64.48	10.10	69.08
总计	7477.47	1984.74	26.54	3158.39	42.24	2334.34	31.22	73.46

注：占比表示各建设状态城市建设用地占所对应建成区内城市建设用地规划总面积的百分比。

图 5.36 为建成区内各类城市建设用地的建设状态结构图。从图中可以看出，各类城市建设用地中，实施率最高的为道路与交通设施用地，达 91.53%；其次是工业用地，实施率达 77.09% 。总体来看，新区建成区内城市各类型建设用地的实施情况呈稳步增长的趋势。

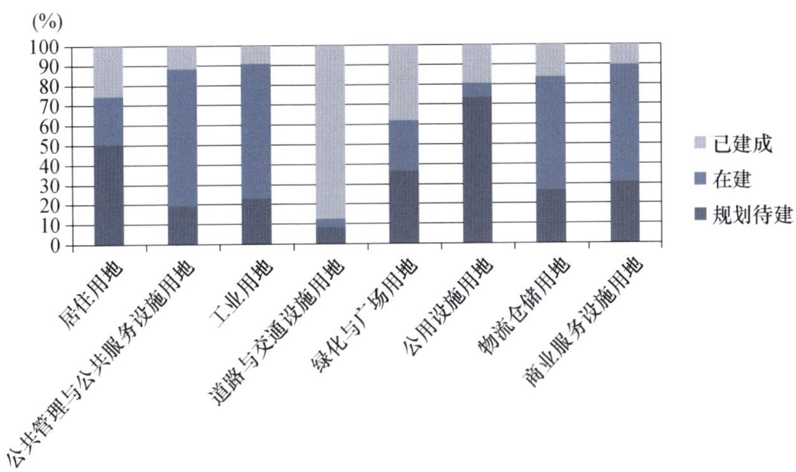

图 5.36　建成区内城市建设用地建设状态结构

5.5.2　基础设施空间布局分析

本节内容分析了兰州新区范围内路网密度、重要基础设施的道路可达性和服务范围，以及新区周边与新区范围内重要基础设施的互通性、关联性。

1. 路网密度

路网密度是衡量一个区域道路网络便捷程度的常用指标，它是指一定区域范围内由不同功能等级、区位的道路，以一定的密度和适当的形式组成的网络体系结构。路网密度用区域内所有道路的总长度与区域总面积的比值来表征，单位为千米/平方千米。路网密度越大表明道路越密集，对区域发展的支撑能力越强，未来发展潜力越高。

根据本年度监测成果中的道路数据，计算2017年新区范围内铁路、公路、城市道路、农村道路等类型道路的总长度，结合兰州新区的总面积，计算出各类道路的路网密度，如表5.14所示。

表5.14 兰州新区范围内各类型道路路网密度

道路类型	铁路	公路	城市道路	农村道路
道路长度(千米)	62.24	329.46	503.81	1546.87
路网密度(千米/平方千米)	0.0353	0.1869	0.2857	0.8773

选取新区较为主要的公路、城市道路和乡村道路作为研究对象，对道路的网络密度设定权重，如表5.15所示。

表5.15 路网密度权重赋值

道路类型		权重
公路	高速公路	0.200
	一级公路	0.150
	二级公路	0.100
	三级公路	0.075
	四级公路	0.050
城市道路	快速路	0.150
	主干道	0.100
	次干道	0.075
	支路	0.050
乡村道路		0.050

根据公式：

$$D = \sum_{i=1}^{m} \omega_i D_i$$

对新区的公路、城市道路和乡村道路进行加权计算，得到新区的路网密度。其中，D为新区的路网密度，为ω_i类道路权重赋值，D_i为i类型道路的路网密度，m为各类型道路的数目。新区各类型道路路网密度如表5.16所示。

表5.16 各类型路网密度

道路类型		路网密度(千米/平方千米)
公路	高速公路	0.0402
	一级公路	0.0028
	二级公路	0.0411
	三级公路	0.0675
	四级公路	0.0323

续表

道路类型		路网密度(千米/平方千米)
城市道路	快速路	0.0467
	主干道	0.1665
	次干道	0.0464
	支路	0.0261
乡村道路		0.8773

通过加权计算，得出2017年兰州新区路网密度为915.65千米/万平方千米，较2016年的885.36千米/万平方千米有一定的增加，也反映出在过去的一年兰州新区的交通设施建设取得了一定的成效。

2. 道路可达性

道路可达性是评价道路交通网络效率的有效指标，反映一个地方到另一个地方的便利程度。根据2017年监测成果中的路网数据，利用可达性分析方法，计算新区范围内任何一点到最近的学校、医院、交通节点等所需的时间，并对其进行等级划分。

计算时间距离时，将格网大小设为50米×50米，各级道路的行车时速参考表5.17，并根据各新区的实际情况适当调整。

表5.17　各级道路设计时速

道路类型	技术等级	设计时速(千米/时)
公路	高速	120
	一级	100
	二级	80
	三级	60
	四级	40
城市道路	快速路	100
	主干道	60
	次干道	50
	支路	40
乡村道路	农村硬化道路	30
	机耕路	20
	乡村路	15
其他道路		5

1）基础教育设施可达性

（1）中学可达性。

利用新区路网数据与学校点位数据进行可达性分析，计算出新区内任意位置到达最近中学所需的时间，划出新区中学的腹地范围，以10分钟为时间间隔对其进行等级划分，如图5.37所示。

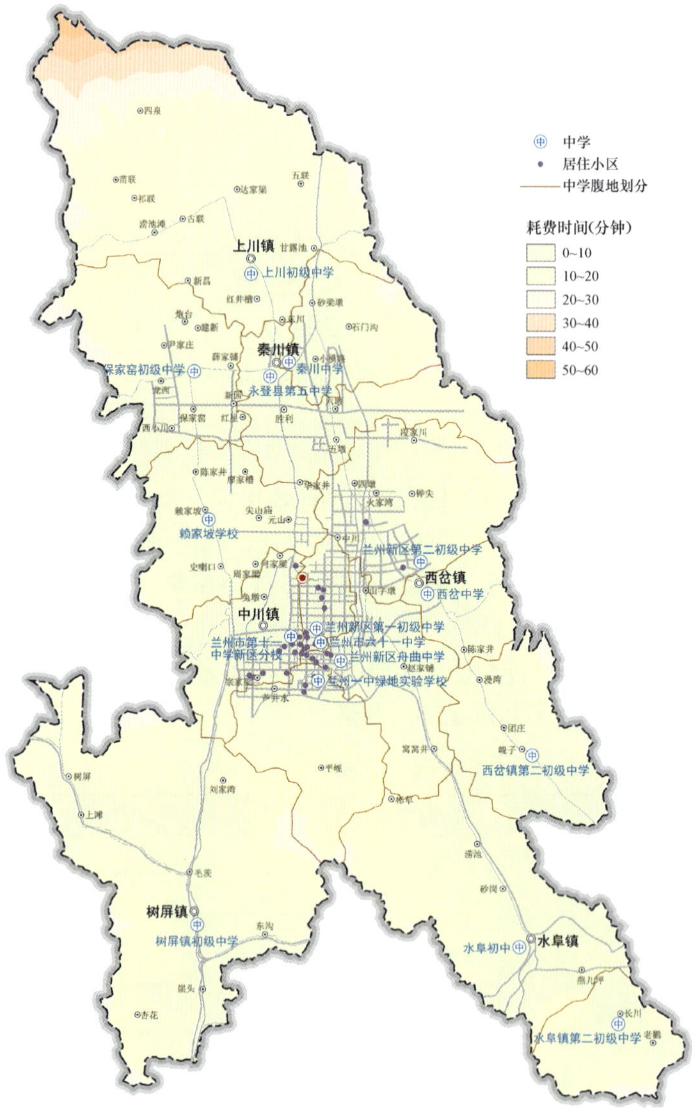

图5.37　2017年兰州新区中学可达性及腹地划分

从到最近中学所需的时间所对应范围的面积来看，新区内65.57%的区域可在车行10分钟内到达最近的中学，94.02%的区域可在车行20分钟内到达最近的中学，具体情况如表5.18所示。

表5.18　到达最近中学所需时间对应面积情况

时间(分钟)	0~10	10~20	20~30	30~40	40~50	50~60
面积(平方千米)	1156.07	501.62	72.89	22.78	7.65	2.17
占比(%)	65.57	28.45	4.13	1.29	0.43	0.12

（2）小学可达性。

截至2016年6月，兰州新区共有小学61所，九年制学校3所，它们是兰州新区公共服务系统的重要组成部分，对兰州新区教育公共服务事业的发展至关重要。

以兰州新区 64 所小学（包括小学和九年制学校）为目标点，利用可达性分析方法，计算新区内到达最近小学所需的时间，以 10 分钟为时间间隔对其进行等级划分，如图 5.38 所示。

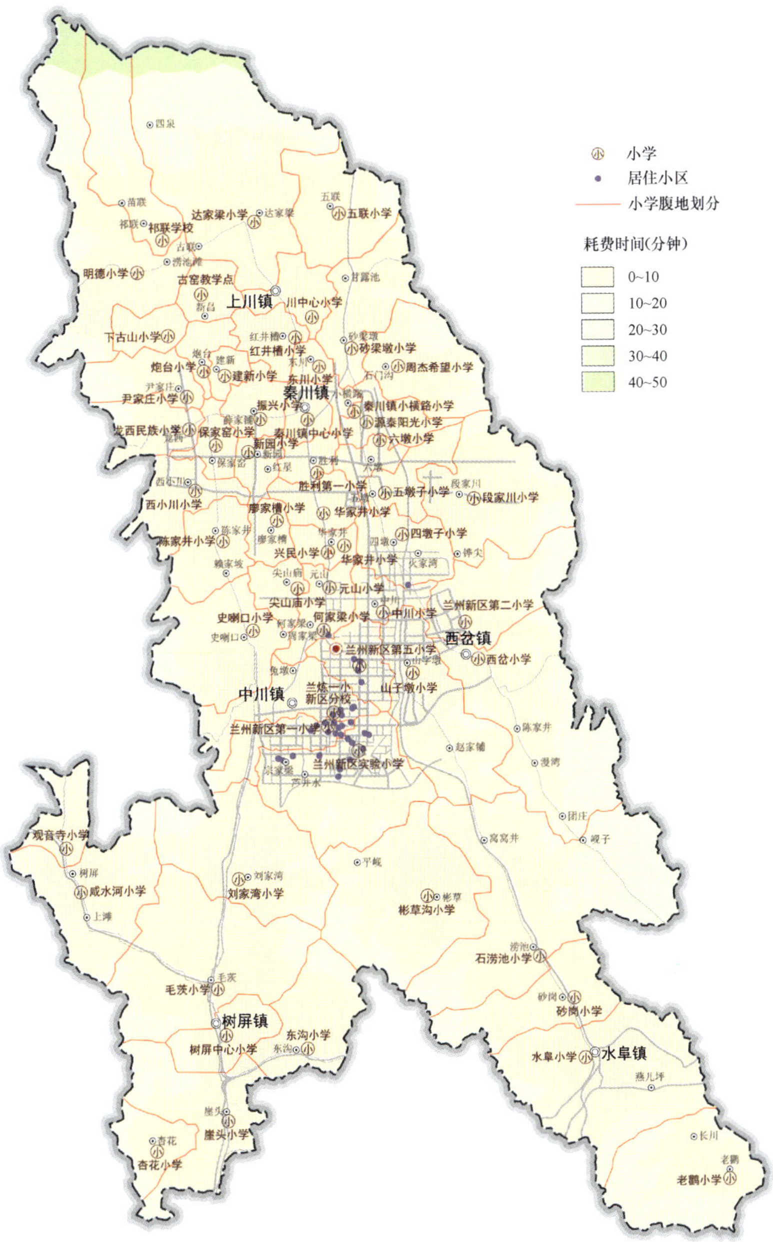

图 5.38　2017 年兰州新区小学可达性及腹地划分

从空间分布上看，兰州新区小学主要集中分布在新区中北部，南部山区分布较少。从到最近小学所需时间所对应范围的面积来看，新区内 77.26% 的区域可在车行 10 分钟内到达最近的小学，96.55%的区域可在车行20分钟内到达最近的小学，具体情况如表5.19所示。

表5.19 到达最近小学所需时间对应面积情况

时间(分钟)	0~10	10~20	20~30	30~40	40~50
面积(平方千米)	1362.30	340.09	41.00	16.68	3.11
占比(%)	77.26	19.29	2.33	0.95	0.18

2）医疗机构可达性

利用可达性分析方法，计算新区内到达最近医疗机构所需的时间，划分出新区医疗机构的腹地范围，以10分钟为时间间隔对其进行等级划分，如图5.39所示。

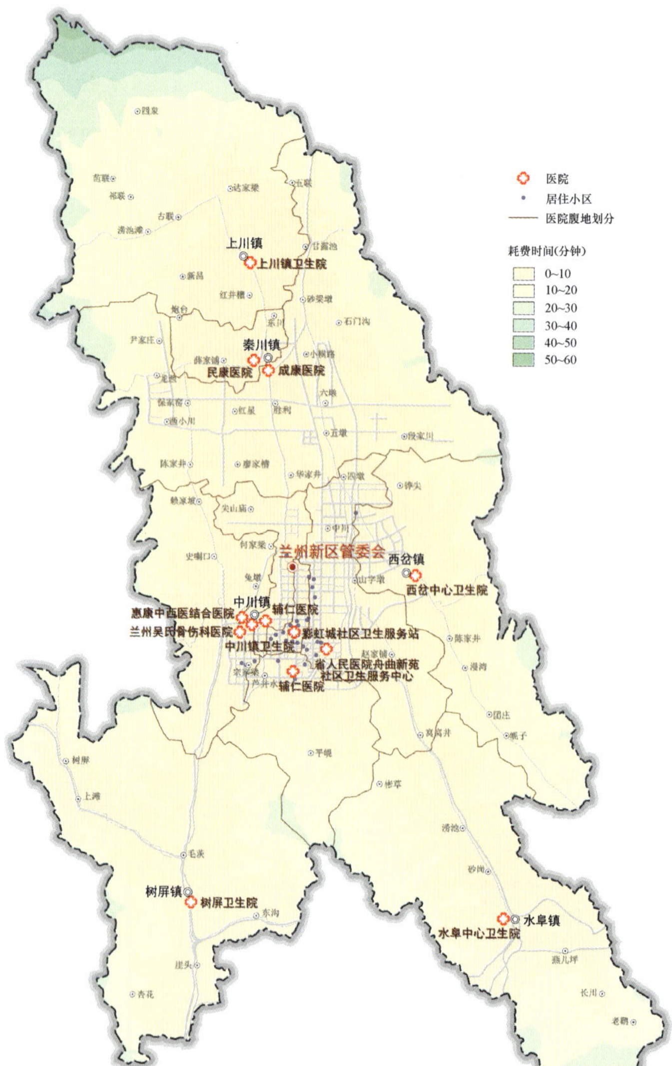

图5.39 2017年兰州新区医院可达性及腹地划分

从到最近医疗机构所需时间所对应范围的面积来看，有 59.70% 的区域可在车行 10 分钟内到达最近的医疗机构，93.16% 的区域可在车行 20 分钟内到达最近的医疗机构，具体情况如表 5.20 所示。

表 5.20　到达最近医疗机构所需时间对应面积情况

时间(分钟)	0 ~10	10 ~20	20 ~30	30 ~40	40 ~50	50 ~60
面积(平方千米)	1052.64	589.93	86.06	24.49	7.84	2.22
占比(%)	59.70	33.46	4.88	1.39	0.44	0.13

3）铁路站可达性

兰州新区目前建成铁路站共有两个，分别为中川机场站与兰州新区站。利用可达性分析方法，计算新区内各区域到达最近铁路站所需要花费的时间，并以 10 分钟为时间间隔对其进行等级划分（图 5.40）。经统计，新区内 90.65% 的区域可以在 30 分钟内车行到达最近铁路站，具体情况如表 5.21 所示。

表 5.21　到达最近铁路站所需时间对应面积情况

时间(分钟)	0 ~10	10 ~20	20 ~30	30 ~40	40 ~50	50 ~60	60 ~70
面积(平方千米)	341.29	847.03	409.87	111.63	29.61	19.17	4.51
占比(%)	19.36	48.04	23.25	6.33	1.68	1.09	0.26

4）高速公路出入口可达性分析

高速公路对区域发展具有重要作用，是对外交通的主要通道之一。兰州新区内目前有京藏、兰营、连霍 3 条高速过境，构成了兰州新区对外交通的基本框架。

由于高速公路封闭的特性，居民出行时只有通过高速公路出入口才能进出高速公路，因此高速公路出入口的分布情况对新区交通便利程度有着重要的影响。经统计，目前兰州新区境内的 3 条高速公路共有 10 个出入口，其中京藏高速到水阜镇出入口 4 个，兰营高速到树屏镇出入口 4 个，兰营高速到黄河大道出入口 2 个。

利用可达性分析方法，计算新区内到最近高速公路出入口所需的时间，并以 10 分钟为时间间隔对其进行等级划分（图 5.41）。从到最近高速公路出入口所需时间所对应范围的面积来看，新区 36.48% 的区域可在车行 10 分钟之内到达最近高速公路出入口，92.04% 的区域可以在车行 30 分钟以内到达最近的高速公路出入口。新区北部极少部分地区到达最近的高速公路出入口需 1 小时以上，用时较长。具体情况如表 5.22 所示。

表 5.22　到达最近高速公路出入口所需时间对应面积情况

时间(分钟)	0 ~10	10 ~20	20 ~30	30 ~40	40 ~50	50 ~60	60 ~70	70 ~80
面积(平方千米)	643.16	716.10	263.60	88.87	27.54	18.96	4.57	0.38
占比(%)	36.48	40.61	14.95	5.04	1.56	1.08	0.26	0.02

3. 空间覆盖度

1）教育机构空间覆盖度

教育机构的空间覆盖度反映了教育机构的服务范围，为合理配置教育资源、优化

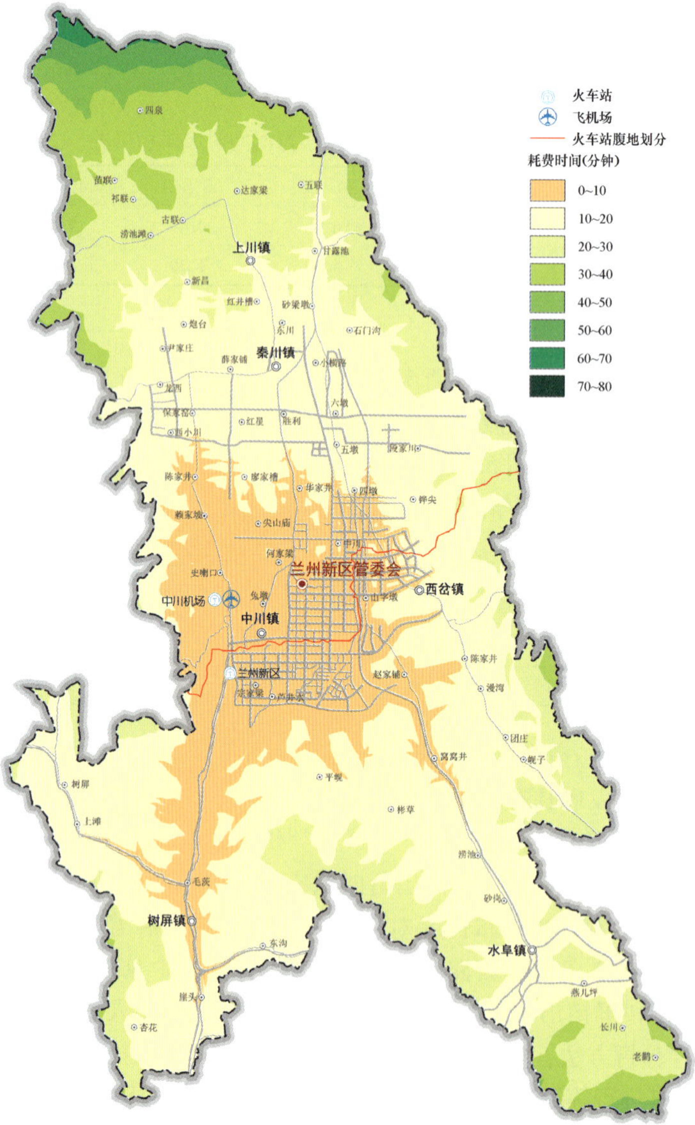

图 5.40　2017 年兰州新区铁路站可达性

校网布局、增强教育公共服务设施提供依据。根据《规划设计规范》，分别为小学和初中设置 3 级缓冲区，教育机构缓冲区半径标准如表 5.23 所示。

表 5.23　教育机构的缓冲区半径标准　　单位：米

教育机构类型	缓冲区半径		
小学	500	1000	1500
初中	1000	2000	3000

分别将小学和初中的缓冲区与兰州新区城乡居民点建设用地和居住小区（行政村）数据进行叠加分析，得到不同缓冲区半径下小学和初中对城乡居民点建设

用地的覆盖范围，以及覆盖的居住小区（行政村）的数量。具体情况见表5.24、表5.25。

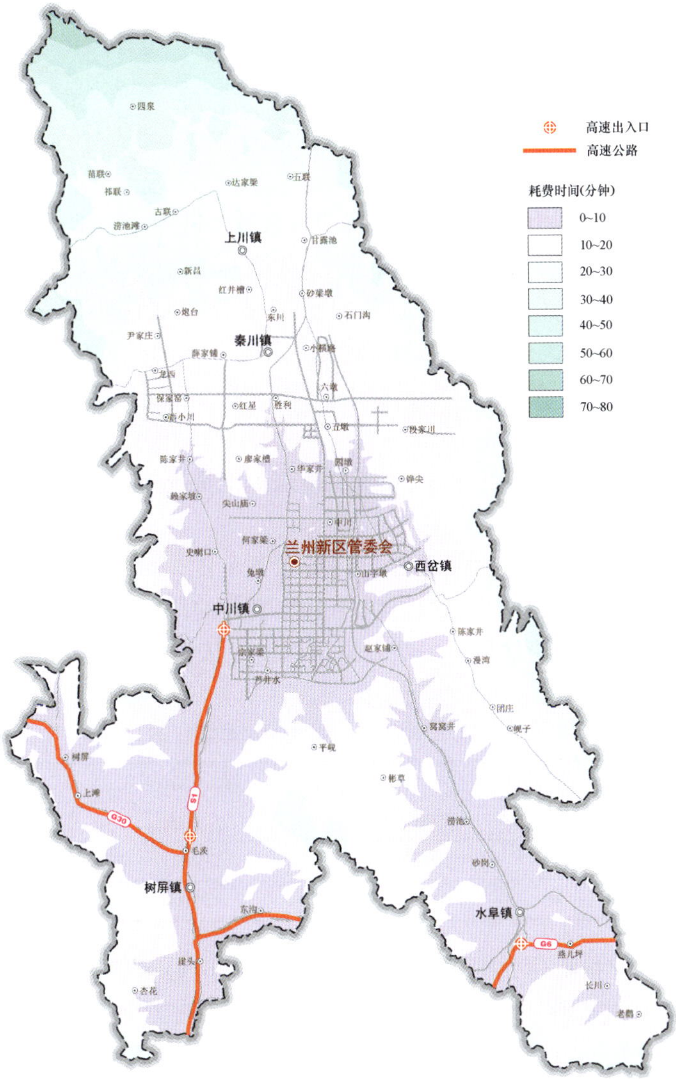

图5.41　2017年兰州新区高速公路出入口可达性

表5.24　不同缓冲区半径下教育机构对城乡居民点建设用地的覆盖情况

教育机构类型	缓冲区半径									
	500米		1000米		1500米		2000米		3000米	
	面积(平方千米)	占比(%)	面积(平方千米)	占比(%)	面积(平方千米)	占比(%)	面积(平方千米)	占比(%)	面积(平方千米)	占比(%)
小学	20.38	10.10	54.23	26.88	97.91	48.53	—	—	—	—
中学	—	—	19.05	9.44	—	—	44.7	22.16	79.53	39.42

表 5.25　不同缓冲区半径下教育机构对居住小区（行政村）的覆盖情况

教育机构类型	缓冲区半径									
	500 米		1000 米		1500 米		2000 米		3000 米	
	个数	占比（%）	个数	占比（%）	个数	占比（%）	个数	占比（%）	个数	占比（%）
小学	45	37.19	66	54.55	81	66.94	—	—	—	—
中学	—	—	24	19.83	—	—	39	32.23	59	48.76

由表 5.24、表 5.25 可以看出，在设置的各级缓冲区内，小学对城乡居民点建设用地的覆盖面积最大为 97.91 平方千米，占兰州新区城乡居民点建设用地总面积的 48.53%；覆盖居住小区（行政村）最多 81 个，占新区居住小区（行政村）总数的 66.94%。中学对城乡居民点建设用地的覆盖总面积为 79.53 平方千米，占兰州新区城乡居民点建设用地总面积的 39.42%；覆盖居住小区（行政村）59 个，占新区居住小区（行政村）总数的 48.76%。

2017 年兰州新区教育机构的空间分布及覆盖范围情况如图 5.42 所示。

2）医疗机构空间覆盖度

医疗机构的空间覆盖度反映了医疗机构的服务范围，可以为完善医疗资源的区域化布局、健全医疗卫生服务网络、推进医疗卫生服务的均衡化提供依据。将医疗机构分为三类：三级医院、二级医院、一级及以下医院。依据其级别分别设置 3 级缓冲区，如表 5.26 所示。

表 5.26　医疗机构的缓冲区半径标准　　单位：米

医疗机构类型	缓冲区半径		
三级医院	3000	6000	9000
二级医院	2000	4000	6000
一级及以下医院	1000	2000	3000

分别对各级医疗机构建立缓冲区，然后与兰州新区城乡居民点建设用地和居住小区（行政村）数据进行叠加分析，得到不同缓冲区半径下各级医疗机构对城乡居民点建设用地的覆盖范围，以及覆盖的居住小区（行政村）的数量，如表 5.27、表 5.28 所示。

表 5.27　不同缓冲区半径下医疗机构对城乡居民点建设用地的覆盖情况

教育机构类型	缓冲区半径									
	1000 米		2000 米		3000 米		4000 米		6000 米	
	面积（平方千米）	占比（%）	面积（平方千米）	占比（%）	面积（平方千米）	占比（%）	面积（平方千米）	占比（%）	面积（平方千米）	占比（%）
二级医院	—	—	17.36	8.60	—	—	47.17	23.38	70.74	35.06
一级及以下医院	15.93	7.90	41.06	20.35	69.52	34.46	—	—	—	—

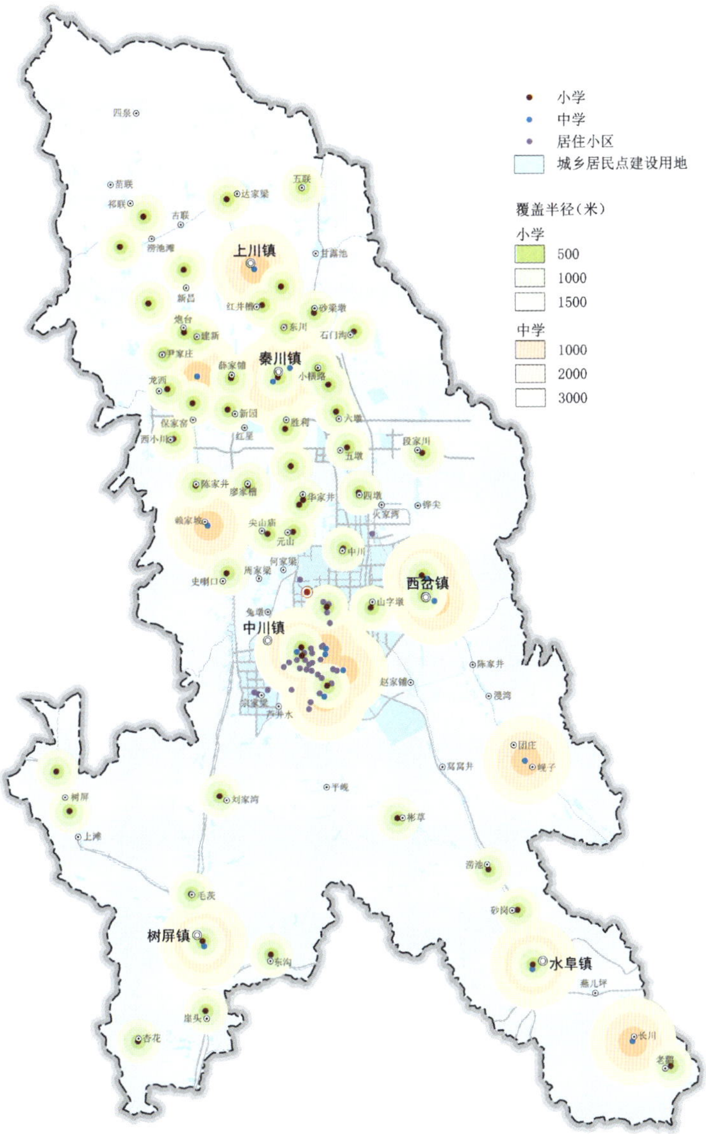

图 5.42　2017 年兰州新区教育机构覆盖度

表 5.28　不同缓冲区半径下医疗机构对居住小区（行政村）的覆盖情况

教育机构类型	缓冲区半径									
	1000 米		2000 米		3000 米		4000 米		6000 米	
	个数	占比（%）	个数	占比（%）	个数	占比（%）	个数	占比（%）	个数	占比（%）
二级医院	—	—	8	6.61	—	—	37	30.58	47	38.84
一级及以下医院	24	19.83	34	28.10	47	38.84	—	—	—	—

由表5.27、表5.28可以看出，在设置的各级缓冲区内，二级医院对城乡居民点建设用地的覆盖面积为70.74平方千米，占兰州新区居民点建设用地总面积的35.06%；覆盖的居住小区（行政村）最多为47个，占兰州新居住小区（行政村）总个数的38.84%。一级及以下医院对城乡居民点建设用地的覆盖面积为69.52平方千米，占兰州新区居民点建设用地总面积的34.46%；覆盖的居住小区（行政村）最多为47个，占兰州新居住小区（行政村）总个数的38.84%。

2017年兰州新区医疗机构的空间分布及覆盖范围情况如图5.43所示。

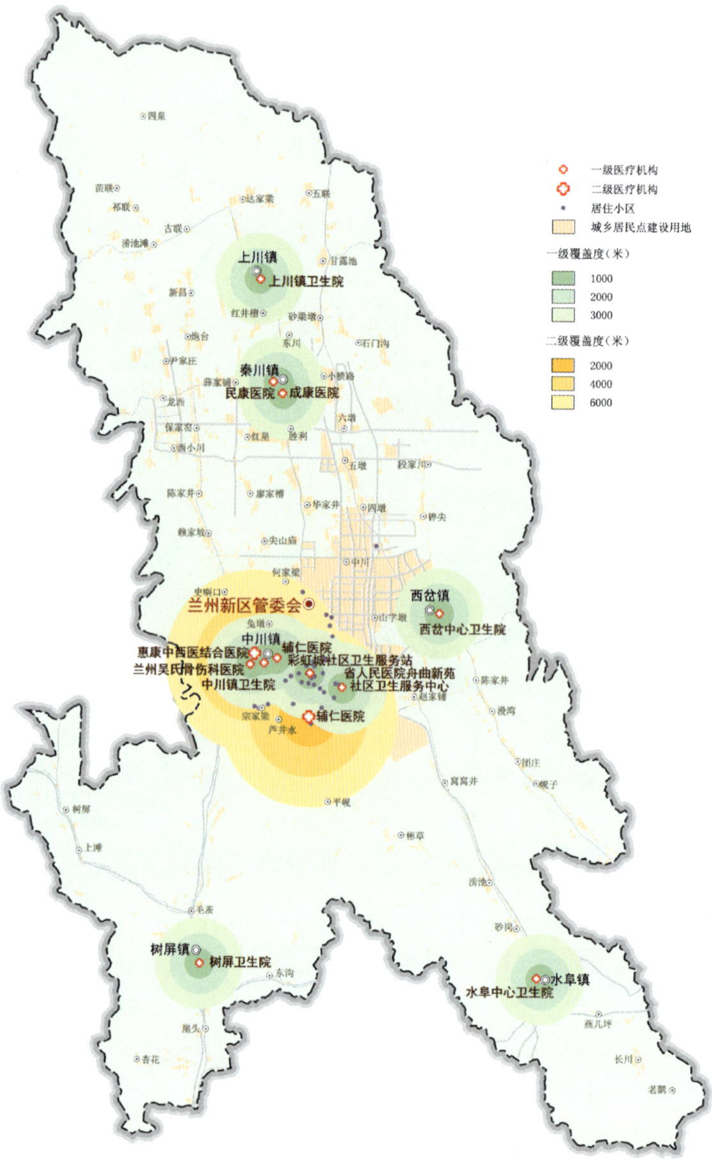

图5.43　2017年兰州新区医疗机构覆盖度

5.5.3　产业布局和发展态势分析

1. 产业布局规划

按照新区总体规划，兰州新区第一产业、第二产业、第三产业的空间布局，以及与周边城市的区域产业协调情况规划如下。

1）第一产业空间布局

北部生态农业区为兰州新区北部农田集中分布区，依托生态资源本底，规划形成以农业生产为主，集生产、观光、体验、休闲和生态防护于一体的现代农业片区、节水灌溉的高效农业区和高科技农业示范区。以优质专用粮食生产为主，结合国家级北菜南运生产基地和设施农业示范基地建设，发展富硒高原夏菜、西甜瓜、红提等特色产品。

2）第二产业空间布局

规划形成石化、装备制造、农产品加工等传统优势产业以及生物医药、新能源、新材料、电子信息等高端制造产业集聚区。在下一层次规划中可布局适量的生活服务配套设施。

石化产业集聚区：在新区西北部规划以石油炼化、精细化工、新材料为主的产业区，构建国家战略性石化产业基地。综合产业集聚区：包括新能源及生物医药产业，预留部分地区作为远景产业发展用地。飞地经济产业集聚区：包括机场北及树屏两部分，机场北部地区重点发展结合物流的装备制造；树屏地区重点发展生物医药、农产品加工产业。在机场周边布局保税物流产业园区、高新技术产业园区以及先进装备制造产业园区，重点发展先进装备制造、生物医药、电子信息产业。

3）第三产业空间布局

中川机场东南部为第三产业集中发展区。主要发展创意设计与文化信息、科教研发、旅游服务、商务会展、金融贸易等现代服务业。结合兰州新区北站、综合保税区以及高家庄站，形成三大物流园区。

4）区域产业协调

与兰州市区的产业协调。《兰州市城市总体规划（2011—2020）》（上报国务院稿）提出形成“双城格局”，兰州新区主要承担第二产业的发展职能，兰州市区主要承担区域中心职能的发展。

与白银市区的产业协调。兰州新区应当以高端制造产业为主导，发展石油化工、装备制造等产业。白银市区主要发展有色冶金和化工材料等产业，在强化节能环保和突出规模集聚优势的同时，提升产品附加值，实现传统有色冶金行业的优化发展。

2. 产业布局现状

通过对兰州新区各产业的用地情况统计可知，截至 2017 年 6 月，兰州新区第二产业用地总面积 1858. 80 公顷，占新区第二、三产业用地总面积的 46. 36%；第三产业用地总面积为 2151. 04 公顷，占新区第二、三产业用地总面积的 53. 64%。

1）第二产业用地布局

第二产业包括制造业、建筑业，以及电力、热力、燃气及水生产和供应业，兰州新区建成区内第二产业用地情况见表 5. 29。

表 5. 29　第二产业用地情况统计

第二产业类别	面积(公顷)	占第二产业用地比例(%)
制造业	1736. 01	93. 39
电力、热力、燃气及水生产和供应业	52. 41	2. 82
建筑业	70. 38	3. 79
总计	1858. 80	100. 00

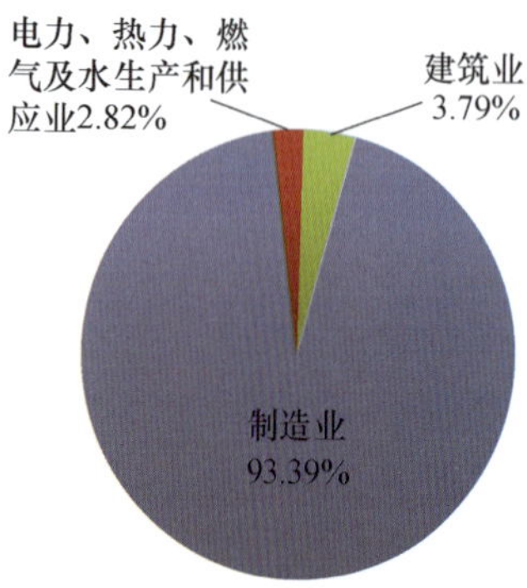

图 5. 44　2017 年兰州新区第二产业用地结构

经统计，兰州新区第二产业以制造业为主，用地面积占第二产业总面积的 93. 39%。电力、热力、燃气及水生产和供应业用地面积最小，占比为 2. 82%。建成区第二产业各类用地统计如图 5. 44 所示。

图 5. 45 为 2017 年兰州新区第二产业用地分布图，从图中可以看出，第二产业分布相对比较集中，主要分布在两个区域：一是黄河大道以北、祁连山大道以东、昆仑山大道两侧区域；二是中川镇商贸一条街以南、天山大道以东、渭河街以北、祁连山大道以西区域。

2）第三产业用地布局

第三产业是市场经济的产业基础，其发展水平是衡量现代社会经济发达程度的重要标志，也是一个国家和地区经济发展和经济结构优化水平的重要标志。2017 年兰州新区第三产业的用地情况见表 5. 30。

表 5. 30　第三产业用地情况统计

第三产业类别	面积(公顷)	占第三产业用地比例(%)
房地产业	527. 97	24. 54
公共管理、社会保障和社会组织	115. 43	5. 37
交通运输、仓储和邮政业	527. 52	24. 52
教育	493. 04	22. 92
金融业	13. 87	0. 64
居民服务、修理和其他服务业	14. 03	0. 65
科学研究和技术服务业	10. 19	0. 47
批发和零售业	114. 82	5. 34
水利、环境和公共设施管理业	23. 73	1. 10
卫生和社会工作	38. 48	1. 79
文化、体育和娱乐业	108. 68	5. 05
租赁和商务服务业	143. 21	6. 66
信息传输、软件和信息技术服务业	20. 07	0. 93
总计	2151. 04	100. 00

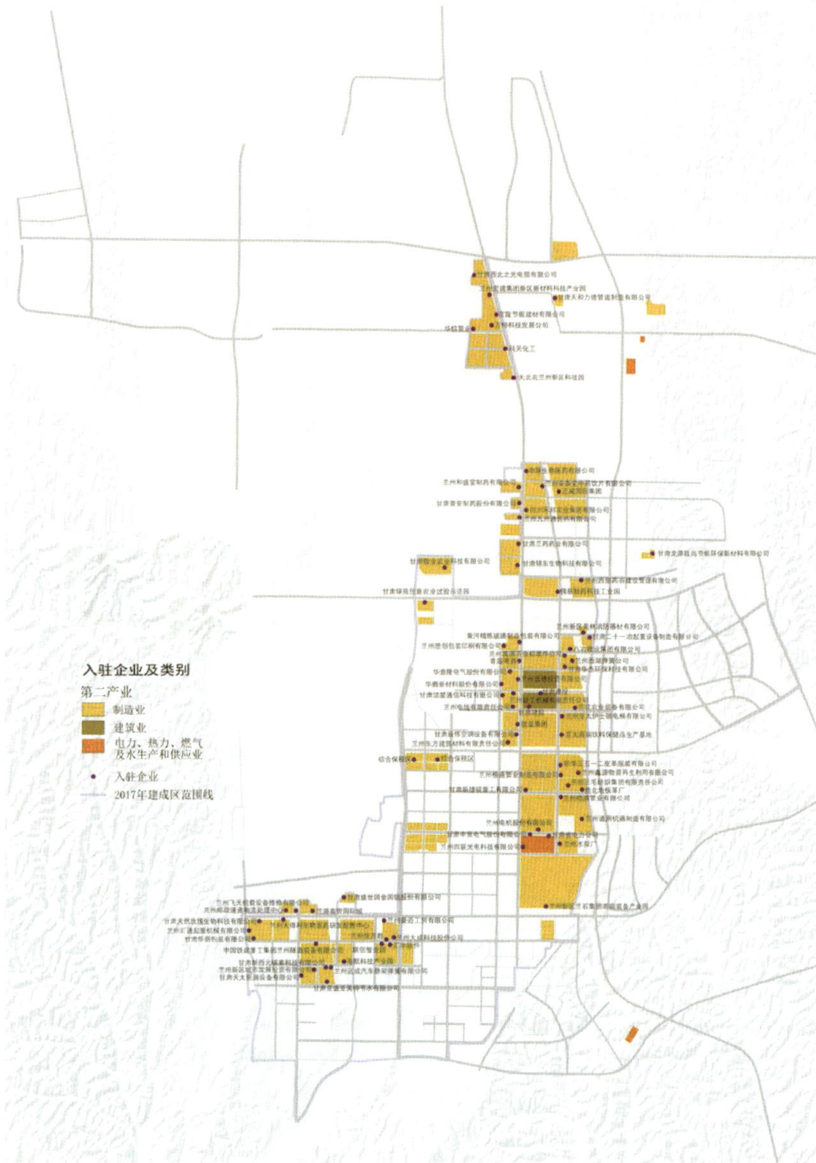

图5.45　2017年兰州新区第二产业用地布局及产业入驻

统计可得，兰州新区第三产业用地中房地产业、交通运输仓储和邮政业以及教育业占比较高，分别占第三产业用地总面积的24.54%、24.52%和22.92%。兰州新区第三产业各类用地统计见图5.46。

图5.47为兰州新区2017年第三产业用地分布图，从图中可以看出，第三产业主要分布在南快速路以北、北快速路以南的区域。第三产业各类用地的分布情况如下。

（1）房地产业主要分布在黄河大道两侧、2号人工湖周围，以及珠江大道以北、昆仑山大道以东、东西一路以南、经十七路以西的区域，周边学校、医院等基础设施齐全，交通便利，环境优美，适宜居民居住与生活。

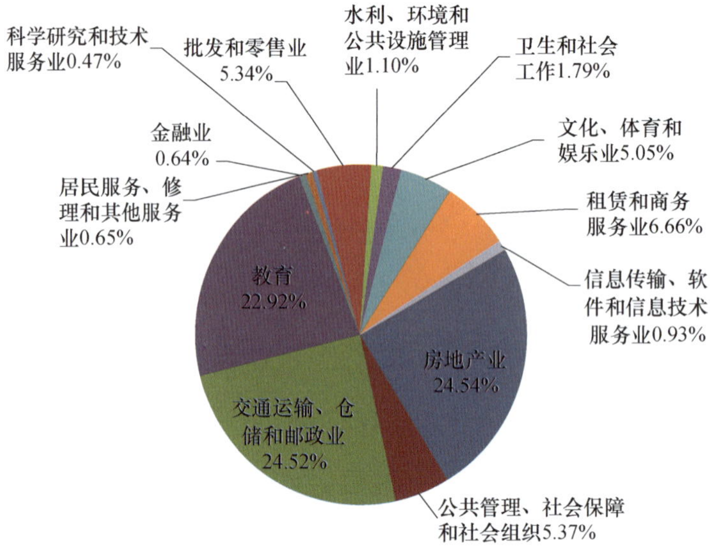

图 5. 46　2017 年兰州新区第三产业用地结构

（2）教育业主要分布在两个区域：一部分与卫生和社会工作设施分布于房地产业周边，便于居民就医与就学；另一部分主要分布在科体路以东的大学城内。

（3）交通运输、仓储和邮政用地主要集中分布于综合保税区及其配套用地，距离中川机场综合枢纽的距离较近，有利于交通运输、仓储和邮政业的发展。

（4）租赁和商务服务业用地分散分布于各类用地之间，便于为居民与社会各个行业服务。

（5）公共管理、社会保障和社会组织，分布于建成区中心位置，有利于区域管理与服务。

（6）文化、体育和娱乐业主要分布于产业孵化大厦周围、区域服务中心位置，是目前兰州新区发展文化创意与信息服务的重点区域。

由此可见，建成区内第三产业各类用地分布较为合理，有利于各类产业相互服务、协调发展。

3. 产业发展态势

2017 年，兰州新区全年实现地区生产总值 175 亿元，增长 15%。其中，第一产业增加值 3. 67 亿元，增长 2%；第二产业增加值 127. 41 亿元，增长 17%；第三产业增加值 44. 9 亿元，增长 31. 4%。工业增加值占 GDP 比重较上年提高 3. 38 个百分点，新区经济从投资拉动向产业发展转变。2011 年至 2017 年间，兰州新区累计完成生产总值 713. 5 亿元，年均 GDP 增长率达 28. 5%。其中，第一产业增加值完成 25. 2 亿元，年均增长 1. 9%；第二产业增加值完成 530. 8 亿元，年均增长 30. 5%；第三产业增加值完成 157. 5 亿元，年均增长 28. 6%。

自成立以来兰州新区地区生产总值保持了高速增长，第一产业产值、第二产业产值、第三产业产值均呈增长趋势，其中以第二产业增速最快，第一产业增长态势较为平缓。从新区目前的产业结构和定位，结合新区的发展规划来看，在未来一段时间内第二产业依然会是新区的支柱产业，并且是主要的经济增长点。

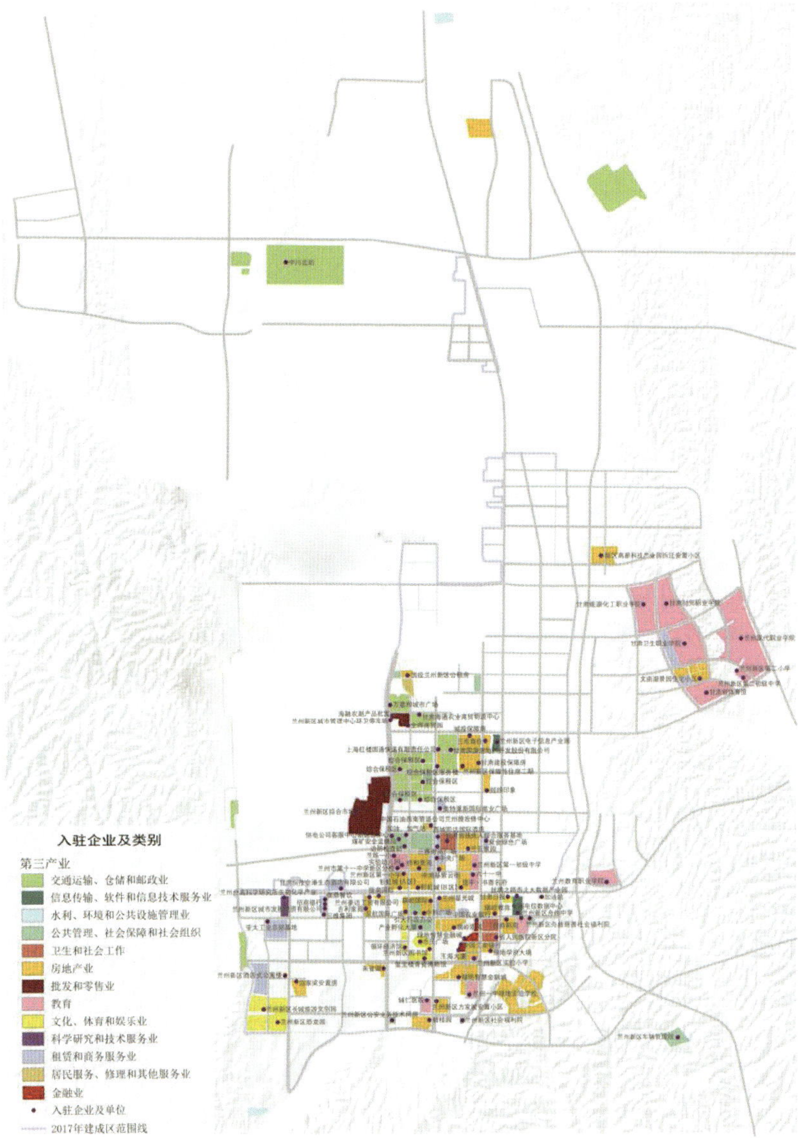

图 5.47　2017 年兰州新区第三产业用地分布及产业入驻

5.5.4　城市人居环境分析

1. 公园服务能力分析

公园是供公众健身、休憩及开展各种文化等活动的场所，有较完善的设施和良好的自然环境，在城市居住适宜度影响因子中具有重要意义。

兰州新区核心区内目前已建成和正在建设的公园有 2 号湖滨湖公园、秦王川国家湿地公园、5号湖公园、百花公园、亚太公园等。这些公园在改善兰州新区居住环境、产业隔离以及为居民提供休闲娱乐场地等方面起到了重要作用。

1）公园服务范围分析

由于兰州新区的公园均为开放式公园，因此在对公园的服务范围进行分析时，将公园以面的形式表示。利用缓冲区分析的方法，分别以500米、1000米、1500米为半径制作公园的辐射半径，进行公园的服务能力分析（图5.48）。

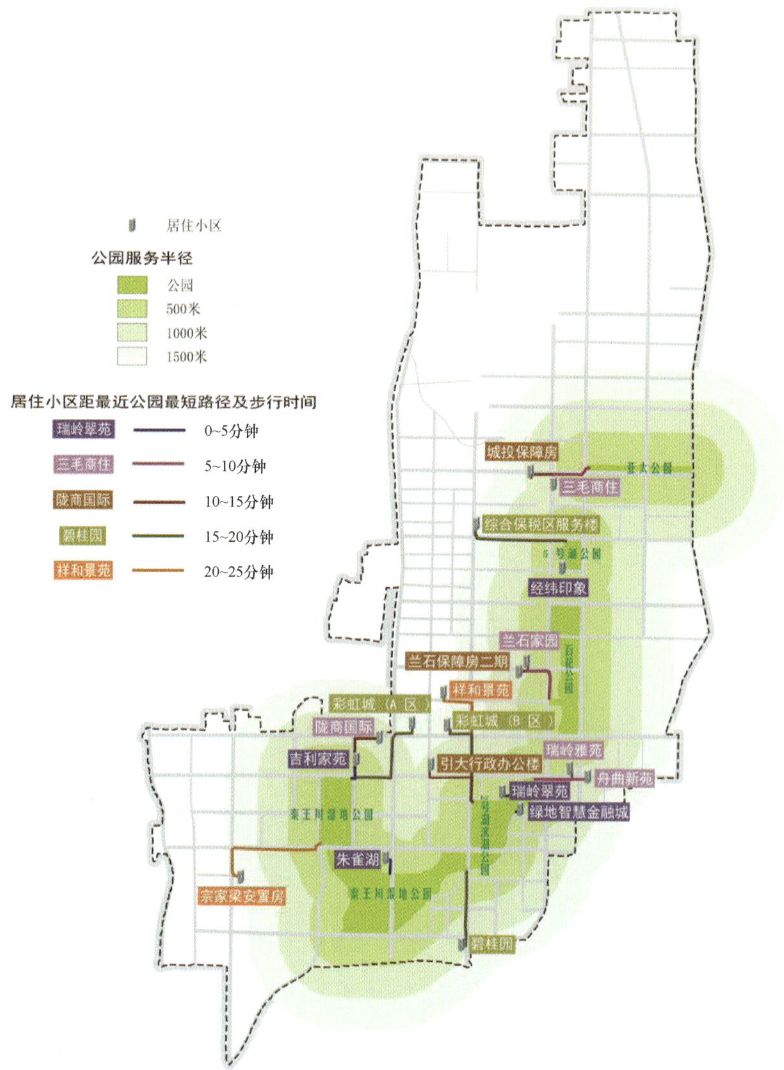

图5.48　兰州新区核心区公园服务能力分析

通过分析，兰州新区现有公园500米服务圈覆盖范围的面积为17.34平方千米，覆盖到的小区有经纬印象、瑞玲翠苑、绿地智慧金融城、朱雀湖、吉利家苑等。公园的1000米服务圈覆盖范围为32.41平方千米，覆盖到的小区在500米服务圈覆盖小区的基础上增加了碧桂园、舟曲新苑等。公园的1500米服务圈覆盖范围为47.92平方千米，居住小区除祥和景苑外都被覆盖。

2）居住小区到公园的最短路径分析

以兰州新区路网数据为基础，对居住小区进行最短路径分析，生成各居住小区到达公园的最短路径，按 5 千米/小时的速度计算从居住小区门口步行到公园所需的最短时间。以 5 分钟为时间间隔统计居住小区到最近公园的时间情况，如表 5. 31 所示。

表 5. 31　居住小区到最近公园时间统计

到最近公园时间(分钟)	占比(%)	小区名称
0 ~ 5	25	吉利家苑 朱雀湖 ⋮
5 ~ 10	20	瑞玲雅苑 舟曲新苑 ⋮
10 ~ 15	25	陇商国际 ⋮
15 ~ 20	20	彩虹城（B 区） 碧桂园 ⋮
20 ~ 25	10	祥和景苑 宗家梁安置房 ⋮
总计	100	

经分析，核心区内所有小区到公园的平均最短距离为 956 米，到达公园的平均时间为 11 分钟。其中，距离公园最近的小区为经纬印象，仅 25 米，所需步行时间不到 1 分钟；其次是绿地智慧金融城和瑞玲翠苑，均在 100 米以内；距离公园最远的小区为祥和景苑，到达公园的最短路程为 2032 米，步行时间需 24 分钟。总体来说，兰州新区公园服务能力较为理想。

2. 居住适宜情况分析

根据兰州新区的建设现状，对兰州新区核心区范围内的用地进行居住适宜度分析。一方面可以对新区的居住环境现状进行评价，另一方面也可以作为居民置业选址的参考依据。

选取兰州新区核心区作为居住适宜性评价的范围，并且设定适宜居住的区域应满足以下条件：

（1）位于公园 1000 米范围内，环境优美，休闲设施条件好。

（2）距离学校 1000 米范围内，便于学生上学。

（3）距离主干路距离 200 米以外，受汽车噪声及尾气污染影响较小。

（4）机场噪声影响区之外，受飞机起落噪声影响较小。

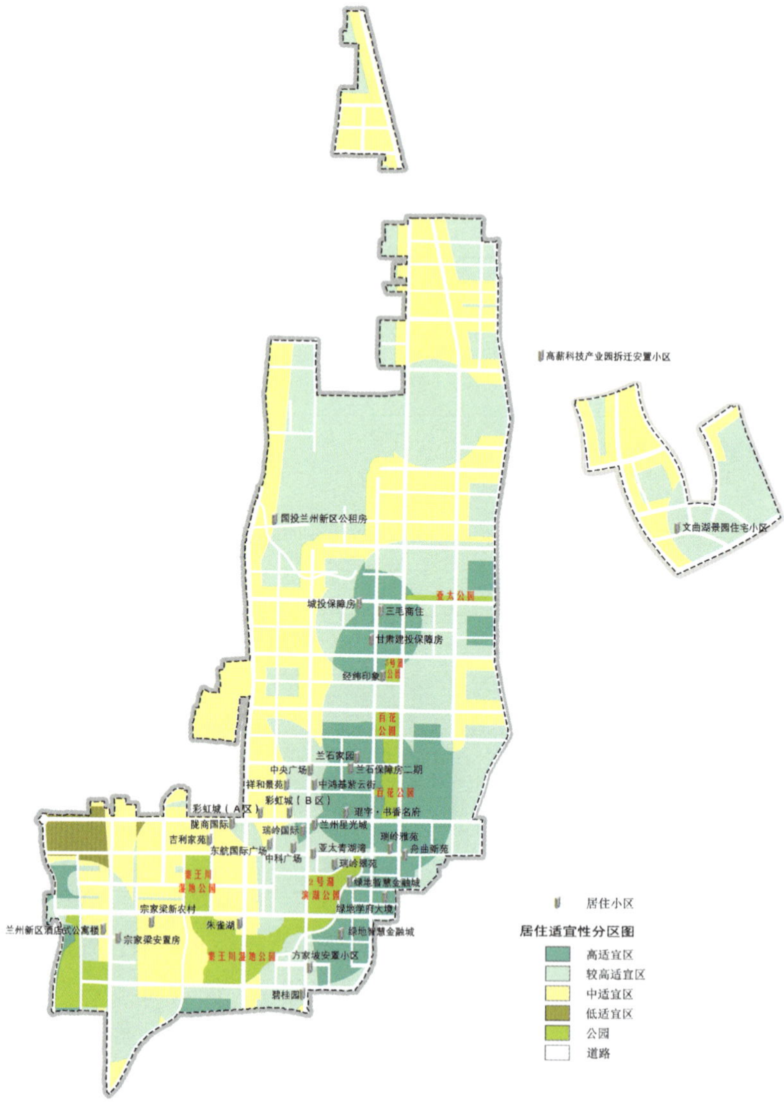

图 5.49　2017 年兰州新区核心区居住适宜性分区

同时，各条件的权重分配为：距离公园条件占 4，距离学校条件占 2，距主干道距离占 2，机场噪声影响条件占 2。

首先分别确定各条件对居住环境的影响系数，并对其进行归一化处理。将距离公园 1000 米之内的区域影响系数设定为 1，1000 米以外的区域影响系数设定为 0.5；将距离学校 1000 米范围之内的区域影响系数设定为 1，1000 米以外的区域影响系数设定为 0.5；将距离主干道 200 米范围之外的区域影响系数设定为 1，200 米之内的区域影响系数设定为 0.5。根据收集到的专题资料，机场噪声影响条件中为不同噪声影响区分级设定的影响系数为：80 分贝以上影响区为 0.2；75 ~ 80 分贝影响区为 0.4；70 ~ 75 分贝影响区为 0.6；70 分贝以下影响区为 0.8；不受机场噪声影响区为 1。

将各条件的影响数据进行叠置分析，结合所分配的权重，计算出各区域的居住适宜度值。其中，叠置分析结果中每个图斑的居住适宜度值为此图斑内各条件影响系数与权重乘积之和。

最后对所计算出的居住适宜度值进行分级，分为高适宜区（居住适宜度≥9）、较高适宜区（7≤居住适宜度 <9）、中适宜区（5≤居住适宜度 <7）、低适宜区（居住适宜度 <5）4 个等级。

表 5.32　兰州新区核心区居住适宜区面积统计

居住适宜区	面积（公顷）	占比（%）
高适宜居住区	588.31	8.32
较高适宜居住区	2836.64	40.13
中适宜居住区	1976.73	27.96
低适宜居住区	234.54	3.32

以现阶段影响因子为参考依据，通过综合分析计算，兰州新区建成区内高适宜居住区面积为 588.31 公顷，占建成区总面积的 8.32%；较高适宜居住区面积为 2836.64 公顷，占建成区总面积的 40.13%；中适宜居住区面积为 1976.73 公顷，占建成区总面积的 27.96%；低适宜居住区面积为 234.54 公顷，占建成区总面积的 3.32 %。从监测结果来看，兰州新区建成区内低适宜度居住区域面积较小，仅占整个建成区面积的 3.32%，而高适宜区域和较高适宜区域面积占整个建成区面积的 48.45%。从居住小区的空间分布来看，兰州新区居住小区主要集中分布于高适宜区域内。

5.6　本章小结

（1）监测期内（2010—2017 年）新区建成区范围从 2.5 平方千米扩张至 77.0 平方千米，净增 74.5 平方千米，年均增长率达 62.41%，基本呈向东北方向扩张的趋势。

（2）地表覆盖类型转换呈现耕地与草地呈逐年减少的趋势。其中，耕地共减少 135.42 平方千米，草地共减少 110.59 平方千米。房屋建筑（区）、道路、构筑物、人工堆掘地等人工地表类型面积呈逐年增加的趋势。其中，人工堆掘地面积增加最多，共增加 137.09 平方千米；其次为道路，共增加 23.91 平方千米。园地和林地等人工生态用地面积也呈逐年增加的趋势。从空间看，新区共有 354 平方千米的地表类型发生了转换，主要集中于耕地到草地、人工堆掘地、园地，低覆盖度荒草地到耕地、人工堆掘地、林地，以及人工堆掘地到道路、房屋建筑（区）、构筑物等地表类型之间的转换。地表覆盖类型之间的快速转换，从侧面反映出新区在城市建设和生态保障方面的步伐与取得的成就。

（3）新区范围内的铁路和城市道路呈逐年增加趋势，而公路和农村道路呈逐年减少的趋势。其中，城市道路的变化最明显，建成城市道路总长度从 27 千米增加至 503. 81 千米，年均增长率达 330. 69%。新区 94. 02% 的区域可在 20 分钟内车行到达最近的中学，59. 70% 的区域可在车行 10 分钟内到达最近的医疗机构，高适宜区域和较高适宜区域面积占整个建成区面积的 48. 45%。

（4）截至 2017 年 6 月，兰州新区范围内已开工建设的城市建设用地中，占地面积最大的为道路与交通设施用地，其次是工业工地；占地面积最小的为公用设施用地，其次是物流仓储用地。2017 年建成区范围内城市建设用地现状与规划的符合度为 95. 79%。平山造地总面积 63. 27 平方千米，2013 年至 2017 年之间年均增长率为 54. 69%。

（5）从产业布局上看，兰州新区第二产业以制造业为主，已开工建设第二产业用地面积为 1858. 80 公顷，其中制造业用地面积占比达 93. 39%。从空间分布上看，第二产业集中分布于两个区域：一是黄河大道以北、祁连山大道以东、昆仑山大道两侧区域；二是中川镇商贸一条街以南、天山大道以东、渭河街以北、祁连山大道以西区域。第三产业用地面积为 2151. 04 公顷，主要分布在南快速路以北、北快速路以南的区域。

参考资料

[1] 常丽，2009. 兰州市城市地域空间扩展及其影响因素分析［D］. 兰州：西北师范大学 .
[2] 陈饶，2016. 江淮东部城镇发展巧史研究［D］. 南京：东南大学 .
[3] 陈永慧，2009. 基于 RS 和 GIS 的天津市城市扩展时空特征及其影响因素研究［D］. 北京：首都师范大学 .
[4] 范占勇，2016. 西藏“甘丹颇章政权时期”拉萨古城空间形态变迁研究［D］. 重庆：重庆大学 .
[5] 封建民，赵敏宁，李晓华，2013. 近 30 年来西安市城市用地扩展时空变化研究［J］. 水土保持研究，20(4)：183-188.
[6] 冯小燕，2012. 兰州市水资源开发利用状况及存在问题分析研究［J］. 甘肃水利水电技术，48(3)：11-13.
[7] 甘肃省发展和改革委员会，2011. 甘肃省国民经济和社会发展第十二个五年规划［M］. 兰州：甘肃人民出版社 .
[8] 国务院办公厅 . 全国资源型城市可持续发展规划（2013—2020 年）.
[9] 国务院第一次全国地理国情普查领导小组办公室，2013. 地理国情普查内容与指标：GDPJ 01-2013［S］.
[10] 何星纳，2010. 兰州市房地产价格影响因素的灰色关联度研究［J］. 甘肃科技，26(9)：37-40.
[11] 兰州大学资源环境学院，2016. 兰州市城市历史变迁与扩展动态监测技术开发监测报告［R］.
[12] 兰州市城乡规划局，2017. 兰州市第四版城市总体规划（2011—2020）.
[13] 联合国人居署，2016 世界城市状况报告 .
[14] 雒占福，2009. 基于精明增长的城市空间扩展研究［D］. 兰州：西北师范大学 .
[15] 牛利斌，2015. 兰州新区建设用地变化遥感监测研究［D］. 兰州：兰州交通大学 .
[16] 权丽华，崔治龙，2009. 金融危机对兰州经济的影响及对策建议［J］. 财会研究（15）：76-78.
[17] 师满江，2016. 1961—2015 年兰州市主城区土地利用与景观生态变化研究［D］. 兰州：兰州大学 .
[18] 孙晓东，2013. 民国时期兰州城市空间变迁与社会发展研究［D］. 西宁：青海师范大学 .
[19] 万新夫，2010. 中国城市化过程中土地利用问题［J］. 知识经济（24）：13.
[20] 王洪刚，2017. 蚌埠早期城市现代化研究［D］. 扬州：扬州大学 .
[21] 汪坚强，2004. 近现代济南城市形态的演变与发展研究［D］. 北京：清华大学 .
[22] 吴运江，2016. 赣州古代城市发展及空间形态演变研究［D］. 广州：华南理工大学 .
[23] 向达之，1987. 清末至民国前期的兰州商业［J］. 兰州学刊（4）：87-94.
[24] 谢宏全，管启程，2012. 赣榆县城镇用地扩展时空特征分析［J］. 测绘科学，37(6)：83-90.
[25] 严巍，2016. 兰州近现代城市形态变迁研究［D］. 南京：东南大学 .
[26] 杨成刚，2013. 兰州城市空间结构发展研究（1840—1949）［D］. 西安：西安建筑科技大学 .
[27] 杨佳玉，2013. 清末民初兰州城市近代化研究［D］. 兰州：西北师范大学 .

［28］杨晓则，2009. 兰州重工业城市的形成和发展研究［D］. 兰州：兰州大学.
［29］杨重琦，魏明孔，1988. 清代兰州地区的茶马互市［J］. 兰州学刊（4）：85-92.
［30］岳立东，2014. 新型城镇化背景下城乡土地集约节约利用分析——以兰州市七里河区为例［J］. 学理论（34）：90-91.
［31］翟继武，2008. 近二十年呼和浩特市城市扩展研究［D］. 呼和浩特：内蒙古大学.
［32］张金前，2006. 快速城市化过程中城市用地扩展驱动力研究［J］. 福建师范大学学报（自然科学版），22(4)：14-18.
［33］张鑫，2006. 西安城市空间形态演进与渭河水系关系研究［D］. 西安：西安建筑科技大学.
［34］张月娥，杨庆媛，龙拥军，2010. 重庆市建设用地变化的时空差异分析［J］. 西南师范大学学报（自然科学版），35(2)：204-210.
［35］周志明，李阳兵，罗光杰，等，2012. 贵州省城镇建设用地扩展的时空演变特征［J］. 生态学杂志，31(3)：696-701.